GUIDE DU CIEL
POUR ASTRONOMES AMATEURS

par

Mark R. Chartrand III
directeur de
The National Space Institute

traduit par
Gilles Ménard, *f.i.c., astronome*
Guy Ménard, *ingénieur*

illustré par
Helmut K. Wimmer
artiste titulaire
The American Museum-Hayden Planetarium

ÉDITIONS
marcel broquet
Case postale 310, LaPrairie, Québec
J5R 3Y3   (514) 659-4819

PRÉFACE

Le ciel est une partie de la nature que nous pouvons tous contempler à volonté. Mais les astres qu'on y observe et les phénomènes qui s'y déroulent constituent un spectacle en quelque sorte individuel : personne, à un instant donné, n'a exactement la même partie du ciel au-dessus de sa tête. Ce *Guide de poche* se propose d'initier les débutants en astronomie à découvrir et à apprécier les lois de la nature responsables de l'aspect et du mouvement des astres. Nous espérons que les lecteurs continueront de trouver ce Guide utile même lorsqu'ils seront en mesure de s'attaquer à des ouvrages plus détaillés et plus techniques.

L'auteur voudrait remercier toutes les personnes qui ont contribué à la réalisation de ce livre. Je pense tout d'abord à ceux qui, à des époques importantes de ma vie, ont influencé mes études en astronomie : Arthur P. Smith de La Southern Cross Astronomical Society, Dan Snow du Ralph Mueller Planetarium, le Dr Peter Pech de la Case Western Reserve University et le regretté Dr Sidney W. McCuskey également de la CWRU. Ma reconnaissance va également à Barbara Williams qui est l'initiatrice du projet, à Jerome Wyckoff qui a rédigé le texte et à Caroline Greenberg qui m'a secondé jusqu'à l'achèvement complet du livre. Les conseils et les suggestions de mes collègues du Hayden Planetarium à New York — en particulier Allen Seltzer — ont été des plus utiles. J'ai beaucoup apprécié les services de la Bibliothèque Perkin Memorial du Hayden Planetarium. Il me faut enfin remercier tout spécialement l'artiste qui a illustré ce livre : Helmut Wimmer, un collègue de travail et un ami.

L'artiste aimerait remercier tout particulièrement Barbara Williams qui a fait confiance à son talent pour l'illustration de ce livre ; il remercie également le Dr Mark R. Chartrand pour l'avoir assisté et guidé, aindi que Mlle Sandra Kitt pour l'avoir aidé dans ses recherches.

Mark R. Chartrand, III
Helmut K. Wimmer

Copyright 1982 by Western Publishing Company, Inc.
Library of Congress Catalog Card Number 81-70086
ISBN 0-307-13667 (limp) ; ISBN 0-307-47010-5 (hardcover)
All rights reserved.

Copyright Ottawa 1984 — ISBN 2-89000-092-3
Éditions Marcel Broquet Inc.
Dépôt légal — Bibliothèque nationale du Québec
2e trimestre 1984

TABLE DES MATIÈRES

INTRODUCTION

Regardez le clair et pur azur du ciel et tout ce qu'il renferme : les feux errants des astres, la lune et l'éclat incomparable du soleil. Si tous ces objets apparaissaient aujourd'hui pour la première fois, aux mortels, s'ils surgissaient à l'improviste et brusquement à leurs regards, qu'aurait-on pu trouver de plus merveilleux ou imaginer de plus extraordinaire ? Rien à mon sens, tant le spectacle serait étonnant ! Bien peu de gens se disent fatigués de regarder ce qui les entoure, et pourtant, qui se soucie aujourd'hui d'examiner la voûte lumineuse du ciel !

Le texte ci-dessus décrit bien l'actuelle indifférence de beaucoup de gens à l'égard du ciel. Pourtant il s'agit d'une citation tirée du *De Rerum Natura*, l'oeuvre magistrale de Lucrèce, écrite vers l'an 55 av. J.-C. Preuve que certaines choses ne changent pas !

Le ciel est cet élément important de l'environnement naturel commun à tous les hommes, quel que soit leur lieu d'habitation à la surface de la Terre ou même dans l'espace. Beaucoup de gens peuvent identifier des oiseaux, des roches, des arbres ou des fougères mais sont souvent incapables de reconnaître et de nommer les constellations ou de repérer les planètes qui se déplacent parmi les étoiles. Très peu comprennent pourquoi le Soleil ne se lève pas toujours au même point de l'horizon ou pourquoi la Lune a des phases. Ce livre est écrit pour ceux qui se sont déjà émerveillés devant la beauté du ciel nocturne, la progression solennelle d'une éclipse de Lune ou le spectacle sans précédent d'une éclipse totale de Soleil.

Lucrèce parle « du clair et pur azur du ciel » ; sur ce sujet, il avait un avantage sur nous. Une bonne partie du monde moderne vit sous un ciel où la pollution chimique et la lumière urbaine viennent détruire la clarté cristalline du ciel étoilé de la campagne. Malgré tout, il y a des choses à observer, même en ville.

Si vous le pouvez, rendez-vous dans un parc, à la plage ou à un endroit aussi éloigné que possible de la ville, soit environ 80 km. Peut-être savez-vous déjà reconnaître les plus brillantes constellations en milieu urbain. Alors attention ! La première fois que vous les observerez à la campagne, ces constellations vous sembleront perdues dans un fouillis d'étoiles car vous pourrez alors en voir une multitude de faible éclat qui n'étaient pas visibles en ville.

Un facteur important, lors d'observation au télescope, est l'état de la *turbulence atmosphérique* (« seeing »). Quand l'air est turbulent, les étoiles scintillent et dansent ; un télescope produira alors des images de piètre qualité. Près de l'horizon, tous les astres scintillent car la lumière doit traverser une couche d'air plus épaisse. Au contraire, lorsqu'ils sont hauts dans le ciel, la scintillation est à son minimum. Ironiquement, en ville, c'est lorsqu'il y a une brume légère que la turbulence atmosphérique est minimale. Afin de contourner ce problème de turbulence, les astronomes installent leurs instruments d'observation en des endroits choisis avec soin, de préférence sur de hautes montagnes, pour avoir le moins d'air possible entre eux et le vide de l'espace.

Tout au long de ce livre, nous parlerons d'instruments pour amateurs. Il ne faut pas prendre cette expression dans un sens péjoratif. On veut indiquer par là qu'il s'agit de télescopes (ou autres instruments) à la portée d'astronomes non professionnels. Leur qualité n'est pas en jeu car plusieurs petits télescopes donnent un très bon rendement.

L'astronomie est une des rares sciences à laquelle un amateur sérieux peut apporter d'importantes contributions. Par amateur, on entend quelqu'un qui n'est pas payé pour son travail. Chaque année, des astronomes amateurs font plus de 100 000 observations d'étoiles variables, découvrent des comètes, des novae ou des supernovae, chronomètrent des occultations lunaires rasantes et comptent des taches solaires. Ces observations vont s'ajouter aux données astronomiques déjà accumulées et les astronomes professionnels s'en servent pour vérifier leurs calculs et leurs théories. Il y a peu de sciences où les amateurs peuvent autant contribuer à la recherche.

Les sociétés d'astronomie tiennent régulièrement des réunions et organisent des séances publiques d'observation. C'est l'occasion de comparer divers instruments, d'observer de nombreux objets célestes... et de se faire des amis.

Parfois, des musées de sciences naturelles, ou même des bibliothèques, mettent des télescopes à la disposition du public et offrent des cours d'introduction à l'astronomie.

Le meilleur endroit pour commencer à étudier le ciel est probablement le planétarium ; là, il n'y a pas de pollution ni de mauvaises conditions atmosphériques. Si vous passez près d'un observatoire professionnel, essayez de vous organiser pour participer à une soirée ouverte au public. Vous trouverez une liste d'observatoires et de planétariums aux pages 264-265.

Si vous avez l'intention d'acheter un télescope, vous devez vérifier d'abord si votre intérêt pour l'astronomie a des chances d'être permanent. Comme premier instrument, les jumelles sont idéales ; elles sont moins chères qu'un télescope, faciles à utiliser et ont un grand champ de vision. Et elles peuvent toujours servir à observer les oiseaux ou les événements sportifs, si votre intérêt pour l'astronomie s'estompe. Quand vous aurez acquis un peu d'expérience et que l'achat d'un télescope s'imposera, demandez des conseils à un astronome amateur après avoir lu les pp. 30-39. Certaines sociétés d'astronomie ont parfois des télescopes usagés à vendre.

En général, il faut éviter d'acheter un télescope dans un magasin à rayons ou chez un opticien. Les télescopes y sont souvent de moindre qualité et vendus à des prix élevés ; de plus, ces gens très souvent n'en connaissent pas le fonctionnement. Il y a peu de magasins spécialisés dans la vente d'instruments d'observation pour amateurs, mais ceux qui existent sont faciles à identifier. Pour obtenir les meilleurs instruments, il est préférable de communiquer avec des sociétés spécialisées qui ont un service de commande par la poste (voir pp. 268-269).

La première fois que vous observerez Mars, Saturne ou la nébuleuse de la Lyre au télescope, ne vous attendez pas à voir une image qui ressemble aux photographies des livres d'astronomie. Ces photos ont été prises par les plus grands télescopes du monde. Votre réflecteur de

15 cm ne fournira pas une image aussi grande et aussi claire. Mais vous serez fier parce que votre télescope vous donnera une image réelle et actuelle d'un astre, une image qui sera vôtre. Aucune photo ne pourra vous procurer une joie semblable.

Enfin, rappelez-vous que l'astronomie peut vous apporter des satisfactions à plusieurs niveaux ; vous pouvez simplement admirer la beauté du ciel étoilé, observer minutieusement des étoiles variables ou vous lancer dans l'étude de l'astrophysique relativiste. C'est à vous de choisir ! Bien que les mêmes constellations réapparaissent année après année, tout au long de votre vie, les planètes se baladeront parmi les étoiles, les comètes apparaîtront et disparaîtront et les météorites produiront des traînées lumineuses à l'improviste. À mesure que vous prendrez connaissance des nouvelles découvertes de l'astronomie, votre compréhension du ciel étoilé s'approfondira.

Bon succès dans vos observations !

ABRÉVIATIONS ET SYMBOLES UTILISÉS EN ASTRONOMIE

LE SOLEIL, LA LUNE ET LES PLANÈTES

☉	Le Soleil	♀	Vénus	♃	Jupiter	♆	Neptune
☾	La Lune	⊕	La Terre	♄	Saturne	♇	Pluton
☿	Mercure	♂	Mars	⛢	Uranus		

LES SIGNES DU ZODIAQUE

♈	Aries	♋	Cancer	♎	Libra	♑	Capricornus
♉	Taurus	♌	Leo	♏	Scorpius	♒	Aquarius
♊	Gemini	♍	Virgo	♐	Sagittarius	♓	Pisces

TERMES SE RAPPORTANT AUX POSITIONS RELATIVES

☌	Conjonction	☐	Quadrature	☊	Noeud ascendant
☍	Opposition			☋	Noeud descendant

ABRÉVIATIONS

h, mn, s - heures, minutes,
   secondes de temps
° ' " - degrés, minutes,
   secondes d'arc

U.A. - unité astronomique
α ou A.R. - ascension droite
δ ou Déc. - déclinaison
a.l.-année-lumière

L'ALPHABET GREC

A, α	Alpha	H, η	Êta	N, ν	Nu	T, τ	Tau
B, β	Bêta	Θ, θ	Thêta	Ξ, ξ	Ksi	γ, υ	Upsilon
Γ, γ	Gamma	I, ι	Iota	O, o	Omicron	Φ, φ	Phi
Δ, δ	Delta	K, κ	Kappa	Π, π	Pi	X, χ	Khi
E, ε	Epsilon	Λ, λ	Lambda	P, ρ	Rhô	Ψ, ψ	Psi
Z, ζ	Dzéta	M, μ	Mu	Σ, σ	Sigma	Ω, ω	Oméga

COORDONNÉES GÉOGRAPHIQUES

La partie du ciel que vous pouvez apercevoir depuis votre lieu d'observation et la façon dont le ciel semble se déplacer au-dessus de vous, dépendent toutes deux de votre position précise à la surface de la Terre. Comme la surface de la Terre possède deux dimensions, il faut deux coordonnées pour repérer un point de cette surface.

La Terre tourne autour d'un axe de rotation dont les extrémités définissent les deux *pôles géographiques* qui, à toutes fins pratiques, sont fixes. À mi-chemin entre ces deux pôles (le Nord et le Sud), l'*équateur terrestre* partage la Terre en deux hémisphères. La *latitude* est la première coordonnée qui permet de repérer un lieu selon la direction Nord-Sud. Elle est comptée positivement dans l'hémisphère Nord et négativement dans l'hémisphère Sud. L'équateur a une latitude de 0°, le pôle Nord de +90° et le pôle Sud, de −90°. Les endroits qui ont une même latitude résident sur un même *parallèle* de latitude.

La *longitude* est la deuxième coordonnée qui permet de repérer un lieu selon la direction Est-Ouest. Une ligne qui va d'un pôle à l'autre s'appelle un *méridien* de longitude. (C'est un exemple de grand cercle, i.e. une ligne tracée à la surface d'une sphère et qui fait partie d'un cercle dont le centre coïncide avec le centre de la sphère. Pour assigner les longitudes, il faut s'entendre sur un méridien d'origine à partir duquel les autres seront comptées vers l'Est et vers l'Ouest. Il y a un siècle, plusieurs méridiens d'origine étaient en usage car de nombreux pays voulaient que ce méridien passe par leur capitale. Cette situation créait des embêtements aux navigateurs et aux astronomes ; c'est pourquoi les nations finirent par s'entendre sur le méridien d'origine actuel, celui de *Greenwich*, en Angleterre. On l'appelle parfois le méridien de Greenwich et sa position est marquée d'une barre de cuivre encastrée dans le pavé de l'observatoire de Greenwich. À cet endroit, vous pouvez vous tenir debout avec un pied dans l'hémisphère Est et l'autre dans l'hémisphère Ouest.

Les longitudes sont comptées de 0° à 180° vers l'Est et vers l'Ouest. À 180° de longitude, tout à fait à l'opposé de Greenwich, se trouve la *ligne internationale de changement de date*, en plein océan Pacifique. (Pour des raisons politiques ou de commodités, cette ligne zigzague le long du méridien 180°). De part et d'autre de cette ligne, la date change ; par exemple, si on est minuit et une minute, mercredi, juste à l'Est de la ligne, il est minuit et une minute, *jeudi*, à l'Ouest de la ligne. Comme l'heure à laquelle a lieu un phénomène astronomique dépend de la rotation de la Terre, la longitude est souvent mesurée en heures, une heure correspondant à 15 degrés (voir pp. 16-17).

Bien que la surface de la Terre soit bi-dimensionnelle, notre planète est une sphère à trois dimensions. La longitude et la latitude ne sont pas seulement des lignes à sa surface mais aussi des *angles* mesurés en son centre. La latitude d'un lieu est l'angle entre le plan de l'équateur et un rayon passant par ce lieu ; la longitude est l'angle entre le méridien d'origine et le méridien du lieu. Chaque degré de longitude et de latitude peut être divisé en 60 minutes d'arc (′) et chaque minute d'arc en 60 secondes d'arc (″). Mais les navigateurs et les astronomes utilisent plutôt les degrés et les fractions de degrés (Ex. : 45,5°), car cela facilite les calculs.

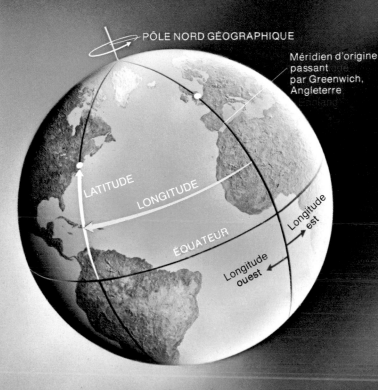

PÔLE NORD GÉOGRAPHIQUE

Méridien d'origine passant par Greenwich, Angleterre

LATITUDE

LONGITUDE

ÉQUATEUR

Longitude est

Longitude ouest

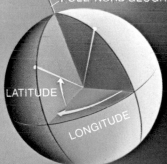

PÔLE NORD GÉOGRAPHIQUE

LATITUDE

LONGITUDE

diamètre équatorial: 12 756 km
masse: 5,97 x 10²⁴ kg
gravité superficielle: 9,8 m/sec.²

COORDONNÉES HORIZONTALES

Lorsque nous regardons le ciel au beau milieu d'une plaine, nous avons l'impression d'être au centre de l'Univers. Il nous semble que la Terre est plate et qu'elle s'étend à l'infini dans toutes les directions. Les apparences nous font croire que nous sommes au centre de la *sphère céleste locale*, ce globe immense et concave à la surface duquel les astres se déplacent comme sur un écran. Ce concept de sphère céleste nous permet d'ignorer la distance des astres (il y a des exceptions) et de considérer seulement la direction dans laquelle nous les apercevons.

Il arrive qu'un observateur veuille indiquer la position d'un astre par rapport à son lieu d'observation ; il utilise alors le système des *coordonnées horizontales* (appelées aussi coordonnées topocentriques locales).

Imaginez d'abord un plan tangent à la surface de la Terre, là où vous êtes ; ceci constitue votre plan de référence horizontal. La ligne le long de laquelle ce plan intercepte la sphère céleste est votre *horizon*. Le cercle de l'horizon divise l'Univers en deux parties : celle qui est visible au-dessus de l'horizon et l'autre, invisible en dessous. Le Nord est le point de l'horizon situé dans la direction du pôle Nord géographique (P.N.G.) et le Sud, le point diamétralement opposé. Lorsque vous faites face au Sud, l'Est est à votre gauche et l'Ouest à votre droite.

Sur votre sphère céleste, il y a un point unique : c'est celui situé au-dessus de votre tête, le *zénith*. Si vous vous déplacez, votre zénith se déplace aussi. À chaque lieu de la surface de la Terre, correspond un zénith différent. Le point situé à l'opposé du zénith, sur la sphère céleste, s'appelle le *nadir*.

On définit la position d'un astre par deux angles : la *hauteur* et l'*azimut*. La *hauteur* d'un objet est l'angle mesuré entre l'horizon (et perpendiculairement à celui-ci) et l'objet en question. Il ne s'agit pas d'une hauteur en mètres comme celle d'un avion mais d'un angle, centré sur vous, correspondant à un arc sur la sphère céleste. La hauteur varie de 0°, à l'horizon, jusqu'à +90° au zénith. Les objets au-dessous de l'horizon ont des hauteurs négatives et ceux situés à une même hauteur se trouvent sur un parallèle de hauteur. On appelle un cercle de hauteur constante un *almucantar*.

L'*azimut* d'un objet est l'angle qui nous indique vers quel point de l'horizon il faut se tourner pour apercevoir l'objet. Pour mesurer cet angle, on abaisse une perpendiculaire sur l'horizon et on mesure l'angle entre la direction de ce point et le point Nord de l'horizon. Ainsi le Nord a un azimut de 0°, l'Est de 90°, le Sud de 180° et l'Ouest de 270°.

Vous pouvez estimer la hauteur et l'azimut d'un astre avec votre poing, à bout de bras. Il sous-tend alors un angle d'environ 10°. Si vous alignez le dessous du poing avec l'horizon, la partie supérieure marque ainsi une hauteur de 10°. En «empilant» plusieurs poings vous pouvez estimer des angles plus grands. Cette méthode d'estimation des angles peut s'avérer utile pour trouver une étoile située à un nombre de degrés connu, d'une autre déjà repérée. Les navigateurs mesurent la hauteur et l'azimut des astres à l'aide d'un sextant.

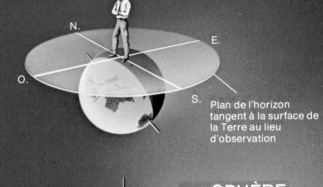

Plan de l'horizon tangent à la surface de la Terre au lieu d'observation

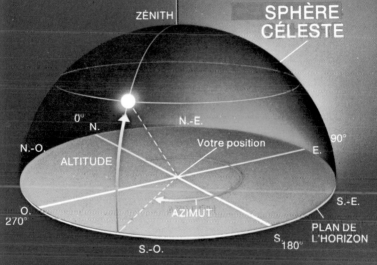

ZÉNITH

SPHÈRE CÉLESTE

0°
N.
N.-E.
90°
N.-O.
Votre position
E.
ALTITUDE
O.
270°
AZIMUT
S.-E.
PLAN DE L'HORIZON
S.-O.
S.
180°

10°

Estimation de l'altitude

LA SPHÈRE CÉLESTE

Imaginez que la Terre est à l'intérieur d'une immense sphère sur laquelle sont piqués les étoiles, les planètes et tous les autres astres. Cette sphère est semblable mais non identique à la sphère céleste locale mentionnée en p. 10. Maintenant, il s'agit de la *sphère céleste de l'astronome* dont le centre coïncide avec celui de la Terre.

Imaginez ensuite que l'équateur terrestre s'étende jusqu'à ce qu'il intercepte la sphère céleste. On délimite alors, sur une dernière, un grand cercle appelé *équateur céleste*. Celui-ci se trouve à mi-chemin entre le pôle nord céleste (P.N.C.) et le pôle sud céleste (P.S.C.). Ces deux points de la sphère céleste sont situés juste au-dessus des deux pôles géographiques terrestres.

On retrouve également dans le ciel l'équivalent des méridiens de longitude mais, pour des raisons énumérées aux pp. 16-17. On les appelle *cercles horaires*. Vous devez garder à l'esprit le fait que la rotation de la Terre occasionne un changement continuel du méridien de longitude situé juste en dessous d'un cercle horaire donné.

Un autre plan fondamental dans le ciel, c'est celui de l'orbite terrestre; on parle alors du *plan de l'écliptique* ou simplement de *l'écliptique*. Vu de la Terre, l'écliptique est un cercle imaginaire le long duquel se déplace le Soleil parmi les étoiles, tout au cours de l'année. Un observateur situé au P.N.C. verrait le Soleil se déplacer dans le sens antihoraire. Perpendiculairement au plan de l'écliptique, on trouve les deux pôles écliptiques, le Nord et le Sud.

Quand la Terre s'est formée à partir d'un nuage de poussière et de gaz, il y a quelque cinq milliards d'années, son axe de rotation ne coïncidait pas avec l'axe des pôles écliptiques. En conséquence, les deux axes ainsi que les plans de l'équateur céleste et de l'écliptique font entre eux un angle de 23,5 degrés. Cet angle s'appelle l'*obliquité de l'écliptique*. Il en découle que le pôle Nord écliptique a une *Asc. dr.* de 18h00 et une *Déc.* de +66,5° alors que le pôle Sud écliptique a une *Asc. dr.* de 6h00 et une *Déc.* de −66,5°.

Les deux points de la sphère céleste où les plans de l'équateur et de l'écliptique se rencontrent sont appelés *équinoxes*. Le point de l'écliptique, où le Soleil traverse l'équateur céleste du Sud vers le Nord au printemps, se nomme le *point vernal* (ou équinoxe de printemps). Celui où le Soleil traverse l'équateur du Nord au Sud, à l'automne, est l'*équinoxe d'automne*. Voyez les pp. 24-25 pour comprendre la relation entre équinoxes et saisons.

Rappelez-vous que la sphère céleste a un rayon infiniment grand et que seule la direction des autres est importante. De plus, la plupart du temps, le centre de la sphère céleste peut-être placé au centre de la Terre ou au lieu d'observation. *Attention*! Sur les pages qui suivent on a représenté la sphère céleste «vue de l'extérieur» alors que nous l'observons «de l'intérieur». La sphère céleste est l'écran sur lequel se déroule le drame du ciel.

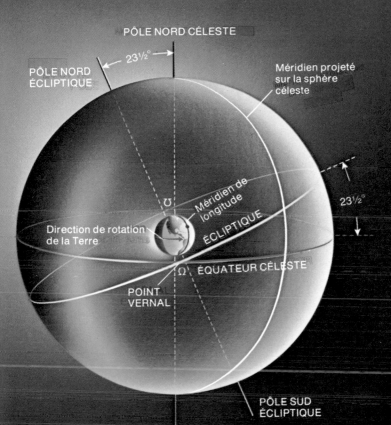

PÔLE NORD CÉLESTE

23½°

PÔLE NORD
ÉCLIPTIQUE

Méridien projeté
sur la sphère
céleste

♈

Méridien de
longitude

23½°

Direction de rotation
de la Terre

ÉCLIPTIQUE

♎ ÉQUATEUR CÉLESTE

POINT
VERNAL

PÔLE SUD
ÉCLIPTIQUE

PÔLE SUD CÉLESTE

LES COORDONNÉES CÉLESTES

Pour repérer un objet sur la sphère céleste, on utilise le système de *coordonnées équatoriales*. Ici, le plan de référence est l'équateur céleste.

La coordonnée Nord-Sud (similaire à la latitude) s'appelle la *déclinaison* : Déc. ou δ (delta), le d minuscule grec. La déclinaison est mesurée positivement vers le Nord et négativement vers le Sud. L'équateur céleste a une Déc. de 0°, le P.N.C. de +90°, le P.S.C. de −90°.

La coordonnée Est-Ouest s'appelle l'*ascension droite* (A.R. ou (alpha), le a minuscule grec). L'origine des ascensions droites est le point vernal et pour des raisons de commodité, on les exprime en heures, minutes et secondes de temps plutôt qu'en degrés. Comme la Terre tourne de 360° en 24 heures, une heure d'ascension droite (temps) égale 15° d'arc, une minute (temps) égale 15 minutes d'arc (15′) et une seconde (temps) égale 15 secondes d'arc (15″).

Sur la sphère céleste, un degré de déclinaison représente toujours la même distance mais une heure d'ascension droite représente une distance de plus en plus courte à mesure qu'on s'éloigne de l'équateur. En d'autres mots, 1° d'arc en A.R. est toujours égal à 4 minutes de temps mais représente une distance moindre quand la déclinaison augmente. Si on observe un astre dans un télescope fixe ayant un champ de 1°, l'astre mettra 4 minutes à traverser le champ s'il est à l'équateur céleste (δ = 0°) mais environ 6 minutes si sa déclinaison est de 45°.

L'Ascension droite du point vernal est 0h00, celle de l'équinoxe d'automne (à l'opposition) est 12h00. Les Ascensions droites vont de 0h00 à 24h00 en augmentant dans le sens antihoraire i.e. vers l'Est, vu du P.N.C. L'illustration de la page 15 est donc inversée par rapport à la réalité car elle montre la sphère céleste vue de l'extérieur.

Les coordonnées des deux étoiles de la page 15 sont les suivantes :

Étoile #1 : α 2h45 min 00 s , δ = +62° 26′ 56″
Étoile #2 : α 22h40 min 55 s , δ = −36° 44′ 05″

La *longitude céleste* est une coordonnée semblable à l'Ascension droite mais on la mesure le long de l'écliptique et non sur l'équateur céleste. La *latitude céleste* est la distance angulaire entre un astre et l'écliptique. Ces coordonnées s'avèrent intéressantes pour repérer les planètes car ces dernières sont toujours près de l'écliptique.

Lorsqu'on représente la sphère céleste (surface courbe) sur une page (surface plane), il en résulte certaines distorsions. La figure de la page 15 en bas montre une carte plane sur laquelle on voit l'équateur céleste, l'écliptique et les deux étoiles mentionnées plus haut. Examinez cette figure et essayez de comprendre les deux façons de représenter la sphère céleste car elles seront utilisées plus loin.

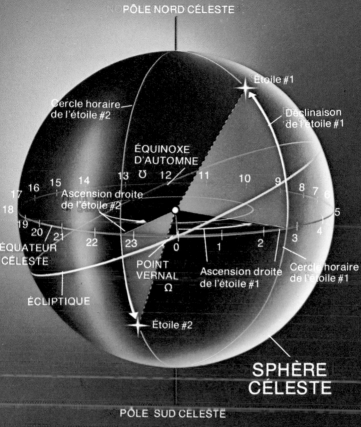

PÔLE NORD CÉLESTE

Étoile #1

Cercle horaire
de l'étoile #2

Déclinaison
de l'étoile #1

ÉQUINOXE
D'AUTOMNE

13 ♂ 12 11 10 9 8 7 6

17 16 15 14

Ascension droite
de l'étoile #2

18

5

19
20 21 22 23 0 1 2 3 4

ÉQUATEUR
CÉLESTE

POINT
VERNAL
♈

Ascension droite
de l'étoile #1

Cercle horaire
de l'étoile #1

ÉCLIPTIQUE

Étoile #2

SPHÈRE
CÉLESTE

PÔLE SUD CÉLESTE

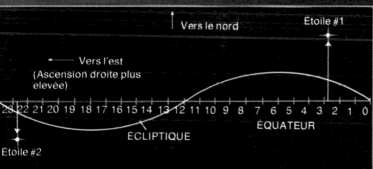

Vers le nord

Étoile #1

Vers l'est
(Ascension droite plus
elevée).

23 22 21 20 19 18 17 16 15 14 13 12 11 10 9 8 7 6 5 4 3 2 1 0

ÉQUATEUR

ÉCLIPTIQUE

Étoile #2

LE CIEL ET LA MESURE DU TEMPS

La plupart des méthodes utilisées pour la mesure du temps et la mise au point de calendriers reposent sur le mouvement du ciel. Un jour est l'intervalle de temps mis par la Terre pour faire un tour sur elle-même, un mois pour un cycle complet des phases de la Lune, une année pour que la Terre complète une orbite autour du Soleil.

Les étoiles constituent une gigantesque horloge céleste. Mais contrairement aux horloges ordinaires, c'est le « cadran » qui tourne ; « l'aiguille » reste fixe. Pour les observateurs de l'hémisphère Nord, le centre du « cadran » est le P.N.C. près duquel se trouve l'Étoile polaire (p. 76). Comme le plan de l'horizon est tangent à la surface de la Terre, au lieu d'observation, *la hauteur du P.N.C. est égale à la latitude du lieu*. Ainsi, à une latitude de 40°N, le P.N.C. est situé à 40° au-dessus de l'horizon nord. Toutes les étoiles se trouvant à moins de 40° du P.N.C. seront toujours au-dessus de l'horizon et toutes celles se trouvant à moins de 40° du P.S.C. ne se lèveront jamais. Puisque l'équateur céleste est perpendiculaire à l'axe qui va du P.N.C. au P.S.C., il interceptera toujours l'horizon plein Est et plein Ouest, quel que soit le lieu d'observation. De plus, il fera avec l'horizon sud un angle égal à 90° moins la latitude de ce lieu.

Pour tout observateur, « l'aiguille » de l'horloge céleste est un cercle imaginaire appelé *méridien céleste*. En fait, c'est le méridien de longitude du lieu projeté sur la sphère céleste. Il passe par le point nord de l'horizon, le zénith, et le point sud de l'horizon : ce demi-cercle constitue le méridien supérieur. L'autre partie continue sous l'horizon sud pour revenir à l'horizon nord : c'est le méridien inférieur.

Votre méridien céleste change dès que vous vous déplacez vers l'Est ou vers l'Ouest ; mais un observateur situé directement au Sud ou au Nord de votre localité partage le même méridien que vous. Toutefois la hauteur du P.N.C. sera différente pour lui.

Traçons, sur la sphère céleste, un cercle imaginaire qui va d'un pôle à l'autre et qui passe par un astre donné ; nous obtenons le *cercle horaire* de l'astre. L'angle (ou l'arc) entre le méridien céleste et le cercle horaire définit l'*angle horaire* de l'objet. Comme le ciel se déplace vers l'Ouest, l'angle horaire augmente vers l'Ouest de 0 h au méridien jusqu'à 24 h après un tour complet. On peut aussi le compter négativement vers l'Est. L'angle horaire mesure depuis (ou dans) combien de temps un objet se trouvait (ou se trouvera) au méridien.

Sur la figure ci-contre, l'angle horaire du Soleil est d'environ 2 h puisqu'il se trouve à 30° à l'Ouest du méridien. On se sert de l'angle horaire du Soleil pour définir l'heure de la journée. Mais comme on veut que le jour débute à minuit, alors que le Soleil traverse le méridien inférieur invisible, on adopte la définition suivante : le *temps apparent local* = angle horaire du Soleil + 12 h. C'est un temps *apparent* car il repose sur la position apparente du Soleil, et *local* parce qu'il dépend du lieu d'observation. Par exemple, une personne située à l'est de votre position a un temps apparent local supérieur (tel que lu sur un cadran solaire) : le Soleil est passé à son méridien avant de passer au vôtre. La situation est inversée pour un observateur situé à l'Ouest : le Soleil passera au méridien après avoir passé au vôtre.

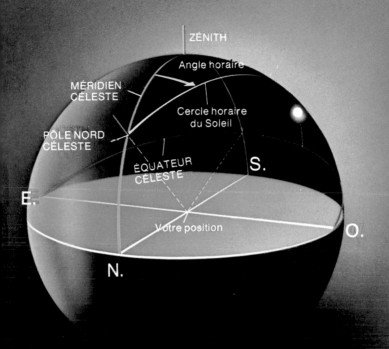

ZÉNITH

Angle horaire

MÉRIDIEN
CÉLESTE

Cercle horaire
du Soleil

PÔLE NORD
CÉLESTE

ÉQUATEUR
CÉLESTE

S.

E.

Votre position

O.

N.

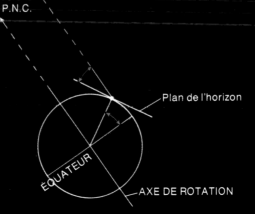

Vers le
P.N.C.

Plan de l'horizon

ÉQUATEUR

AXE DE ROTATION

LES FUSEAUX HORAIRES

Avant l'ère des voyages et des communications rapides, la différence de temps apparent local entre diverses villes séparées de quelques dizaines de km en longitude ne posait aucun problème. Aujourd'hui, c'est différent et il faut uniformiser les temps locaux afin d'éviter qu'un voyageur ait à changer d'heure à chaque ville qu'il rencontre.

Pour uniformiser l'heure locale, on divise la surface de la Terre en *24 fuseaux horaires* ayant chacun 15° de largeur en longitude. Tous les points d'un fuseau ont la même *heure légale*. Les fuseaux horaires s'étendent de part et d'autre de leurs méridiens centraux situés aux longitudes 0°, ± 15°, ± 30°... L'heure augmente ou diminue de 0 h, ± 1 h, ± 2 h ... à mesure qu'on s'éloigne du méridien d'origine de Greenwich (voir p. 8).

Des raisons politiques ou de commodités font que certains fuseaux horaires ont des frontières irrégulières; parfois la différence d'heure entre deux fuseaux voisins sera d'une demi-heure en plus ou en moins. Vous trouverez les frontières précises des fuseaux horaires dans des atlas géographiques, des almanachs ou sur des cartes routières. Toutefois, ces frontières sont sujettes à changement.

Dans certaines régions, on adopte une heure légale en avance d'une heure sur le fuseau horaire normal. Ailleurs, comme dans presque toute l'Amérique, on fait usage de l'*heure avancée* pendant une partie de l'année : on avance les horloges d'une heure pour donner une heure de clarté de plus le soir. Au Canada, l'heure avancée est en vigueur du dernier dimanche d'avril au dernier dimanche d'octobre.

Au Canada, on retrouve les zones suivantes : l'heure des Maritimes à 60° ou +4h ; l'heure de l'Est à 75° ou +5h ; l'heure du Centre à 90° ou +6h ; l'heure des Rocheuses à 105° ou +7h ; l'heure du Pacifique à 120° ou +8h. La longitude de votre fuseau horaire, exprimée en heures, donne le retard ou l'avance de votre montre par rapport à l'*heure moyenne de Greenwich* (G.M.T.). Les almanachs énoncent souvent l'heure des phénomènes astronomiques en G.M.T. ; aujourd'hui, on utilise plutôt l'expression *Temps Universel* ou T.U. Pour trouver la différence d'heure entre deux fuseaux horaires, soustrayez le petit nombre du plus grand. Ainsi il y a 3 heures de différence entre Montréal (Fus. hor. +5h) et Victoria (Fus. hor. +8h) ; à tout instant, les horloges de Fresno sont en retard de 3 heures sur celles de Philadelphie.

Si vous n'êtes pas situé exactement sur le méridien central de votre fuseau horaire, votre heure locale moyenne (voir p. 20) diffère de votre heure légale de 4 mn pour chaque degré de longitude. Votre temps local sera en avance sur le temps légal (de votre montre) si vous êtes à l'est du méridien central. Par exemple, Victoria située à 3,4° à l'ouest du méridien 120°, a un temps local en retard de 13,7 minutes (4 mn × 3,4) sur l'heure légale du Pacifique.

Généralement, on donne les heures de lever et de coucher du Soleil, de la Lune et des planètes en temps local moyen. Pour transformer ce temps local en temps légal (celui de votre montre), utilisez la méthode décrite ci-dessus.

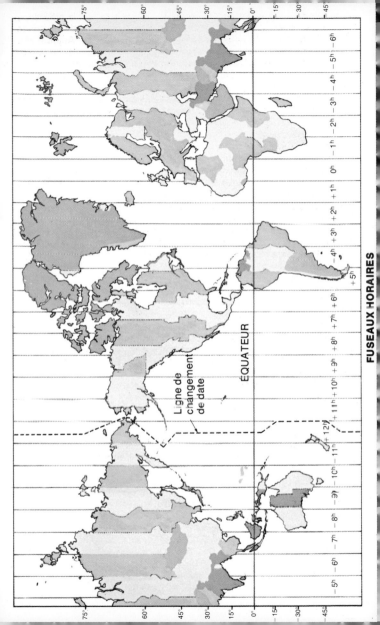

FUSEAUX HORAIRES

LES CADRANS SOLAIRES ET L'ÉQUATION DU TEMPS

L'origine des cadrans solaires se perd dans la nuit des temps. Leur principe de fonctionnement est simple et élégant : l'ombre projetée par un bâton ou une tige, appelé techniquement le *style*, sert à marquer le temps.

Les illustrations de la page 21 vous montrent combien les cadrans solaires sont d'heureux mariages d'art et de science. Dans le monde entier, plusieurs édifices et monuments anciens sont ornés de cadrans solaires. Au 19ᵉ siècle encore, certaines gens portaient des cadrans solaires de poche (et même des cadrans lunaires).

On rencontre des cadrans solaires de tous formats : des petits, pas plus gros qu'une pièce de monnaie, jusqu'à d'immenses constructions comme le cadran de Jaïpur, aux Indes, qui possède un style de 17 m que l'on peut escalader. Pour fabriquer des cadrans, on utilise des matériaux comme la pierre, le fer, l'or, la lucite. Les plus anciens furent construits vers 3500 av. J.-C. mais il existe encore, en Égypte, une pierre, servant à projeter une ombre, qui date du 8ᵉ siècle av. J.-C.

Dans l'antiquité, on divisait le jour en 12 heures ; la nuit l'était également. Comme les longueurs respectives du jour et de la nuit varient avec les saisons (voir p. 24), la durée des heures changeait au cours de l'année et une heure de jour n'avait pas la même durée qu'une heure de nuit. Ce sont les astronomes arabes qui, au 13ᵉ siècle, se mirent à utiliser des heures d'égale durée et ce système fut adopté d'emblée quand les premières horloges mécaniques apparurent.

Qu'il s'agisse d'un cadran vertical, horizontal ou équatorial, un cadran solaire est construit pour un lieu spécifique. Le style est presque toujours fixe et orienté parallèlement à l'axe de rotation de la Terre : l'extrémité supérieure pointe vers le P.N.C. si le cadran est situé dans l'hémisphère Nord. Sur un cadran horizontal, le Soleil projettera une ombre qui se déplacera de l'Ouest vers l'Est au cours de la journée. Les premiers constructeurs d'horloges mécaniques ont voulu imiter ce mouvement de l'ombre du style d'un cadran solaire. Parfois, on rencontre des cadrans avec des styles amovibles et des tables de corrections pour permettre une utilisation à différents endroits.

Un cadran solaire donne le *temps apparent local* (T.A.L.). C'est un temps *local*, car il dépend de la longitude, et c'est un temps *apparent*, car l'ombre du style relève de la position apparente du Soleil dans le ciel.

Le mouvement apparent du Soleil dans le ciel n'est pas uniforme au cours de l'année. Il met environ 365 jours à faire le tour du ciel : son déplacement moyen vaut donc 360°/365, soit un peu moins de 1° par jour. Mais il se déplace sur l'écliptique et non sur l'équateur céleste (voir p. 12), perdant ainsi un peu de temps à se déplacer vers le Nord ou vers le Sud tout en se dirigeant vers l'Est (voir p. 23 en haut). Il en résulte que son déplacement vers l'Est est plus lent à certaines époques de l'année et plus rapide à d'autres. Ce phénomène (dû à l'obliquité de l'écliptique) peut produire, à lui seul, un décalage de 9 mn entre la position du *Soleil réel* et celle du *Soleil moyen*, i.e. un

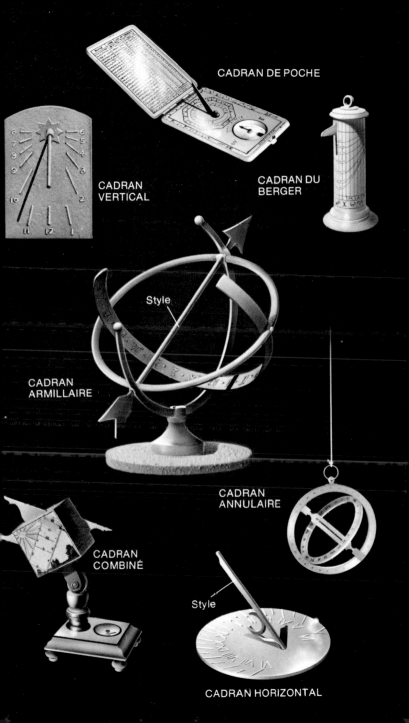

CADRAN DE POCHE

CADRAN VERTICAL

CADRAN DU BERGER

Style

CADRAN ARMILLAIRE

CADRAN ANNULAIRE

CADRAN COMBINÉ

Style

CADRAN HORIZONTAL

Soleil fictif qui se déplacerait vers l'Est de façon uniforme. Le temps mesuré par le soleil moyen s'appelle le *temps moyen local* (T.M.L.).

La Terre décrit autour du Soleil une orbite elliptique, i.e. excentrique. Cette excentricité et les lois de Képler (voir p. 246) impliquent que le mouvement du Soleil sur l'écliptique est plus rapide quand la Terre en est le plus rapprochée (en janvier) et plus lent lorsque celle-ci et le Soleil sont plus éloignés (en juillet). Ce phénomène peut produire un décalage de $+/-10$ mn entre le Soleil moyen et le Soleil réel.

Les deux facteurs de l'obliquité et de l'excentricité produisent des effets qui ne sont pas en phase : leur maxima et minima ne coïncident pas comme le montre la figure du bas à la p. 23. La ligne en traits jaunes montre l'effet de l'excentricité et celle en pointillés mauves, l'effet de l'obliquité. La ligne blanche représente la somme des deux effets, i.e. de combien de temps le Soleil réel retarde ou est en avance sur le soleil moyen : on appelle cette courbe, l'*équateur du temps* ou E.T.

La relation entre les trois sortes de temps solaires est la suivante :

$$T.M.L. = T.A.L. - E.T.$$

Si on inverse le signe de l'E.T. (+ devient - et vice versa), on obtient la *correction à apporter à l'heure du cadran solaire*. Celle-ci doit être ajoutée à l'heure du cadran (T.A.L.) pour obtenir le T.M.L. Pour connaître l'heure légale, il faut tenir compte de l'effet de longitude, tel qu'expliqué à la p. 18. Le graphique de la p. 23 a une précision de $+/1$ mn si on l'utilise pour une année quelconque. Pour connaître l'E.T. avec plus de précision consultez un almanach.

Le Soleil est parfois en retard ou en avance sur l'heure que transmettent les horloges. Cela signifie qu'il passe au méridien tantôt après midi tantôt avant midi, (une fois effectuée la correction de longitude). Si, tout au long d'une année, vous aviez le courage de repérer la position du Soleil lorsque votre montre indique 12:00, l'ensemble des points obtenus aurait l'aspect d'une figure en forme de 8 allongé.

Vous pourriez également reproduire sur le sol une figure en forme de 8, en marquant la position de l'extrémité de l'ombre d'un style. Cette figure en forme de 8 s'appelle l'*analemme*. On voit souvent un analemme sur les globes terrestres. L'analemme fournit l'E.T. car c'est, en fait, la courbe de l'E.T. rabattue sur elle-même. Bien que la valeur de l'E.T. ne dépende pas du lieu d'observation, la forme de l'analemme est fonction de votre latitude et de votre position par rapport au méridien central de votre fuseau horaire.

Si vous essayez de tracer un analemme, utilisez toujours l'heure normale, même en période d'heure avancée. Pour plus de détails concernant la mesure du temps ou la construction de cadrans solaires, consultez les pp. 266-267.

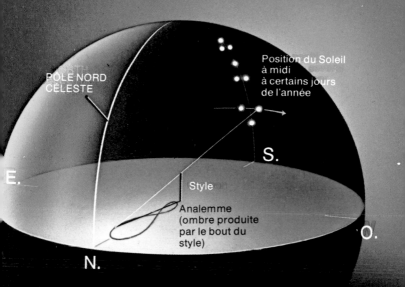

POLE NORD
CÉLESTE

Position du Soleil
à midi
à certains jours
de l'année

S.

E.

Style

Analemme
(ombre produite
par le bout du
style)

O.

N.

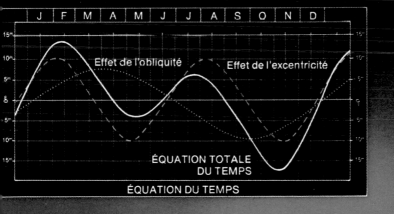

| J | F | M | A | M | J | J | A | S | O | N | D |

Effet de l'obliquité   Effet de l'excentricité

ÉQUATION TOTALE
DU TEMPS

ÉQUATION DU TEMPS

LES SAISONS

Le mouvement réel de la Terre autour du Soleil produit un déplacement apparent de celui-ci et des planètes sur le Fond du ciel. La trajectoire apparente du Soleil s'appelle l'*écliptique* et la « *bande* » de ciel où les planètes peuvent être aperçues se nomme zodiaque. La déclinaison du Soleil varie au cours de l'année parce que l'écliptique est incliné de 23,5° par rapport à l'équateur céleste : elle vaut 0° à l'équinoxe de printemps (21 mars), +23,5° au solstice d'été (22 juin), 0° à l'équinoxe d'automne (22 sept.) et −23,5° au solstice d'hiver (22 déc.). Équinoxes et solstices se rapportent à des positions dans le ciel et à des époques de l'année.

On se rappelle que l'équateur céleste intercepte l'horizon plein Est et plein Ouest. Un objet dont la déclinaison est positive se lèvera au N.-E. et se couchera au N.-O. Inversement, un objet de déclinaison négative se lèvera au S.-E. et se couchera au S.-O. La moitié de l'équateur céleste (12 h) se trouve au-dessus de l'horizon. Il en découle qu'un astre situé au Nord de l'équateur céleste passera plus de 12 h par jour au-dessus de l'horizon dans l'hémisphère Nord et moins de 12 h dans l'hémisphère Sud.

Aux époques de l'année où la déclinaison du Soleil augmente, les observateurs de l'hémisphère Nord voient le Soleil grimper plus haut dans le ciel ; la longueur des jours augmente et c'est l'arrivée de l'été. L'air se réchauffe parce que le Soleil brille plus longtemps le jour et moins de chaleur est renvoyée dans l'espace la nuit ; de plus les rayons solaires arrivent sous un angle plus direct, ce qui les rend plus concentrés. Quand la déclinaison du Soleil se met à diminuer, le phénomène inverse se produit : l'été cède le pas à l'automne puis à l'hiver. Enfin, après le solstice d'hiver, le Soleil recommence à monter dans le ciel et le printemps apparaît. Le sol, les océans et l'atmosphère prennent un certain temps à se réchauffer ; c'est pourquoi les mois les plus chauds (juillet-août) ne coïncident pas avec les moments où le soleil est le plus haut dans le ciel. On observe un délai similaire en hiver.

Dans l'hémisphère Sud, les saisons sont inversées : l'été a lieu pendant que c'est l'hiver dans l'hémisphère Nord. La même chose se produit pour le printemps et l'automne.

À la page 25, on représente la longueur du jour et de la nuit pour des latitudes de 0°, +40° et +70°. La ligne rouge correspond à l'équinoxe de printemps. On dit souvent qu'aux équinoxes, le jour et la nuit ont la même durée. En fait, l'égalité a lieu un peu avant l'équinoxe de printemps et un peu après l'équinoxe d'automne. Une première raison est due au fait que le Soleil n'est pas un point mais un disque de 0,5° de diamètre : son lever et son coucher ne sont pas instantanés. L'autre raison vient de la réfraction des rayons solaires par l'atmosphère terrestre (voir p. 40), ce qui occasionne une augmentation de la durée du jour. De la même façon, les solstices ne coïncident pas avec les dates de lever et de coucher du Soleil les plus tardifs ou les plus tôt.

SAISONS

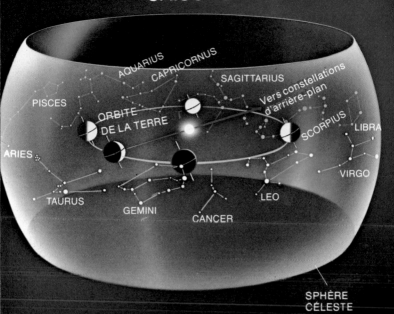

PISCES
AQUARIUS
CAPRICORNUS
SAGITTARIUS
Vers constellations
d'arrière-plan
ORBITE
DE LA TERRE
ARIES
SCORPIUS
LIBRA
TAURUS
GEMINI
CANCER
LEO
VIRGO
SPHÈRE
CÉLESTE

LONGUEUR DU JOUR

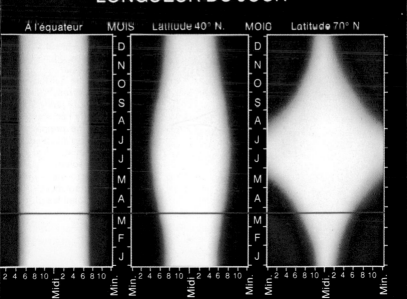

À l'équateur MOIS Latitude 40° N. MOIS Latitude 70° N

D N O S A J J M A M F J

D N O S A J J M A M F J

2 4 6 8 10 Midi 2 4 6 8 10 Min.   Min. 2 4 6 8 10 Midi 2 4 6 8 10 Min.   Min. 2 4 6 8 10 Midi 2 4 6 8 10 Min.

LA PARALLAXE ET LES UNITÉS DE DISTANCE

Le mouvement annuel de la Terre autour du Soleil occasionne un déplacement périodique de la position apparente des étoiles proches : c'est le phénomène de la *parallaxe*. La forme et l'ampleur du déplacement apparent d'une étoile sur la toile de fond du ciel est fonction de sa distance et de sa position par rapport à l'écliptique. Sur la figure du haut en p. 27 (qui n'est pas à l'échelle), l'étoile #1 a le plus grand déplacement parce que c'est la plus proche du Soleil. Au cours de l'année, elle affiche un mouvement de va-et-vient le long de l'écliptique. L'étoile #3 a le plus petit déplacement car c'est la plus éloignée. Comme elle se trouve dans la direction du pôle écliptique, elle semble décrire un petit cercle autour de celui-ci. Enfin, l'étoile #2, située entre les étoiles #1 et #3, quelque part entre l'écliptique et le pôle écliptique, montre un déplacement intermédiaire.

Les astronomes appellent *parsec* la distance à laquelle un astre a une parallaxe d'une seconde d'arc. Seul le Soleil est à une distance inférieure à un parsec. L'étoile la plus proche, Alpha du Centaure, a une parallaxe de 0,62 seconde d'arc.

Une autre unité de distance utilisée en astronomie est l'*année-lumière* : c'est la distance parcourue par la lumière en une année, à la vitesse de 299 792 km/s. Une a.l. équivaut à 0.3069 parsec ou à 9,46 millions de millions en km. Enfin, on utilise aussi l'*unité astronomique* (U.A.) qui est la distance moyenne Terre-Soleil, soit 149,6 millions de km. Un parsec vaut 206 265 U.A.

LA PRÉCESSION

L'axe de rotation de la Terre et la perpendiculaire au plan de l'écliptique font un angle de 23,5°. Le Soleil - toujours sur l'écliptique — et la Lune — toujours située à moins de 5° de l'écliptique — «essayent» constamment de rendre cet axe perpendiculaire par la force de gravité qu'ils exercent sur le renflement équatorial de la Terre. On a exagéré ce renflement sur la figure ci-contre. Au lieu de ramener l'axe de la Terre perpendiculaire à l'écliptique, la force de gravité communique à cet axe un mouvement de giration appelé *précession*. À tous les 26 000 ans environ, chaque extrémité de l'axe de la Terre décrit un petit cercle dans l'espace.

À cause de la précession, la position apparente des étoiles change lentement. Même la position de l'Étoile polaire change petit à petit. Jusqu'en l'an 2105, l'Étoile polaire se rapprochera du P.N.C. pour s'en éloigner par la suite. Il y a plusieurs millénaires, à l'époque de la construction des pyramides, l'étoile Thuban, dans la constellation du Dragon, était l'Étoile polaire ; elle se trouvait plus près du P.N.C. que la nôtre ne s'en approchera jamais.

Le mouvement de précession n'est pas tout à fait régulier parce que les attractions de la Lune et du Soleil ne sont pas uniformes. Superposées au mouvement de précession, on remarque de petites oscillations appelées mouvements de *nutation*. Les amateurs peuvent négliger ce mouvement de nutation mais non les professionnels. Dans les catalogues d'objets célestes, il faut donc corriger les coordonnées célestes au moins toutes les décades.

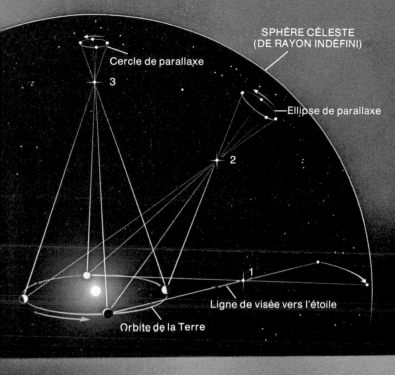

SPHÈRE CÉLESTE
(DE RAYON INDÉFINI)

Cercle de parallaxe

3

Ellipse de parallaxe

2

1

Ligne de visée vers l'étoile

Orbite de la Terre

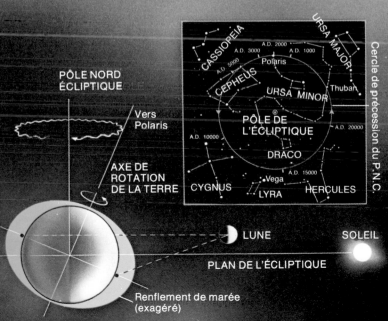

PÔLE NORD
ÉCLIPTIQUE

Vers
Polaris

AXE DE
ROTATION
DE LA TERRE

CASSIOPEIA

A.D. 2000

A.D. 3000   A.D. 1000

URSA MAJOR

A.D. 5000   Polaris

CEPHEUS

URSA MINOR   Thuban

PÔLE DE
L'ÉCLIPTIQUE   A.D. 20000

A.D. 10000

DRACO

A.D. 15000

CYGNUS   Vega

LYRA   HERCULES

Cercle de précession du P.N.C.

LUNE   SOLEIL

PLAN DE L'ÉCLIPTIQUE

Renflement de marée
(exagéré)

L'OPTIQUE ÉLÉMENTAIRE

Les principaux instruments utilisés en astronomie sont le télescope, les jumelles et l'appareil photographique. Ceux-ci se composent d'éléments essentiels tels que la lentille, le miroir et le prisme. Il est nécessaire de connaître les principales caractéristiques de ces éléments pour comprendre le fonctionnement des instruments qui en sont équipés.

Une lentille, ou miroir, à *courbure positive* fait converger les rayons parallèles d'une source lumineuse en un point appelé *foyer*. La distance entre ce point et le centre de la lentille, ou miroir, se nomme *distance focale*. Réciproquement, les rayons d'une source située au foyer deviendront parallèles après leur passage au travers d'une lentille de ce type qui est de forme convexe.

Une lentille, ou miroir, à *courbure négative* fait diverger la lumière incidente. Ce type de lentille est de forme concave. Par opposition, un miroir concave possède une courbure positive. Il fait converger les rayons lumineux au foyer. Cependant, s'il est sphérique, il ne produit pas une convergence parfaite (illustration du coin inférieur gauche). Cette imperfection s'appelle *aberration sphérique*. On la corrige en donnant une forme *parabolique* au miroir (illustration du coin inférieur droit).

Un miroir réfléchit chacune des couleurs de la lumière de façon identique. La lentille, elle, réfracte la lumière selon les couleurs qui la composent. Elle se comporte comme un ensemble de prismes superposés produisant chacun leur spectre. C'est pourquoi une lentille fait converger les rayons lumineux de couleurs différentes, à des foyers distincts. Par conséquent, un télescope à lentille unique reproduit l'image d'une étoile blanche comme une série de franges colorées concentriques. C'est ce qu'on appelle l'*aberration chromatique*. Les bons télescopes possèdent des *objectifs achromatiques* composés de deux ou plusieurs lentilles de puissance et de composition différentes. Ils peuvent focaliser, au même point, deux couleurs différentes.

La précision d'un instrument d'optique, et donc son prix, dépend essentiellement de la qualité de ses composants et du soin avec lequel ils ont été assemblés.

Les lentilles et miroirs sont des éléments délicats. Ils demandent un entretien régulier. Évitez de toucher leurs surfaces car la moindre éraflure diminue la qualité de l'image. Nettoyez-les seulement à l'aide d'une brosse à poils de chameau ou à l'aide de papier spécialement conçu à cet effet, avec un mouvement rotatif. Certains télescopes, spécialement les réflecteurs, nécessitent un rajustement périodique. L'amateur peut habituellement accomplir lui-même cette opération.

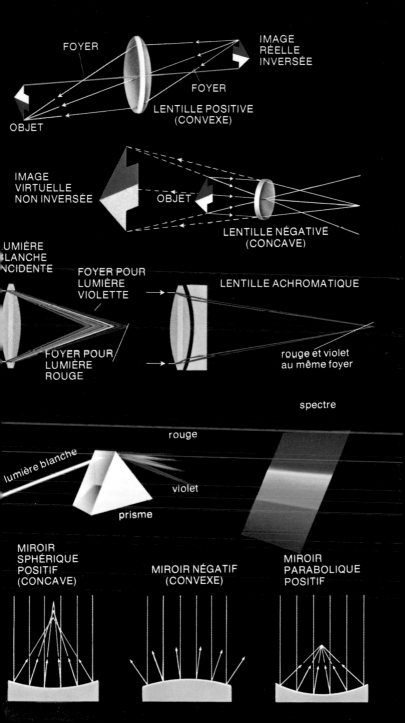

FOYER

IMAGE RÉELLE INVERSÉE

FOYER

LENTILLE POSITIVE (CONVEXE)

OBJET

IMAGE VIRTUELLE NON INVERSÉE

OBJET

LENTILLE NÉGATIVE (CONCAVE)

LUMIÈRE BLANCHE INCIDENTE

FOYER POUR LUMIÈRE VIOLETTE

LENTILLE ACHROMATIQUE

FOYER POUR LUMIÈRE ROUGE

rouge et violet au même foyer

spectre

rouge

lumière blanche

violet

prisme

MIROIR SPHÉRIQUE POSITIF (CONCAVE)

MIROIR NÉGATIF (CONVEXE)

MIROIR PARABOLIQUE POSITIF

LES TÉLESCOPES

On distingue trois catégories de télescopes: les *réfracteurs*, qui utilisent des lentilles; les *réflecteurs*, qui emploient des miroirs; les *catadioptriques* constitués d'une combinaison des deux.

L'*objectif* est l'élément principal du télescope. Sa fonction première consiste non pas à agrandir mais à recueillir le plus de lumière possible. La quantité de lumière recueillie augmente avec le carré du diamètre de l'objectif. Une lentille de 7,5 cm recueille 100 fois plus de lumière que l'oeil humain; c'est pourquoi il faut prendre des précautions pour observer le Soleil au télescope (voir p. 206).

L'évaluation d'un objectif se fait à l'aide du rapport entre sa distance focale (F) et son diamètre (D). On le représente par la lettre *f*. Par exemple, si F=120 cm et D=15 cm, le rapport *f*=F/D vaut 8. On l'écrit souvent sous la forme *f/8*. Les objectifs, ayant un rapport *f* compris entre 3 et 6 sont utiles pour l'observation des objets de faible intensité. Ils donnent une image petite et un champ visuel étendu. Par contre, un rapport *f* supérieur à 10 procure une image plus détaillée mais un champ visuel plus restreint. Un rapport *f* situé entre 8 et 10 constitue un bon compromis pour l'amateur.

Pour voir l'image formée par l'objectif, on place une lentille appelée *oculaire* près du foyer. Ces oculaires, disponibles en plusieurs distances focales, permettent différents grossissements. Le grossissement (G) est défini comme étant le rapport entre la distance focale (F) de l'objectif et celle de l'oculaire (f). Généralement, un grossissement, inférieur à 3 ou supérieur à 50 fois le diamètre de l'objectif, donne des résultats inadéquats.

L'objectif d'un réflecteur se nomme *miroir primaire*. Pour faciliter l'observation, on introduit habituellement un petit miroir secondaire qui réfléchit les rayons lumineux sur le côté du télescope. Les pertes de lumière dues à celui-ci sont négligeables. La page suivante montre deux exemples de ce genre de télescope.

Les télescopes des systèmes Schmidt et Maksutov, de type catadioptrique, comportent un miroir sphérique. On doit donc corriger les aberrations à l'aide d'une lentille. Ils permettent un champ visuel large, un rapport *f* faible et une distance focale supérieure dans un espace restreint.

Le *pouvoir de résolution* est la capacité qu'a un télescope de séparer deux objets très près l'un de l'autre. Un objectif a un pouvoir de résolution théorique donné par la formule 12/D secondes d'arc, où D représente son diamètre en centimètres. Un bon télescope de 15 cm séparera deux étoiles distantes de 0,76 seconde d'arc.

On équipe habituellement le télescope d'un *viseur*, petit télescope de faible puissance solidaire du télescope principal. Grâce à son champ visuel étendu, le viseur permet une orientation approximative et rapide du télescope.

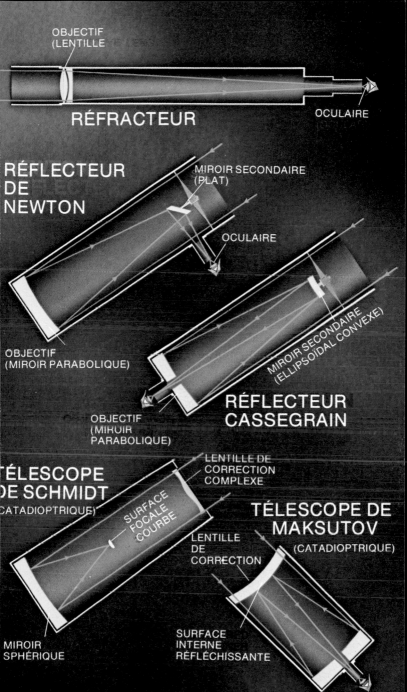

OBJECTIF
(LENTILLE

OCULAIRE

RÉFRACTEUR

RÉFLECTEUR DE NEWTON

MIROIR SECONDAIRE
(PLAT)

OCULAIRE

OBJECTIF
(MIROIR PARABOLIQUE)

MIROIR SECONDAIRE
(ELLIPSOÏDAL CONVEXE)

OBJECTIF
(MIROIR
PARABOLIQUE)

RÉFLECTEUR CASSEGRAIN

TÉLESCOPE DE SCHMIDT
(CATADIOPTRIQUE)

LENTILLE DE
CORRECTION
COMPLEXE

SURFACE
FOCALE
COURBE

TÉLESCOPE DE MAKSUTOV
(CATADIOPTRIQUE)

LENTILLE
DE
CORRECTION

MIROIR
SPHÉRIQUE

SURFACE
INTERNE
RÉFLÉCHISSANTE

LES MONTURES DE TÉLESCOPES

La monture sert à supporter le télescope et permet à l'observateur de suivre l'objet visé malgré la rotation de la Terre. La qualité de celle-ci affecte donc directement le rendement de l'instrument d'observation. C'est pourquoi sa stabilité est aussi importante que la précision de ses éléments optiques. Ainsi, il existe deux types principaux de montures : les équatoriales et les azimutales.

La **MONTURE AZIMUTALE** : ce genre de monture comporte deux axes de rotation, l'un vertical et l'autre horizontal (illustration du bas). Elle est adéquate pour des observations terrestres mais ne convient pas pour des observations astronomiques. La position des objets célestes varie continuellement à la fois horizontalement (azimut) et en altitude (illustration p. 33 en bas). Il faut donc réajuster constamment le télescope selon les deux axes d'observation. On trouve habituellement ce genre de monture sur les télescopes bon marché. Toutefois, certains bons télescopes ont une monture de ce genre que l'on appelle Dobsonian.

La **MONTURE ÉQUATORIALE** : cette monture possède un axe de rotation appelé axe d'ascension droite ou *axe polaire*, parallèle à l'axe de rotation de la Terre et un second, perpendiculaire au premier, qui se nomme l'*axe de déclinaison*. La rotation autour de celui-ci ne change que la déclinaison du champ de vision. Elle garde le télescope en ligne avec le méridien céleste (flèches bleues, illustration du haut).
Pour faciliter le pointage d'un télescope, on équipe souvent ce dernier de *cercles horaires*, l'un solidaire de l'axe polaire, l'autre, de l'axe de déclinaison. Pour observer une étoile, on ajuste d'abord la déclinaison qui, elle, ne varie pas. Il suffit ensuite de faire tourner le télescope autour de l'axe d'ascension droite afin de garder l'étoile dans son champ, l'angle horaire augmentant à un taux constant (flèche pourpre, illustration du haut).
On peut faire bouger le télescope manuellement mais il est beaucoup plus commode d'utiliser un moteur électrique, synchronisé sur la durée du jour sidéral, pour le faire tourner autour de l'axe d'ascension droite. Le jour sidéral est l'intervalle de temps qui s'écoule entre deux passages consécutifs du point vernal au méridien du lieu. Sa longueur est d'environ 23 h 56 mn 4 s, comparativement au jour solaire d'une durée moyenne de 24 h. La révolution de la Terre autour du Soleil est responsable de cette variation de quatre minutes par jour.

Afin de pouvoir suivre un objet céleste au télescope, il faut d'abord ajuster la monture selon la latitude de l'observateur. Cette monture doit reposer sur un sol horizontal et l'axe polaire du télescope doit pointer dans la direction du pôle céleste. Un alignement précis de l'axe polaire d'un télescope est obligatoire en astrophotographie.

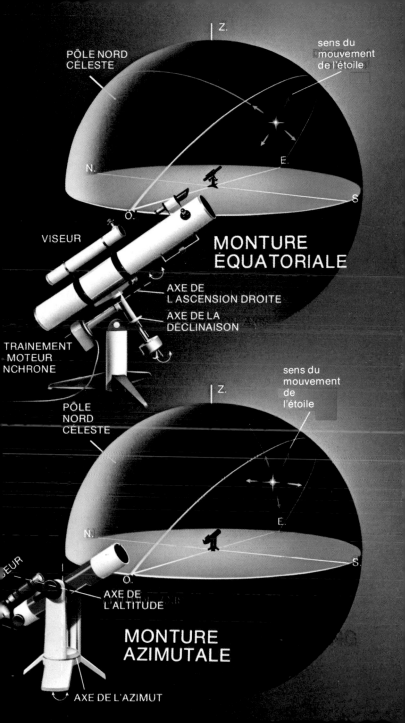

PÔLE NORD
CÉLESTE

sens du
mouvement
de l'étoile

Z.

N.

E.

O.

S.

VISEUR

MONTURE
ÉQUATORIALE

AXE DE
L'ASCENSION DROITE

AXE DE LA
DECLINAISON

TRAINEMENT
MOTEUR
NCHRONE

PÔLE
NORD
CÉLESTE

sens du
mouvement
de
l'étoile

Z.

N.

E.

O.

S.

EUR

AXE DE
L'ALTITUDE

MONTURE
AZIMUTALE

AXE DE L'AZIMUT

L'ASTROPHOTOGRAPHIE

La photographie d'objets célestes ne requiert que peu de matériel. Il suffit généralement d'un appareil reflex mono-objectif 35 mm, d'une monture stable et d'un film de 200 ASA ou plus rapide.

Il existe une limitation concernant les films standard, spécialement ceux en couleur : ils ne sont pas conçus pour une exposition prolongée. La qualité de l'image ne s'améliore plus après un certain temps d'exposition. Ce phénomène s'appelle le *défaut de réciprocité* des films. Ceci peut être un facteur important pour l'observation d'objets faibles avec temps d'exposition assez longs.

Les films couleurs sont habituellement plus lents et à grains plus gros que ceux en noir et blanc mais il est possible quand même d'obtenir des photos couleurs d'objets célestes. Pour augmenter la sensibilité d'un film couleur, les atronomes refroidissent l'émulsion à la température de la glace sèche.

Afin d'améliorer la qualité de la photographie, on conseille de protéger la caméra du vent, de la lumière ambiante si elle existe, et de déclencher l'obturateur à l'aide d'un câble pour minimiser les vibrations. Afin d'obtenir plus de précision sur l'astrophotographie, consultez un ouvrage spécialisé.

La **PHOTOGRAPHIE SANS GUIDAGE** : pour réaliser ce genre de photographie, il suffit de monter une caméra sur un trépied stable, de la pointer vers le ciel et de faire la mise au point sur l'infini. Une exposition de quelques minutes produira sur le film des traces en forme d'arcs dont la courbure dépendra de la direction de visée et dont la longueur variera en fonction du temps d'exposition et de la distance de l'objet par rapport à l'équateur céleste. Une caméra pointée vers l'Étoile Polaire, par exemple, donnera une série de cercles concentriques.

Avec une lentille typique de 50 mm et un temps de pose de 7 s ou moins, les images des étoiles ressemblent à des points. Un objectif à grand angle permet des temps de pose plus longs, un téléobjectif, des temps de pose plus courts. Plus le film est sensible et plus le ciel est clair, plus le nombre d'étoiles saisies sera grand. La photographie stationnaire permet de capter des images de traînées d'étoiles, de météores, de comètes, de la Lune et du Soleil (voir p. 206), des plus brillantes constellations, des amas d'étoiles telles les Pléiades et de certaines planètes comme Vénus.

La **PHOTOGRAPHIE GUIDÉE** : l'utilisation d'une monture équatoriale équipée d'un moteur synchrome permet la photographie d'objets très faibles sans qu'il y ait de traînées sur la photo. En effet, le mécanisme compense pour la rotation de la Terre et conserve le télescope pointé en tout temps au même endroit. Tout au long de l'exposition, il est possible de faire un ajustement fin à l'aide du viseur ou du télescope pour garder l'objet au centre du champ de vision.

La **PHOTOGRAPHIE À TRAVERS LE TÉLESCOPE** : dans ce genre de photographie, le miroir — ou lentille — sert d'objectif à la caméra. La longueur focale du télescope est habituellement beaucoup plus

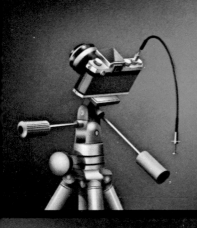

SANS
GUIDAGE

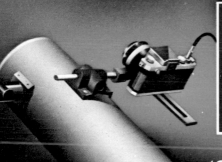

GUIDÉE
(GRAND CHAMP)

GUIDÉE

À TRAVERS LE
TÉLESCOPE

grande que celle d'une lentille téléphoto et procure un champ de vision restreint. De plus, comme le grossissement est plus fort, cela nécessite un contrôle motorisé. Il existe plusieurs techniques de photographie:

1) Au foyer principal: à l'aide d'un adaptateur spécial, on monte sur le télescope une caméra sans sa lentille. La mise au point se fait en déplaçant la caméra dans un sens ou dans l'autre jusqu'à l'obtention d'une image nette. La lumière est projetée directement sur le film. Si la caméra n'est pas de type reflex, il faut insérer un verre dépoli à l'endroit du film pour faire la mise au point. Au foyer principal d'un télescope ayant une focale de 125 cm, l'image de la Lune aura un diamètre d'environ 12 mm.

2) La projection avec lentille Barlow: cette lentille négative est placée dans le chemin optique de l'objectif afin d'augmenter sa longueur focale effective et, par conséquent son grossissement, par un facteur d'environ trois fois.

3) La projection à travers l'oculaire: on monte la caméra derrière l'oculaire. On obtient une image plus étendue et donc moins brillante. Cela exige un temps de pose plus long.

4) Oculaire + lentilles de la caméra: dans cette technique, on utilise une combinaison oculaire/lentilles. La qualité de l'image obtenue dépend de chacun des éléments. L'absorption de lumière est importante et l'on doit faire plusieurs essais pour découvrir la meilleure combinaison.

GUIDE DE L'ASTROPHOTOGRAPHIE: la page suivante est extraite du guide de la compagnie Eastman Kodak (voir p. 267). On peut utiliser des films couleurs ou en noir et blanc dans tous les cas. On recommande un film à basse vitesse (50 à 200 ASA) pour la Lune et un film ultra-lent, à grain fin, pour le Soleil (ATTENTION! voir p. 206). Pour augmenter leurs chances, certains photographes prennent plusieurs photos: l'une surexposée, l'une sous-exposée et une autre avec le temps de pose recommandé.

Objet	Type d'instrument	Type de monture	Objectif	Rapport f	Temps de pose recommandé
Mouvement d'étoile et de comète	Caméra à temps d'exposition variable	Support rigide	N'importe quelle lentille	Ouverture maximum	2 à 30 mn
Météorites	Caméra à temps d'exposition variable	Support rigide	Lentille grand angle	f/6,3 ou plus rapide	10 à 30 mn
Aurores	Caméra à temps d'exposition variable	Support rigide	Lentille rapide	f/4,5 ou plus rapide	1 s à 2 mn
Lune	Caméra ou caméra et télescope	Rigide ou guidée, avec ou sans entraînement	20 mm ou plus grand	f/4,5 ou plus lent	1/125 s à 10 s
Étoiles et comètes	Caméra ou caméra et télescope	Équatoriale, guidée	25 mm ou plus grand	f/6,3 ou plus rapide	10 mn à 1 h
Amas stellaires, nébuleuses, galaxies	Caméra ou caméra et télescope	Équatoriale, guidée avec entraînement	25 mm ou plus grand	Approx. f/6,3	10 mn à 1 h
Planètes	Caméra et télescope	Équatoriale, avec entraînement	Supérieur à 25 mm; meilleur si supérieur à 150 mm	Dépend de votre système	1/2 s à 15 15 s
Soleil ATTENTION! Voir p. 206	Caméra ou caméra et télescope	Rigide ou équatoriale	Filtres neutres, objectif principal de 25 à 100 mm	f/11 à f/32	1/1000 à 1/30 s
Satellite artificiel	Caméra à temps d'exposition variable	Rigide	Lentille rapide	f/4,5 ou plus rapide	Durée de l'événement

La progression d'une éclipse lunaire totale photographiée à l'aide d'une lentille 350 mm et d'un film couleur 400 ASA: 1/125, 1/30 et 2 s. La Lune demeure visible durant toute la durée de l'événement parce que l'atmosphère terrestre réfracte une partie de la lumière vers celle-ci.

LES JUMELLES POUR L'OBSERVATION DU CIEL

Les jumelles sont idéales pour balayer le ciel à la recherche d'objets de grande dimension tels les galaxies, les amas d'étoiles et même la Lune. Elles donnent une image à l'endroit et visible avec les yeux, tout en étant moins chères qu'un télescope de bonne qualité. C'est un bon investissement considérant les multiples usages que l'on peut en faire.

Une distinction s'impose ici concernant les jumelles de concert. Elles ressemblent beaucoup aux jumelles conventionnelles mais procurent un champ de vision restreint et un grossissement plus faible. Elles ne sont donc pas recommandées.

Les jumelles de qualité contiennent des prismes qui permettent d'obtenir une image non inversée dans un instrument plus compact. Elles sont disponibles avec différents grossissements (de 3X à 20X ou plus) et avec des lentilles d'un diamètre variant de quelques millimètres à plusieurs centimètres. On les classifie habituellement à l'aide d'une paire de nombres telle 7X50. Le premier nombre indique le facteur de grossissement alors que le second donne l'ouverture de l'objectif en millimètres. Pour l'astronomie, des jumelles 7X50 représentent un bon outil. Une seconde méthode consiste à calculer le *coefficient d'efficacité relative* de la lumière, obtenu en divisant le diamètre de l'objectif par le carré du grossissement: des jumelles 7X50 ont, par exemple, un coefficient d'efficacité relative de $50/(7X7) \simeq 1$. La clarté de l'image augmente avec ce coefficient. En astronomie, on conseille un coefficient supérieur à 1, ce qui permet de voir des objets 20 fois moins brillants qu'à l'oeil nu.

L'observation prolongée à l'aide de jumelles nécessite, il va sans dire, un support quelconque. On peut se procurer différents types d'attaches pour l'utilisation conjointe avec un trépied. Ce genre de montage, bien qu'azimutal, donne des résultats satisfaisants. On peut également se procurer des petits capuchons qui s'ajustent sur les oculaires des jumelles pour diminuer la lumière environnante.

Une paire de jumelles 7X50 permet d'observer des objets aussi faibles que ceux de la magnitude 9, incluant des amas stellaires comme l'Amas de la Ruche ou des Hyades et même les quatre plus brillants satellites de Jupiter. N'observez jamais le Soleil à l'aide de jumelles. Vous brûleriez la rétine de vos yeux de façon permanente. Même l'observation prolongée de la Lune n'est pas recommandée.

JUMELLES
DE CONCERT

TRAJECTOIRE DE
LA LUMIÈRE

JUMELLES

SUPPORT
POUR
TRÉPIED

L'ATMOSPHÈRE TERRESTRE

L'atmosphère est la masse d'air environnant la Terre. Environ 90% de celle-ci est située en deçà de 16 km du sol, ce qui affecte grandement les observations astronomiques. Elle se compose de quatre couches distinctes. La *troposphère*, couche la plus voisine de la Terre, est responsable du temps qu'il fait. Elle est constituée d'un mélange d'azote (78%), d'oxygène (21%), de gaz carbonique, d'argon et de vapeur d'eau. Au-dessus, on rencontre la *stratosphère*, la *mésosphère* et l'*exosphère*. L'atmosphère est responsable de plusieurs phénomènes optiques importants.

La réfraction : c'est le changement de direction que subit la lumière en passant à travers l'atmosphère. Ce phénomène est perceptible surtout près de l'horizon. À cause de la réfraction, les objets apparaissent plus hauts qu'ils ne le sont en réalité. À l'horizon, l'augmentation d'altitude est d'environ 0,5 degré, soit le diamètre apparent du Soleil ou de la Lune. Lorsque le Soleil ou la Lune nous semblent toucher l'horizon, ils sont, en fait, déjà en dessous.

La dispersion : c'est la décomposition de la lumière blanche en ses différentes longueurs d'onde ou couleurs, produisant le bleu d'un ciel clair et le rouge d'un coucher de Soleil. Les molécules d'air dispersent les ondes lumineuses de façon sélective. La lumière bleue est plus dispersée que le rouge, c'est pourquoi la lumière atteignant nos yeux contient plus de rouge. D'un autre côté, la lumière bleue est dispersée également sur tout le dôme du ciel qui nous apparaît bleuâtre. Le rougissement d'un objet céleste est d'autant plus important lorsqu'il se situe près de l'horizon parce que la lumière doit parcourir une plus grande distance à travers l'atmosphère. C'est la dispersion qui empêche l'observation des étoiles durant la journée.

L'absorption : l'atmosphère absorbe certaines couleurs, dont l'ultraviolet. Ce phénomène affecte principalement les longueurs d'onde comme celles de l'infrarouge et du domaine de la radio. Il modifie légèrement la couleur de certains objets.

L'émission : c'est la production de lumière par les molécules d'air responsables du phénomène des aurores (pp. 42-43) de même que la faible lueur des nuits claires.

Le scintillement : l'air possède des masses d'air de températures et de densités différentes. Ces masses d'air se déplacent par convection. Ces «cellules de convection» font changer la direction d'arrivée des rayons issus d'un astre et causent le scintillement des étoiles. Le scintillement est plus important à l'horizon.

La colonne solaire : jet de lumière diffuse situé au-dessus du Soleil à son lever ou à son coucher.

L'arc-en-ciel : visible à l'opposé du Soleil, il résulte de la dispersion de la lumière solaire par réfraction et réflexion dans les gouttelettes d'eau en suspension dans l'air.

Le halo : anneau lumineux coloré entourant parfois le Soleil ou la Lune. Il est causé par la réfraction de la lumière à travers un nuage de cristaux de glace. De part et d'autre d'un halo, on peut parfois voir deux points brillants : ce sont les *parhélies*. La *couronne*, région brillante autour du Soleil ou de la Lune, provient d'un phénomène de dispersion de la lumière.

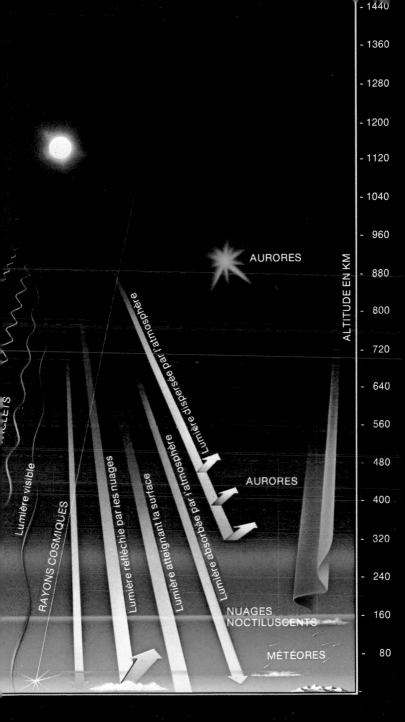

ALTITUDE EN KM

- 1440
- 1360
- 1280
- 1200
- 1120
- 1040
- 960
- 880
- 800
- 720
- 640
- 560
- 480
- 400
- 320
- 240
- 160
- 80

AURORES

AURORES

NUAGES
NOCTILUSCENTS

MÉTÉORES

Lumière visible

RAYONS COSMIQUES

Lumière réfléchie par les nuages

Lumière atteignant la surface

Lumière absorbée par l'atmosphère

Lumière dispersée par l'atmosphère

LES AURORES

Les aurores boréales (hémisphère nord) et australes (hémisphère sud) proviennent de la luminescence de la haute atmosphère produite par le vent solaire, jet de particules à haute énergie émises par le Soleil. Ces particules sous tension, composées principalement de protons, sont déviées vers les pôles par le champ magnétique de la Terre. Lorsqu'elles entrent en collision avec les molécules de gaz, celles-ci absorbent un supplément d'énergie. Par la suite, toute énergie superflue est émise sous forme de lumière visible dont la couleur varie avec la composition des gaz. L'analyse spectrale révèle la présence d'oxygène, d'azote et même d'hydrogène.

Les *pôles magnétiques* ne coïncident pas avec les pôles géographiques. Le pôle nord magnétique est situé, au Canada, aux environs de 78,6° de latitude nord et 70,1° de longitude ouest alors que le pôle sud magnétique se trouve à 78,5° de latitude sud et 106,8° de longitude ouest.

On observe plusieurs formes d'aurores: des étoiles, des arches et des rideaux. Elles varient du rouge au jaune en passant par le vert. Les aurores de faible éclat semblent blanchâtres parce que leur intensité lumineuse est sous le seuil minimal de détection de la couleur par l'oeil humain. Elles ont aussi la caractéristique de vaciller constamment.

Les aurores se produisent principalement dans une région de forme ovale entourant les pôles géomagnétiques (illustration du haut p. 43) Elles apparaissent plus fréquemment lors d'une activité solaire intense (nombreuses taches solaires) et sont rarement vues, près de l'équateur. Il est impossible de prédire de façon précise le temps et le lieu d'apparition des aurores bien que les orages solaires soient souvent un signe avant-coureur de ce phénomène. On peut voir une aurore en ville et la photographier avec une caméra fixe. Les aurores sont le signe d'une augmentation d'activité du champ magnétique terrestre et de l'ionosphère. Ceci engendre des perturbations importantes affectant les communications radio et même le transport de l'énergie électrique.

Même lorsqu'il n'y a pas d'activité aurorale, le ciel présente une légère luminescencedont la cause est similaire à celle des aurores mais d'intensité beaucoup plus faible et de répartition plus uniforme. Cette luminescence n'affecte pas l'observation sauf pour des temps de pose très longs dans de grands télescopes.

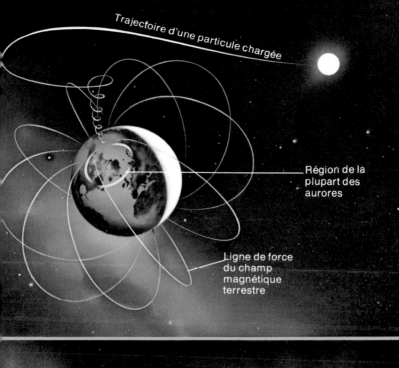

Trajectoire d'une particule chargée

Région de la plupart des aurores

Ligne de force du champ magnétique terrestre

AURORE EN ÉTOILE

AURORE EN RIDEAU

AURORE ARQUÉE

LA LUMIÈRE ZODIACALE

Le système solaire se compose de matière dont la dimension varie de la poussière microscopique à celle du Soleil. Cette poussière occasionne deux phénomènes subtils ne pouvant être vus que par nuit noire et dégagée.

La *lumière zodiacale* est une lueur pâle, de forme triangulaire, apparaissant le long du plan de l'écliptique. Elle résulte de la réflection de la lumière solaire sur les particules de poussière qui sont principalement concentrées dans ce plan. Quand les conditions d'observation sont très bonnes, son intensité se compare à celle de la Voie Lactée. C'est à de petites distances angulaires du Soleil que la lumière zodiacale est la plus intense. Elle ressemble à la lueur représentée sur l'illustration du bas de la page 45. Anciennement, on l'appelait « fausse aurore » parce qu'on l'aperçoit surtout juste avant le lever ou juste après le coucher du Soleil.

Les meilleures périodes d'observation se situent dans les saisons où l'écliptique est le plus perpendiculaire à l'horizon. Pour les latitudes nordiques moyennes, cela signifie durant les mois de mars et avril (après le coucher du Soleil) et les mois de septembre et octobre (avant l'aube). Dans les tropiques, la direction presque verticale de l'écliptique favorise encore plus l'observation de la lumière zodiacale (voir p. 15).

LE GEGENSCHEIN

Un second phénomène, appelé *Gegenschein*, — ou lueur anti-solaire — peut être vu lors de nuits extrêmement noires. Il s'agit d'une réflexion très faible de la lumière solaire mais complètement à l'opposé du Soleil. Sa dimension angulaire est d'environ 8° de long par 6° de large et son intensité varie de 1/15 à 1/30 de celle de la lumière zodiacale. Le Gegenschein est une partie de cette dernière mais sa faible intensité lumineuse nous empêche de vérifier ce fait à l'oeil nu. On prend parfois le Gegenschein pour l'un des nuages d'étoiles de la Voie Lactée mais, contrairement à ces nuages, il n'est pas formé d'étoiles.

On pense que la poussière météorique, responsable de ce phénomène, provient des comètes. Ces particules non métalliques ont une dimension d'environ 1/100 000 de centimètre. Lors du passage d'une comète près du Soleil, une partie des glaces se sublime et libère la poussière captive. Celle-ci se disperse alors à travers le système solaire, principalement dans sa région interne. Une partie se concentre près de la Terre pour former derrière elle un nuage d'environ un million et demi de km de long, qui se termine là où la force d'attraction gravitationnelle de la Terre égale la force de répulsion du vent solaire. Plusieurs sondes spatiales ont étudié la poussière interplanétaire mais il y a encore beaucoup de choses à apprendre.

LUMIÈRE ZODIACALE

GEGENSCHEIN
(à l'opposé du soleil)

L'ÉCHELLE DES MAGNITUDES

L'éclat des astres varie selon une gamme très étendue de valeurs. Par exemple, le Soleil du midi nous apparaît 16 trillions (10^{18}) de fois plus brillant que l'étoile la plus faible visible à l'oeil nu. Les étoiles les plus faibles, sur photographie, sont cent milliards de milliards de fois moins brillantes que le Soleil. Comme ces dimensions sont difficiles à imaginer, on inventa une échelle logarithmique appelée *échelle de magnitude*. Cette échelle est telle qu'une différence de 5 magnitudes correspond à une différence d'éclat égale à 100. Une étoile de magnitude 6 est donc exactement 100 fois moins brillante qu'une étoile de magnitude 1. Ainsi, chaque classe correspond à une différence d'éclat de 2,512 fois, soit la racine cinquième de 100. Ainsi :

Diférence de magnitude		Différence d'éclat	
1 m	=	2,512	ou encore 2,5
2 m	=	6,310	ou environ 6,25
3 m	=	15,840	ou environ 16
4 m	=	39,811	ou environ 40
5 m	=	100	fois exactement

Exemple : supposons que la différence de magnitude entre deux étoiles soit 13. Pour trouver la différence d'éclat entre ces étoiles, remplacez 13 par le plus grand nombre possible d'intervalles de 5 m ; ainsi 13 m = 5 m + 5 m + 3 m. Remplacez chaque 5 m par le nombre 100 et chaque + par un ×. Le tableau ci-dessus nous dit que 3 m = 16. Donc, 13 m = 100 × 100 × 16 = 160 000. Pour plus de précision, on exprime les magnitudes avec plusieurs décimales. Par exemple, l'étoile Algenib a une magnitude de 1,80.

L'échelle de magnitude est telle que les objets les plus brillants ont une magnitude négative. Sirius, l'étoile la plus brillante, a une magnitude de −1,4 ; Vénus peut atteindre une magnitude de −4 et le Soleil a une magnitude de −27. Les étoiles les moins brillantes visibles à l'oeil nu ont une magnitude d'environ 6.

Cette échelle se rapporte aux magnitudes apparentes. Elle mesure l'éclat avec lequel un objet nous apparaît dans le ciel. La *magnitude apparente*, désignée par m, dépend de la luminosité intrinsèque de l'objet et de sa distance. L'intensité d'une source lumineuse diminue à l'inverse du carré de la distance. Une lampe située à 100 m semblera donc 16 fois plus brillante qu'une lampe identique située à 400 m. L'illustration du bas nous montre 3 étoiles de magnitude apparente égale mais d'éclat intrinsèque et de distance différentes.

L'éclat intrinsèque est mesuré par la *magnitude absolue* et désignée par la lettre majuscule M. Cette dernière représente la magnitude apparente qu'aurait un objet s'il se trouvait à la distance-étalon de 10 parsecs (32,6 années-lumière). La relation entre les deux types de magnitude est donnée par la formule :

$$m - M = 5 \, log_{10} r - 5$$

r représente la distance (en parsecs) d'un objet par rapport à l'observateur.

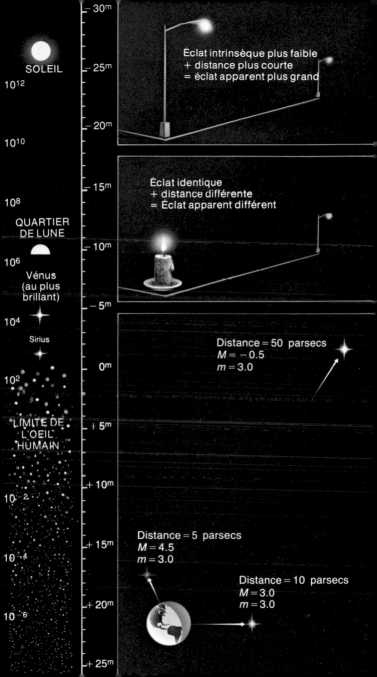

LES COULEURS ET TYPES
SPECTRAUX DES ÉTOILES

Quoique à première vue, toutes les étoiles paraissent blanches, une observation plus minutieuse montre que certaines d'entre elles ont des couleurs distinctes. La couleur d'une étoile est une bonne indication de sa température superficielle, bien qu'approximative. Un rouge sombre signifie une température relativement froide tandis que l'orange, le jaune et le blanc, des températures progressivement plus chaudes.

Mais l'invention du télescope, il y a plus de 150 ans, a permis de raffiner les techniques d'analyse de la lumière stellaire. Le passage de celle-ci dans un prisme donne un spectre, sorte de bande colorée continue, semblable à l'arc-en-ciel. La plupart des spectres contiennent les couleurs situées entre le rouge et le violet mais, par endroits, on observe des *raies sombres*. Certaines couleurs spécifiques (ou longueurs d'onde) ont disparu. Ces raies résultent d'une absorption sélective de la lumière par différents éléments chimiques de l'atmosphère de l'étoile. Les raies que l'on observe dans le spectre des étoiles dépend de la température de l'étoile parce que les différents atomes n'absorbent pas les mêmes longueurs d'onde (couleurs), aux mêmes températures.

Pour caractériser les spectres stellaires, on a établi *sept* types spectraux principaux, désignés par les lettres O,B,A,F,G,K,M (par ordre décroissant de température). Notez que seule la température de surface de l'étoile est directement observable. En anglais, on se souvient de l'ordre des types spectraux par l'expression ''Oh Be A Fine Girl Kiss Me''. Chaque type spectral a été subdivisé en 10 sous-classes numérotées de 0 à 9. Ainsi, une étoile A5 est plus froide qu'une étoile A4 mais plus chaude qu'une étoile A6.

Comme mentionné à la page 50, on sait que les étoiles évoluent et que cette évolution modifie leur spectre. Les étoiles de types O,B et A sont qualifiées de ''jeunes'' tandis que celles des classes K et M, de ''vieilles''. Une étoile B3 sera donc plus ''jeune'' qu'une étoile B9. Si le spectre contient des particularités, on place un *p* après la lettre représentant son type. Quelques étoiles sont de classes spéciales telles les WN,WC,R,N et S. Les Naines blanches peuvent avoir la désignation DA. Consultez un manuel d'astronomie pour plus d'information.

La *classe de luminosité* d'une étoile est reliée à sa magnitude absolue. On la désigne de deux façons:

Nouvelle notation	Ancienne notation	Classe de luminosité
Ia, Iab, Ib	c	supergéantes
II	—	géantes brillantes
III	g	géantes
IV	sg	sous-géantes
V	d	naines (série principale)
VI	wd	naines blanches

Une description spectrale complète de l'étoile Véga pourrait se lire comme suit: A0V ou dA0.

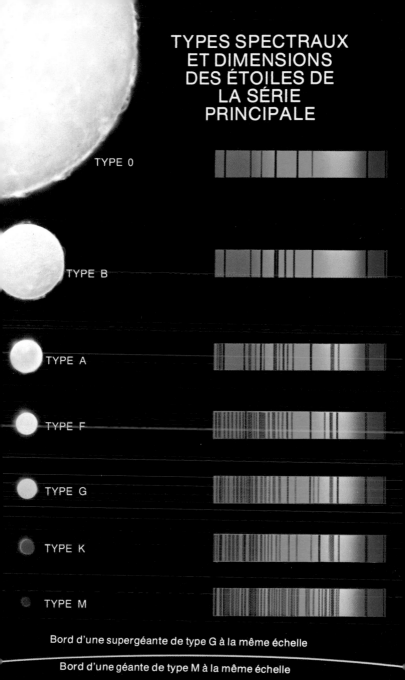

TYPES SPECTRAUX ET DIMENSIONS DES ÉTOILES DE LA SÉRIE PRINCIPALE

TYPE 0

TYPE B

TYPE A

TYPE F

TYPE G

TYPE K

TYPE M

Bord d'une supergéante de type G à la même échelle

Bord d'une géante de type M à la même échelle

L'ÉVOLUTION DES ÉTOILES

On croit que les étoiles se forment à partir d'immenses nuages de poussière et de gaz. Ces nuages s'échauffent (1) en se contractant sous leur propre attraction gravitationnelle. La partie centrale se détache ensuite pour former une proto-étoile (2). Les autres parties du nuage peuvent former d'autres étoiles ou un système planétaire. Tandis que la proto-étoile devient plus petite et plus chaude, la température interne atteint une intensité telle qu'une réaction de fusion nucléaire se déclenche. Les atomes d'hydrogène se combinent pour former de l'hélium et libérer une grande quantité d'énergie. Finalement, l'étoile chasse les gaz restants et atteint la *série principale* (3) où elle demeurera la majeure partie de sa vie. Le temps de vie d'une étoile sur la série principale, le temps qu'elle met pour y arriver — toujours une petite fraction du temps de vie sur la série principale — sa grosseur, son type spectral et sa couleur sont des propriétés qui dépendent toutes de la masse initiale de l'étoile. Plus cette masse est grande, plus l'étoile est chaude, grosse et brillante, plus sa durée de vie est courte. Les étoiles de classe O ont une durée de vie de quelques millions d'années, comparée à 10 milliards d'années pour notre Soleil et à des dizaines de trillions d'années pour les étoiles froides et rouges.

Graduellement, une étoile consume tout son carburant d'hydrogène, refroidit et enfle jusqu'à devenir une *géante* rouge (4). À ce stade, les étoiles de type F5 ou plus froides commencent à se refroidir et rapetissent jusqu'à une dimension comparable à celle de la Terre. Telles sont les *Naines blanches* (5), constituées presque exclusivement de noyaux atomiques baignant dans une mer d'électrons libres et dont la densité est énorme : un dé à coudre de cette matière pèserait plus d'une tonne sur la Terre. Éventuellement, les Naines blanches se refroidissent pour devenir des étoiles noires.

Les étoiles plus massives peuvent franchir plusieurs des étapes parcourues par les géantes rouges et devenir des *supergéantes* (6), des milliers de fois plus — grandes que le Soleil. La plupart des étoiles traversent un stade d'*étoile variable* en luminosité et les plus massives peuvent même exploser et devenir *supernovae* (7). Cette explosion donne naissance à plusieurs éléments chimiques lourds et peut laisser derrière elle une *étoile à neutrons*, (ou *pulsar*) (8), et même un *trou noir* (9) — un objet tellement dense que l'attraction gravitationnelle empêche la lumière de s'en échapper. Les atomes sont dispersés dans l'espace pour éventuellement créer une nouvelle génération d'étoiles.

Les astronomes utilisent le *diagramme de Hertzsprung-Russell* pour décrire l'évolution d'une étoile. On y représente le type spectral (couleur ou température) en fonction de son éclat (luminosité). Chaque point du diagramme représente les propriétés de la surface d'une étoile et une ligne continue représente les différentes phases de l'évolution d'une étoile de masse donnée. La série principale est l'ensemble des points qu'occupent les étoiles de différentes masses lorsqu'elles brûlent leur hydrogène de façon stable.

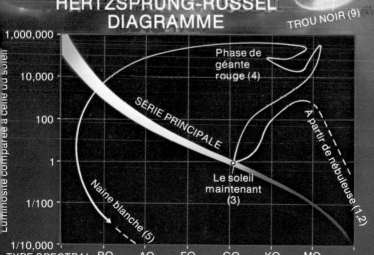

NUAGE INTERSTELLAIRE (1)

NÉBULEUSE PROTOSOLAIRE (2)

LE SOLEIL
MAINTENANT
(3)

SOLEIL
TREFOIS
INE
ANCHE (5)

LE SOLEIL UNE FOIS GÉANTE ROUGE (4)

LES ÉTOILES LES PLUS
MASSIVES DEVIENNENT
DES SUPERGÉANTES (6)

SUPERNOVA   (7)
(SEULEMENT LES ÉTOILES
TRÈS MASSIVES)

ÉTOILE À
NEUTRONS
(PULSARS) (8)

HERTZSPRUNG-RUSSEL DIAGRAMME

TROU NOIR (9)

Phase de
géante
rouge (4)

SÉRIE PRINCIPALE

À partir de nébuleuse (1,2)

Naine blanche (5)

Le soleil
maintenant
(3)

1,000,000

10,000

100

1

1/100

1/10,000

Luminosité comparée à celle du soleil

TYPE SPECTRAL BO   AO   FO   GO   KO   MO

LES ÉTOILES MULTIPLES

Les deux tiers des étoiles ont d'autres étoiles en orbite autour d'elles. On les surnomme *étoiles multiples*.

Une paire d'étoiles, en apparence rapprochées mais n'ayant aucun lien physique ou gravitationnel entre elles, constitue une *binaire optique*. Par contre, si la force de gravitation lie les deux étoiles l'une à l'autre, on a un système *binaire physique*. Il existe également des étoiles multiples à 3 ou 4 composantes (et même plus).

Dans un système à deux étoiles, l'orbite réelle d'une des composantes autour de la seconde se situe dans un même plan et a la forme d'une ellipse (voir les lois de Képler p. 246). Vue de la Terre, l'orientation de ce plan peut être quelconque. L'illustration du haut (p. 53) montre différentes possibilités. Si le plan de l'orbite est vu par la tranche, une étoile pourra éclipser l'autre périodiquement (p. 56).

La révolution d'un système d'étoiles doubles se fait autour d'un point fictif appelé *centre de gravité*. Comme ce point n'est pas visible, on décrit le phénomène en disant que l'étoile moins brillante (*secondaire*) tourne autour de la plus brillante (*primaire*).

L'étude des étoiles doubles nécessite la collecte de deux mesures précises sur une période de plusieurs années: la séparation angulaire des deux composantes et la direction de l'étoile secondaire par rapport à l'étoile primaire. La *séparation angulaire* s'exprime en secondes d'arc et la direction, ou *angle de position* (A.P.), en degrés mesurés vers l'Est par rapport au pôle nord céleste (0°). L'Est a un A.P. de 90° et l'Ouest, de 270°. Sur l'illustration ci-contre, l'angle de position de l'étoile est d'environ 250°. Pour prendre de telles mesures, on utilise des oculaires munis d'un système de réticules gradués avec précision. Une série de mesures permet alors de tracer l'orbite apparente (voir l'illustratiion au centre de la page). L'orbite réelle peut ensuite être calculée à l'aide des lois régissant les orbites.

La période des étoiles doubles — le temps requis pour compléter une orbite — s'échelonne de quelques jours à quelques siècles. Si la séparation des composantes d'une étoile binaire n'est pas assez grande pour être détectée visuellement, la nature binaire de l'étoile peut être déduite du spectre. En effet, le mouvement relatif des composantes engendre un déplacement périodique des lignes spectrales et permet même de calculer leur orbite. Ce genre d'étoiles se nomme *binaires spectroscopiques*.

Les systèmes d'étoiles multiples permettent aux astronomes de comparer l'évolution des étoiles de même origine. Les étoiles *binaires* à *éclipse* (p. 56), qui sont aussi des binaires spectroscopiques, permettent de trouver la relation qui existe entre les types spectraux, la dimension et la masse d'une étoile. Ces renseignements ne peuvent s'obtenir autrement et on les utilise dans le raffinement des théories.

Lorsqu'un système contient plus de deux étoiles, les orbites sont beaucoup plus compliquées. Elles ne sont pas nécessairement dans un même plan et ne peuvent pas être représentées facilement par des

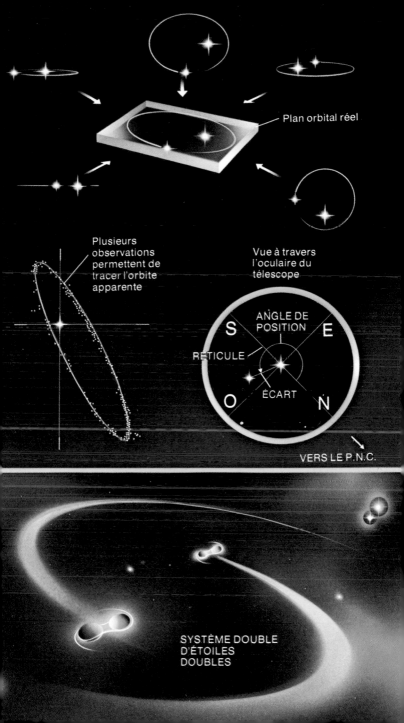

Plan orbital réel

Plusieurs observations permettent de tracer l'orbite apparente

Vue à travers l'oculaire du télescope

ANGLE DE POSITION

RÉTICULE

ÉCART

S

E

O

N

VERS LE P.N.C.

SYSTÈME DOUBLE D'ÉTOILES DOUBLES

équations mathématiques. Celui qui désire calculer les mouvements de chaque étoile dans un tel système, devra le faire étape par étape. Si le système est composé de deux paires serrées (p. 53) assez distantes l'une de l'autre, les calculs peuvent être simplifiés en considérant chaque paire comme un système isolé, du moins en première approximation.

Le système stellaire le plus rapproché de la Terre est un système triple : Alpha du Centaure. Une étoile de type G2 tourne autour d'une étoile de type K5 de façon très rapprochée avec une période de 79,9 années. Une troisième étoile, une naine rouge, tourne autour des deux autres. On croit que sa position actuelle se situe entre la Terre et la paire G2-K5. Elle est, par conséquent, celle des trois qui est le plus rapprochée de nous, d'où son nom Proxima (du latin « proximus », « le plus près »).

Un des objets favoris des astronomes amateurs est Theta Orionis, une étoile quadruple située en plein coeur de la nébuleuse d'Orion. On l'appelle également le *Trapèze*. Ses quatre étoiles très brillantes et de couleur bleue peuvent être vues à l'aide de jumelles.

Dans le tableau suivant, A.R. représente l'ascension droite ; Déc., la déclinaison ; m_1, la magnitude apparente de l'étoile primaire et m_2, celle de l'étoile secondaire (v si variable) ; A.P., l'angle de position en degrés ; ÉCART, l'écart en secondes d'arc. A est l'étoile primaire ; B, l'étoile secondaire ; C, l'étoile tertiaire.

ÉTOILES MULTIPLES POUR TÉLESCOPES ET JUMELLES

Nom*	A.R.	Déc.	m_1	m_2	A.P.	Écart	Commentaires
ι Cas	02h24.9m	+67°11'	4.7	7.0	240°	2".3	A est triple. C est 7.1 m, 116°, 8.2''
ψ Dra	17 42.8	+72 11	4.9	6.1	016	2. 3	Jaune et bleue
ζ Cep	22 27.3	+58 10	4v	7.5	192	41. 0	A est prototype des étoiles variables céphéides
55 Psc	00 37.3	+21 10	5.6	8.8	193	6. 6	Orange et bleue
γ Ari	01 50.8	+19 03	4.8	4.8	359	8. 2	Très jolie
γ And	01 00.8	+42 06	2.3	5.1	063	10. 0	Orange et bleue; très jolie
66 Cet	02 10.2	−02 38	5.7	7.7	232	16. 3	Jaune et bleue
β Ori	05 12.1	−08 15	0.2	7.0	206	9. 2	Rigel
λ Ori	05 32.4	+09 54	3.7	5.6	042	4. 4	Très belle région
θ Ori	05 32.8	−05 25					Le trapèze, groupe de 4 étoiles très rapprochées dans la nébuleuse d'Orion
ε Mon	06 21.1	+04 37	4.5	6.5	027	13. 2	Jaune et bleue
β Mon	06 26.4	−07 00	4.6	4.7	132	7. 4	A est double — 5.2 et 5.6 m à 108°, 2.8''. Très joli triplet
α Leo	10 05.7	+12 13	1.3	7.6	307	176. 5	Régulus
γ Leo	10 17.2	+20°06'	2.6	3.8	122	4. 3	Jolie
ζ UMa	13 21.9	+55 11	2.4	3.9	150	14. 5	Mizar et Alcor, double visible à l'oeil nu
α Sco	16 26.3	−26 19	1.2	6.5	274	2. 9	Antarès; rouge et verte
α Her	17 12 4	+14 27	3-4	5.4	109	4. 6	Ras Algheti; rouge et verte
ξ¹ Lyr ξ² Lyr	18 42.7	+39 37	5.1 5.1	6.0 5.4	002 101	2. 8 2. 3	A est double-double; située à A.P. 172°, 207.8''
η Lyr	19 12.1	+39 04	4.5	8.7	082	28. 2	Bonne à faible grossissement
β Cyg	19 28.7	+27 52	3.2	5.4	055	34. 6	Suprême; bleue et or
α¹ Cap α² Cap	20 14.9	−12 40	4.5 3.7	9.0 10.6	221 158	45. 5 7. 1	Double optique B est double très rapprochée
α² Cen	14 33.2	−60 25	−0.1	1.7		17. 6	La plus rapprochée; une triple. Étoile 10 m à 14h26m, −62°28', appelée Proxima.

*Pour explications concernant les noms d'étoiles, voir p. 66.

LES ÉTOILES VARIABLES

La lumière émise par certaines étoiles varie en intensité au cours de périodes de temps parfois régulières et parfois irrégulières. Des mesures répétées de leur magnitude permet alors de tracer une courbe de lumière caractéristique. Selon cette courbe, on classe les étoiles variables en régulières, semi-régulières ou complètement irrégulières.

Les **VARIABLES EXTRINSÈQUES**: ce sont des étoiles doubles où l'une passe périodiquement devant l'autre. On les surnomme variables à éclipses ou variables de type Algol, car Algol fut la première étoile de ce genre à être découverte. Une étoile éclipse l'autre deux fois par période et la quantité de lumière reçue à la Terre est réduite momentanément.

Lorsque les étoiles diffèrent de type spectral, le passage de la plus froide devant la plus chaude produit une éclipse primaire. La situation inverse produit une éclipse secondaire. Ces éclipses correspondent, sur la courbe de lumière, à deux point distincts: le *minimum primaire* et le *minimum secondaire*.

Il n'est pas possible d'observer les deux étoiles séparément. Ce sont les variations d'intensité lumineuse qui permettent de déduire leur statut d'étoiles doubles. La période typique d'une variable à éclipse est de quelques jours et les minima peuvent durer quelques minutes ou quelques heures.

Les **VARIABLES INTRINSÈQUES**: ce sont des étoiles dont la luminosité varie par suite de changements de température interne et de surface. On y retrouve plusieurs catégories. Sur la page ci-contre (illustration 1), on voit la variable R Scorpii durant une phase de forte luminosité. Sur la seconde illustration, un peu plus tard, elle devient moins brillante. À côté, une autre variable, R Scorpii, est maintenant assez brillante pour être visible.

Dans ces catégories de variables, les *Céphéides* demeurent parmi les plus nombreuses et les plus connues. Ce sont des étoiles pulsantes dont la classe spectrale et la température de surface changent durant des périodes allant de quelques jours à quelques mois. Il existe une relation numérique entre la période des variations lumineuses et la magnitude absolue moyenne d'une Céphéide, ce qui permet de calculer sa magnitude absolue à partir de la période observée. Comme l'éclat apparent dépend de la distance qui la sépare de nous, on en déduit sa distance de la Terre. Grâce aux Céphéides, on peut mesurer la distance de lointains amas d'étoiles ou de galaxies.

Les étoiles à période longue de *type Mira* sont des supergéantes rouges ayant une période supérieure à plusieurs centaines de jours et dont les variations de magnitude sont très importantes. La magnitude de Mira couvre une plage de 3 à 10 et une période de 322 jours.

Les *novae* sont des étoiles qui explosent partiellement. Elles deviennent subitement plus brillantes puis reprennent leur éclat normal. Les *supernovae*, elles, explosent très violemment pour se désintégrer presque totalement vers la fin de leur stage évolutif. Les trois sections du bas de la page suivante montrent l'augmentation et la diminution d'éclat de la Nova de 1910 dans la constellation du Lézard.

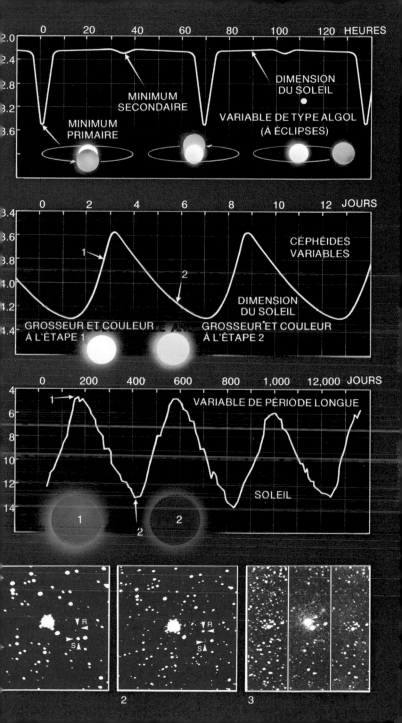

LES AMAS OUVERTS

Certaines étoiles se rencontrent en amas. On pense qu'elles se sont formées à peu près au même moment à partir de matériaux d'un nuage interstellaire commun. Elles ont un âge similaire et sont plus ou moins reliées entre elles par la gravité. Il existe deux genres d'amas : les amas globulaires (p. 60) et les amas ouverts ou galactiques.

Les *amas ouverts* sont des groupements irréguliers d'étoiles rassemblant quelques douzaines à quelques milliers d'étoiles. Bien que ces étoiles paraissent très rapprochées sur une photographie, l'espacement moyen dépasse plusieurs années-lumière. Elles sont relativement jeunes et ont été formées après la formation de la galaxie originale. Elles renferment, pour cette raison, beaucoup d'éléments lourds provenant des débris produits par l'explosion d'étoiles de première génération. Les étoiles de ce genre de composition et d'âge similaires, aident les astrophysiciens à comprendre leurs propriétés en fonction du type spectral.

Les amas d'étoiles plus dispersés reçoivent le nom d'*association*. Ce sont des étoiles dont l'âge ne dépasse pas quelques milions d'années et qui sont en train de se disperser. Leur groupement n'est pas évident quand il est situé près de nous car les étoiles sont alors très éparpillées dans le ciel.

Le haut de la page 61 donne une image de l'apparence de la Voie Lactée, vue de l'extérieur : un *disque plat* (le plan de la galaxie), un *bulbe central* (le *noyau*) et une région entourant le tout (*le halo*). Les *bras spiraux*, difficiles à détecter de l'intérieur, sont situés dans le plan de la galaxie et c'est là que l'on retrouve les amas ouverts. La plupart des étoiles du plan de la galaxie sont plus jeunes que celles du noyau et du halo.

Les amas ouverts contiennent quelques-uns des objets les plus intéressants à voir dans le ciel. Certains sont même visibles à l'oeil nu (les Pléiades, les Hyades et l'amas double de Persée). On les voit parfois associés à des nébuleuses gazeuses comme la Grande Nébuleuse d'Orion. Ils sont magnifiques à observer aux jumelles ou à l'aide d'un télescope.

AMAS OUVERTS VISIBLES AUX JUMELLES ET À L'OEIL NU

Nom	A. R.	Déc.	Constellation	Distance en 1000 a.-l.	Commentaires
h Persei	02 h 17,6 mn	+57°04	Per	7,0	Amas double dans Persée
x Persei	02 h 21,0 mn	+57°02	Per	8,1	Amas double dans Persée
Persée	03 h 21,0 mn	+48°32	Per	0,6	
Pléiades	03 h 45,9 mn	+24°04	Tau	0,41	Très joli
Hyades	04 h 19,0 mn	+15°35	Tau	0,13	La tête du 'Taureau
Trapèze	05 h 34,4 mn	−05°24	Ori	1,3	Dans Nébul. d'Orion
Ruche	08 h 39,0 mn	+20°04	Cnc	0,59	La Ruche
Écrin à joyaux	12 h 52,4 mn	−60°13	Cru	6,8	Près de K Crucis
M6	17 h 38,8 mn	−32°12	Sco	1,5	
M8	18 h 01,9 mn	−24°23	Sgr	5,1	Dans Nébul. la Lagune
M11	18 h 50,0 mn	−06°18	Sct	5,6	Très riche

Amas double dans Persée, h et X Persei

Amas ouvert dispersé, NGC 7510

Amas très dispersé, Abell 5

Amas des Pléiades, montrant une nébulosité

LES AMAS GLOBULAIRES

Comme leur nom l'indique les amas globulaires sont d'immenses essaims d'étoiles de forme sphéroïdale. Ce sont des formations extrêmement compactes où de 10 000 à un million d'étoiles sont concentrées dans une sphère de 100 à 150 a.l. de diamètre. Ils se sont formés à une époque où notre galaxie était encore très jeune et on les retrouve dans le *halo galactique*, une vaste région centrée sur le noyau galactique. La plupart de ces objets sont très loin de nous : entre 8 000 et 185 000 a.l. Quelques-uns peuvent être vus à l'oeil nu et ont l'aspect de petites taches diffuses dans un ciel très noir ; plusieurs sont visibles dans les télescopes d'amateurs.

Les amas globulaires contiennent des étoiles qui furent les premières à naître au moment où les nuages de gaz intergalactiques se contractaient pour former notre galaxie. Ce gaz originel contenait très peu d'éléments plus lourds que l'hydrogène et l'hélium. Presque tout le gaz des amas a servi à former des étoiles et il reste très peu de matière interstellaire. De plus, les amas globulaires étant restés isolés du plan de la galaxie, leur milieu interstellaire n'a pas été enrichi par d'autres gaz et il n'est pas apparu d'étoiles de seconde génération, comme ce fut le cas dans le plan galactique.

Dans un télescope, les amas globulaires ressemblent à ce que l'on voit sur les photographies. Sur ces dernières toutefois, la partie centrale de l'amas est souvent surexposée et on ne peut voir les étoiles individuelles.

Le tableau ci-dessous fournit une liste des amas globulaires les plus connus :

AMAS GLOBULAIRES OBSERVABLES AUX JUMELLES ET AU PETIT TÉLESCOPE

Nom	A.R.	Déc.	Mag. app. intégrée	Constel-lation	Dist. a.l.
47 Tucanae	00h23,1 mn	−72°11	4,4	Tuc	16
ω **Centauri**	13h25,6	−47°12	4,5	Cen	17
M3	13h41,3	+28°29	6,9	CVn	35
M13	16h41,0	+36°30	6,4	Her	21
M10	16h56,0	−04°05	7,3	Oph	20
M92	17h16,5	+43°10	6,9	Her	26
M22	18h35,1	−23°56	6,2	Sgr	10
M55	19h38,8	−30°59	6,7	Sgr	20
M2	21h32,4	−00°55	6,9	Aqr	40

SYSTÈME SOLAIRE

NOTRE GALAXIE:
LA VOIE LACTÉE

NOYAU
GALACTIQUE

AMAS
GLOBULAIRE

AMAS
GLOBULAIRE

LES NÉBULEUSES GALACTIQUES

Le disque de notre galaxie renferme une matière diffuse faite de gaz et de poussière. Par endroits, on rencontre des concentrations de cette matière : ce sont les *nébuleuses*. Certaines sont obscures et absorbent la lumière des étoiles situées en arrière-plan, d'autres brillent à la façon d'enseignes au néon.

Les *nébuleuses obscures* se présentent sous la forme de masses sombres se profilant sur un fond plus lumineux. Ces nuages de gaz et de poussières absorbent la lumière des étoiles et créent des zones apparemment dépourvues d'étoiles. D'ailleurs, même là où la matière interstellaire n'est pas concentrée en nuage, elle absorbe et rougit la lumière des étoiles lointaines.

Les *nébuleuses diffuses à émission* sont des nuages de gaz (surtout de l'hydrogène ainsi qu'un peu d'hélium, d'oxygène, d'azote et quelques autres éléments) excités par le rayonnement ultraviolet d'étoiles très chaudes (type spectral B1 ou plus chaud) qui provoque une luminosité par fluorescence. Ces nébuleuses renferment des étoiles en formation et/ou des étoiles jeunes. Le plus bel exemple de ce type est la nébuleuse d'Orion, visible à l'oeil nu dans l'Épée d'orion.

Les *nébuleuses diffuses à réflexion* contiennent de la poussière interstellaire qui diffuse et réfléchit la lumière d'étoiles proches. Ces étoiles sont trop froides pour exciter la composante gazeuse bien que quelques nébuleuses brillent à la fois par émission et par réflexion. Les étoiles brillantes de l'amas très connu des Pléiades apparaissent entourées de nuages lumineux sur les photographies à longue exposition.

Les *nébuleuses planétaires* sont ainsi baptisées car, dans un petit télescope, elles apparaissent sphériques et de couleur verdâtre comme les planètes extérieures. Il s'agit d'enveloppes de gaz en expansion autour d'une ètoile ayant subi une explosion partielle au cours de son évolution. On aperçoit parfois l'étoile centrale qui excite la nébuleuse. Comme nous regardons à travers une coquille sphérique de gaz, transparente et lumineuse, le pourtour de la nébuleuse semble plus brillant. C'est pourquoi beaucoup de nébuleuses planétaires ont la forme d'anneaux. L'Anneau de la Lyre (M57) est un bel exemple.

Enfin certaines nébuleuses diffuses sont des « *restes* » provenant de l'explosion de supernovae, i.e. d'étoiles très massives qui ont terminé leur vie dans une gigantesque explosion. Il arrive que les grands télescopes et les radiotélescopes détectent un *pulsar*, ou étoile à neutrons, au centre de la nébuleuse. C'est le cas pour la nébuleuse du Crabe, formée à la suite de l'explosion d'une supernovae aperçue par les Chinois en 1054 de notre ère.

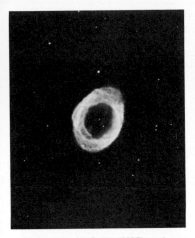

L'Anneau de la Lyre (M57) est une nébuleuse planétaire. C'est une coquille de gaz qui a été éjectée par l'étoile centrale.

La Grande Nébuleuse d'Orion est une nébuleuse très brillante renfermant des étoiles jeunes. On peut remarquer plusieurs régions obscures.

QUELQUES NÉBULEUSES GALACTIQUES

Nom	A.R.	Déc.	Const.	Dist. 1000 a.l.	Type commentaires
NGC 1435	03h46,3	+24°01	Tau	0,4	Néb. à réflexion dans les Pléiades, peu brillante
"Le Crabe"	05 33,3	+22°05	Tau	4	Reste de supernova; T
Orion	05 34,3	−05°35	Ori	1,5	Néb. à émission; magnifique; T
La Tête de cheval	05 39,8	−01°57	Ori	1,5	Néb. obscure près de ζ Ori
La Rosette	06 31,3	+04°53	Mon	3	Néb. à émission; T
La Chouette	11 13,6	+55°08	UMa	12	Néb. planétaire
Néb. en "S"	17 20,7	−24°59	Oph	?	Néb. à absorption et émission; très étendue; T
Le Trèfle	18 01,2	−23°02	Sgr	3,5	Néb. à émission
La Lagune	18 02,4	−24°23	Sgr	4,5	Néb. à émission
L'Anneau (Lyre)	18 52,9	+33°01	Lyr	5	Néb. planétaire; T
L'Haltère	19 58,9	+22°40	Vul	3,5	Néb. planétaire

T = Visible dans un télescope de grosseur moyenne; les autres, détectables surtout par photographie.

LES GALAXIES

Les galaxies, les plus vastes agglomérations d'étoiles de l'univers, comprennent des galaxies naines elliptiques, de dimension comparable aux gros amas globulaires, et jusqu'à des grandes spirales et des supergéantes elliptiques contenant des milliers de milliards d'étoiles.

Les *spirales normales* se présentent sous forme d'un disque plat, doté d'un noyau globulaire central entouré de bras spiraux. On désigne ce type de galaxie par la lettre *S* suivie des lettres *a, b* ou *c* suivant le degré d'ouverture des bras. Les galaxies *S0* sont aplaties mais ne montrent aucun bras spiral. Notre Galaxie (voir pp. 61, 58 et 200) et la galaxie d'Andromède sont de type *Sb*.

Les *spirales barrées* ressemblent aux spirales normales mais présentent un noyau traversé par une barre lumineuse aux extrémités de laquelle débutent les bras spiraux. On les désigne par les lettres *SB* suivies d'un *a, b* ou *c* selon l'écartement plus ou moins important des bras.

Les *elliptiques* peuvent être de forme sphérique, ou allongée comme un ballon de football. Leur ellipticité est indiquée par un indice de *0* à *7* après la lettre *E*. Alors que les spirales renferment du gaz, de la poussière interstellaire et des populations d'étoiles vieilles et jeunes, les elliptiques sont composées surtout d'étoiles vieilles et de très peu de matière interstellaire. Les naines elliptiques sont les plus petites galaxies existantes et les supergéantes elliptiques, les plus grandes.

Les *irrégulières*, désignées par un *I* ou *Irr*, contiennent beaucoup de poussière et de gaz et des étoiles jeunes. Elles n'ont pas de forme définie. Les Nuages de Magellan, satellites de notre galaxie, sont de ce type.

Les *galaxies particulières* sont des galaxies qu'il est difficile de classifier. On les désigne par la lettre *p* accolée à un qualificatif particulier. Elles peuvent présenter des caractéristiques propres à plusieurs types normaux, être de puissantes radiosources ou avoir d'autres particularités.

Le tableau ci-dessous fournit les positions de quelques galaxies typiques, visibles dans un télescope d'amateur. Mais il ne faut pas s'attendre à voir une image semblable aux photographies obtenues dans les grands observatoires. Ne pas oublier que ce sont des objets situés à des distances beaucoup plus grandes que les étoiles des constellations où elles se trouvent.

GALAXIES OBSERVABLES AUX JUMELLES ET AU PETIT TÉLESCOPE

Nom	A.R.	Déc.	Type	Distance million a.l.	Constel-lation
M31	00h41,6 mn	+41°10	Sb	2,1	And
SMC*	00 52,0	−72°56	Irr	0,2	Tuc
M33	01 32,8	+30°33	Sc	2,4	Tri
LMC*	05 23,7	−69°46	Irr	0,2	Men-Dor
M81	09 53,9	+69°09	Sb	6,5	UMa
M101	14 02,4	+54°26	Sc	14,0	UMa

*SMC = Petit Nuage de Magellan; LMC = Grand Nuage de Magellan.

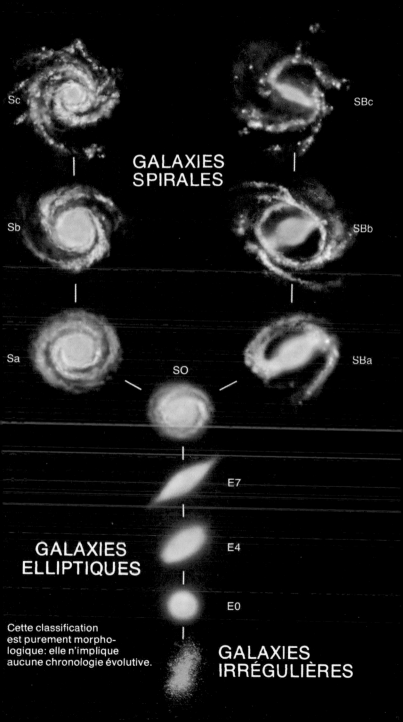

Sc

SBc

**GALAXIES
SPIRALES**

Sb

SBb

Sa

SO

SBa

E7

**GALAXIES
ELLIPTIQUES**

E4

E0

Cette classification
est purement morpho-
logique: elle n'implique
aucune chronologie évolutive.

**GALAXIES
IRRÉGULIÈRES**

LES ÉTOILES LES PLUS BRILLANTES

Le tableau suivant renferme une foule de données concernant les étoiles les plus brillantes, en apparence. La désignation Bayer (d'après l'astronome allemand Johann Bayer 1572-1625) et le nom usuel sont suivis des coordonnées des étoiles pour l'année 1900. La magnitude apparente est la magnitude visuelle « V » que les astronomes déterminent à l'aide d'appareils standardisés. Si une seule décimale apparaît ou si la magnitude est suivie d'un « v », l'étoile est variable ou particulière.

La distance est en années-lumière (a.l.). Il est à noter que les étoiles apparemment brillantes, sont des étoiles intrinsèquement brillantes et situées relativement loin de nous — plus de 100 a.l. Seules quelques-unes sont intrinsèquement plus brillantes et près de nous. Une liste des étoiles les plus proches inclurait très peu des étoiles du tableau ci-contre.

La magnitude absolue se rapporte à la luminosité vraie de l'étoile (p. 46). Le type spectral correspond à la classification expliquée en p. 48. Quand l'étoile est double, comme le sont les 2/3 des étoiles, avec composantes d'égale luminosité, chaque étoile contribue au spectre ; parfois une étoile simple possède un spectre composite. Dans les deux cas, on indique le spectre composite : par exemple « G + F » pour Capella.

L'oeil peut détecter une certaine coloration des étoiles très brillantes — magnitude supérieure à 1,00 — si le ciel est noir et transparent. Les étoiles de type O et B semblent d'un blanc bleuté, les étoiles A apparaissent blanches et celles de type F et G jaunâtres. Les étoiles K sont orange et celles de type M rougeâtres. On décèle facilement la couleur des étoiles suivantes : Antarès (rouge), Capella (jaune), Sirius (blanche), Rigel (blanc bleuté).

Beaucoup d'étoiles brillantes, comme Algol et Bételgeuse, ont des noms propres. Mais, pour assurer plus de précision, les astronomes désignent les étoiles par une lettre grecque ou des chiffres arabes suivis du nom de la constellation à laquelle l'étoile appartient (p. 69). Ex. : α Andromedae (ou α And) est l'étoile alpha de la constellation d'Andromède. Andromedae est le génitif latin pour Andromeda. En général, l'ordre alphabétique suit l'éclat apparent des étoiles d'une constellation : α And est la plus brillante de la constellation, β And la seconde plus brillante, etc... On peut rencontrer d'autres façons de désigner certaines étoiles dans différents catalogues spécialisés.

LES PLUS BRILLANTES ÉTOILES

Dési-gnation Bayer	Nom usuel	A.R.	Déc.	Magnitude apparente	Dist. a.l.	Magnitude absolue	Type spectral
α And	Alpheratz	00ʰ03ᵐⁿ	+28°32′	2.03	127	−0.9	B9
α Cas	Schedar	00 35	+55 49	2.22	147	−1.0	K0 II
β Cet	Deneb Kaitos	00 39	−18 32	2.04	59	+0.7	K1 III
β And	Mirak	01 04	+35 05	2.06	75	+0.1	M0 III
α UMi	Polaris	01 23	+88 46	2.3v	782	−4.6	F8 Ib
α Eri	Achernar	01 34	−57 45	0.48	127	−2.2	B5 IV
γ And	Alamak	01 58	+41 51	2.13	245	−2.2	K3 II
α Ari	Hamal	02 02	+22 59	2.00	75	+0.2	K2 III
o Cet	Mira	02 14	−03 26	2.0v	130	−1.0	M6 III
β Per	Algol	03 02	+40 34	2.2v	104	−0.3	B8 V
α Per	Algenib	03 17	+49 30	1.80	522	−4.3	F5 Ib
α Tau	Aldebaran	04 30	+16 19	0.85	68	−0.7	K5 III
α Aur	Capella	05 09	+45 54	0.08	46	−0.6	G8+F
β Ori	Rigel	05 10	−08 19	0.11	815	−7.0	B8 Ia
γ Ori	Bellatrix	05 20	+06 16	1.63	303	−3.3	B2 III
β Tau	El Nath	05 20	+28 32	1.65	179	−2.0	B7 III
δ Ori	Mintaka	05 27	−00 22	2.19	1,500	−6.1	O9.5 II
ε Ori	Alnilam	05 31	−01 16	1.70	1,532	−6.7	B0 Ia
ζ Ori	Alnitak	05 36	−02 00	1.79	1,467	−6.4	O9.5 Ib
κ Ori	Saiph	05 43	−09 42	2.05	1,826	−6.8	B0.5I
α Ori	Betelgeuse	05 50	+07 23	0.8v	652	−6v	M2 I
β Aur	Menkalinan	05 52	+44 56	1.90	88	−0.2	A2 V
β CMa	Mirzam	06 18	−17 54	1.98	652	−4.5	B1 II
α Car	Canopus	06 22	−52 38	−0.73	196	−4.7	F0 Ib
γ Gem	Alhena	06 32	+16 29	1.93	101	−0.4	AC IV
α CMa	Sirius	06 41	−16 35	−1.45	9	+1.4	A1 V
ε CMa	Adhara	06 55	−28 50	1.50	652	−5.0	B2 II
δ CMa	Wezen	07 04	−26 14	1.84	1,956	−7.3	F8 Ia
α Gem	Castor	07 28	+32 06	1.58	46	+0.9	M+A
α CMi	Procyon	07 34	+05 29	0.35	11	+2.7	F5 IV
β Gem	Pollux	07 39	+28 16	1.15	36	+1.0	K0 III
ζ Pup	Naos	08 00	−39 43	2.25	2,300	−7	O5
γ Vel		08 06	−47 03	1.83	489	4	O7+DC
ε Car		08 20	−59 11	1.87	326	−3	K0+B
δ Vel		08 42	−54 21	1.95	75	+0.1	A0 V

(Suite à la page suivante)

Note: Les coordonnées de ce tableau sont celles de l'année 1900; à cause de la précession, les coordonnées pour une année ultérieure seraient légèrement différentes.

Désignation Bayer	Nom usuel	A.R.	Déc.	Magnitude apparente	Dist. a.l.	Magnitude absolue	Type spectral
β Car	Miaplacidus	09^{h}12^{mn}	−69°18	1.68	85	−0.4	AC III
ı Car	Tureis	09 14	−58 51	2.24	650	−4.5	F0 Ib
α Hya	Alphard	09 23	−08 14	1.99	100	−0.4	K4 III
α Leo	Régulus	10 03	+12 27	1.35	85	−0.6	B7 V
γ Leo	Algieba	10 14	+20 21	2.1	108	−0.5	K0 III
α UMa	Dubhe	10 58	+62 17	1.79	104	−0.7	K0 III
β Leo	Denebola	11 44	+15 08	2.14	42	+1.58	A3 V
α Cru	Acrux	12 21	−61 33	0.9v	260	−3.5	B2 IV
γ Cru	Gacrux	12 26	−56 33	1.64	230	−2.5	M3 II
γ Cen		12 36	−48 25	2.16	130	−0.5	A0 III
β Cru		12 42	−59 09	1.26	490	−4.7	B0 III
ε UMa	Alioth	12 50	+56 30	1.78	82	−0.2	A0 V
ζ UMa	Mizar	13 20	+55 27	2.09	88	0.0	A2 V
α Vir	Spica	13 20	−10 38	0.96	260	−3.4	B1 V
η UMa	Alkaid	13 44	+49 49	1.86	150	−1.6	B3 V
β Cen	Agena	13 57	−59 53	0.60	114	−5.0	B1 II
θ Cen		14 01	−'35 53	2.06	55	+1.0	K0 IV
α Boo	Arcturus	14 11	+19 42	−0.06	36	−0.2	K2 III
α Cen	Rigel Kentaurus	14 33	−60 25	−0.1	4	+4.3	G2 V
β UMi	Kochab	14 51	+74 34	2.07	104	−0.5	K4 III
α CrB	Gemma	15 30	+27 03	2.23	75	+0.5	A0 V
α Sco	Antarès	16 23	−26 13	1.0	425	−4.7	M1 Ib
α TrA		16 38	−68 51	1.93	90	−0.3	K4 III
λ Sco	Shaula	17 27	−37 02	1.62	325	−3.4	B1 V
θ Sco		17 30	−42 56	1.87	520	−4.5	F0 Ib
α Oph	Ras Alhague	17 30	+12 38	2.07	60	+0.8	A5 III
γ Dra	Eltanin	17 54	+51 30	2.22	117	−0.6	K5 III
ε Sgr	Kaus Australis	18 18	−34 26	1.83	163	−1.5	B9 IV
α Lyr	Véga	18 34	+38 41	0.04	26	+0.5	A0 V
σ Sgr	Nunki	18 49	−26 25	2.08	260	−2.5	B2 V
α Aql	Altaïr	19 46	+08 36	0.77	16	+2.3	A7 V
α Pav	Peacock	20 18	−57 03	1.93	293	−2.9	B3 IV
γ Cyg	Sader	20 19	+39 56	2.23	815	−4.7	F8 Ib
α Cyg	Deneb	20 38	+44 55	1.25	1,600	−7.3	A2 Ia
α Gru	Al Nair	22 02	−47 27	1.74	68	+0.2	B5 V
β Gru		22 37	−47 24	2.2v	290	−2.5	M3 II
α PsA	Fomalhaut	22 52	−30 09	1.16	23	+1.9	A3 V

Note: Les coordonnées de ce tableau sont celles de l'année 1900; à cause de la précession, les coordonnées pour une année ultérieure seraient légèrement différentes

LES CONSTELLATIONS

Tous les peuples, qu'il s'agisse des Sumériens de l'Antiquité, des Arabes du Moyen-Âge ou des Indiens d'Amérique, ont eu leur lot de légendes populaires concernant le ciel. Plusieurs astres ont reçu des noms de dieux, de héros, d'animaux ou d'outils et l'on a pris l'habitude de grouper les étoiles en figures ou constellations. La forme géométrique de quelques constellations explique leur nom : c'est le cas du Dragon (Draco) et d'Orion, le Chasseur. Par contre, il faut beaucoup d'imagination pour reconnaître une grande ourse dans la constellation du même nom (Ursa Major). Quoi qu'il en soit, les constellations, dont plusieurs remontent à la plus haute antiquité, restent utiles pour désigner certaines régions du ciel.

Un bon nombre de constellations en usage de nos jours ont été déterminées et nommées il y a plusieurs millénaires. Des figures connues, comme Cassiopée et Orion, peuvent être identifiées sur des tablettes sumériennes, des pyramides d'Égypte et des monuments grecs. Il faut dire que les constellations ont pratiquement le même aspect qu'elles avaient dans le passé car les étoiles sont tellement lointaines qu'il faut attendre des siècles avant de pouvoir détecter un changement de leur position, à l'oeil nu.

Beaucoup de noms d'étoiles, tels Bételgeuse ou Algol, ont une origine arabe. Au Moyen-Âge, ce sont les Arabes qui ont rassemblé le bagage des connaissances astronomiques légué par les Anciens et qui y ont ajouté leur propre science.

À la fin du Moyen-Âge, l'astronomie est devenue une partie importante de la science occidentale. Les observateurs ont complété la nomenclature des objets célestes et ont inventé de nouvelles constellations. Les nouveaux noms représentaient toutes sortes de choses : des leaders politiques ou autres, des héros, des chiens, des instruments d'optique... À cause du manque de communication entre les hommes de science d'alors, il y avait beaucoup de confusion à propos des noms et des frontières des constellations. Heureusement, en 1930, l'Union Astronomique Internationale s'est entendue pour partager tout le ciel en 88 constellations ayant des frontières parfaitement définies. Certaines constellations furent éliminées : ce fut le cas pour le Ballon à air chaud (Aeronavigus Pneumatica). La constellation du Navire (Argo Navis), qui occupait une très grande superficie, fût scindée en quelques nouvelles constellations.

Les pages suivantes renferment la liste des constellations reconnues officiellement par les astronomes. On y donne le nom latin de la constellation, la figure qu'elle est supposée représenter, sa superficie en degrés carrés — le ciel contient 41 253 degrés carrés — et la date à laquelle on retrouve la constellation au méridien, à 21 heures.

Nom latin*	Nom français	Superficie degrés carrés	Date au méridien
Andromeda	Andromède	722	10 nov.
Antlia	Machine pneumatique	239	5 avril
Apus	Oiseau de paradis	206	30 juin
Aquarius	Verseau	980	10 oct.
Aquila	Aigle	652	30 août
Ara	Autel	237	20 juil.
Aries	Bélier	441	10 déc.
Auriga	Cocher	657	30 jan.
Bootes	Bouvier	907	15 juin
Caelum	Burin du graveur	125	15 jan.
Camelopardalis	Girafe	757	1 fév.
Cancer	Crabe	506	15 mars
Canes venatici	Chiens de chasse	465	20 mai
Canis major	Grand chien	380	15 fév.
Canis minor	Petit chien	182	1 mars
Capricornus	Capricorne	414	20 sep.
Carina	Carène	494	15 mars
Cassiopeia	Cassiopée	598	20 nov.
Centaurus	Centaure	1 060	20 mai
Cepheus	Céphée	588	15 oct.
Cetus	Baleine	1 231	30 nov.
Chamaeleon	Caméléon	132	15 avril
Circinus	Compas	93	15 juin
Columba	Colombe	270	30 jan.
Coma Berenices	Chevelure de Bérénice	386	15 mai
Corona australis	Couronne australe	128	15 août
Corona borealis	Couronne boréale	179	30 juin
Corvus	Corbeau	184	10 mai
Crater	Coupe	282	25 avril
Crux	Croix du Sud	68	10 mai
Cygnus	Cygne	804	10 sep.
Delphinus	Dauphin	189	15 sep.
Dorado	Dorade	179	20 jan.
Draco	Dragon	1 083	20 juil.
Equuleus	Petit Cheval	72	20 sep.
Eridanus	Éridan	1 138	5 jan.
Fornax	Fourneau	398	15 déc.
Gemini	Gémeaux	514	20 fév.
Grus	Grue	366	10 oct.
Hercules	Hercule	1 225	25 juil.
Horologium	Horloge	249	25 déc.
Hydra	Hydre femelle	1 303	20 avril
Hydrus	Hydre mâle	243	10 déc.
Indus	Indien	294	25 sep.
Lacerta	Lézard	201	10 oct.
Leo	Lion	947	10 avril
Leo minor	Petit Lion	232	10 avril
Lepus	Lièvre	290	25 jan.

Nom latin*	Nom français	Superficie degrés carrés	Date au méridien
Libra	Balance	538	20 juin
Lupus	Loup	334	20 juin
Lynx	Lynx	545	5 mars
Lyra	Lyre	286	15 août
Mensa	Table	153	30 jan.
Microscopium	Microscope	210	20 sep.
Monoceros	Licorne	482	20 fév.
Musca	Mouche	138	10 mai
Norma	Règle	165	5 juil.
Octans	Octant	291	20 sep.
Ophiuchus	Serpentaire	948	25 juil.
Orion	Orion	594	25 jan.
Pavo	Paon	378	25 août
Pegasus	Pégase	1 121	20 oct.
Perseus	Persée	615	25 déc.
Phoenix	Phénix	469	20 nov.
Pictor	Peintre	247	20 jan.
Pisces	Poissons	889	10 nov.
Piscis austrinus	Poisson austral	245	10 oct.
Puppis	Poupe	673	25 fév.
Pyxis	Boussole	221	15 mars
Reticulum	Réticule	114	30 déc.
Sagitta	Flèche	80	30 août
Sagittarius	Sagittaire	867	20 août
Scorpius	Scorpion	497	20 juil.
Sculptor	Atelier du sculpteur	475	10 nov.
Scutum	Bouclier	109	15 août
Serpens (caput)	Serpent (tête)	429	30 juin
Serpens (cauda)	Serpent (queue)	208	5 août
Sextans	Sextant	314	5 avril
Taurus	Taureau	797	15 jan.
Telescopium	Télescope	252	25 août
Triangulum	Triangle	132	5 déc.
Triangulum australe	Triangle austral	110	5 juil.
Tucana	Toucan	295	5 nov.
Ursa major	Grande Ourse	1 280	20 avril
Ursa minor	Petite Ourse	256	25 juin
Vela	Voiles	500	25 mars
Virgo	Vierge	1 294	25 mai
Volans	Poisson volant	141	1 mars
Vulpecula	Renard	268	10 sep.

*On trouvera une description détaillée de chaque constellation aux pages 112-199.

COMMENT UTILISER LES CARTES
DU CIEL ET LES CATALOGUES

Que vous observiez le ciel à l'oeil nu, avec des jumelles ou au télescope, les cartes des pages suivantes vous seront très utiles. Mais, pour des observations télescopiques plus poussées, vous aurez besoin de cartes plus détaillées: voir p. 267. Pour éviter la confusion, choisissez toujours une carte qui ne contient pas d'étoiles beaucoup moins brillantes que les objets à observer. À l'oeil nu et dans des conditions idéales, on peut apercevoir des étoiles de magnitude 5 ou 6; avec des jumelles 7X50, on peut atteindre la magnitude 8 ou 9 et avec un télescope de 15 cm, la magnitude 13 ou 14. Pour l'observation avec des jumelles le *Norton's Star Atlas* est très commode: il contient des étoiles jusqu'à la magnitude 6 ou 7 et possède une échelle de 3,5 mm par degré. L'atlas stellaire du Mont Palomar, avec une magnitude limite de 21 et son échelle de 54 mm/degré, serait très mal commode pour de telles observations.

Sur le terrain, il est préférable d'avoir un atlas ou des cartes reliées plutôt que des cartes séparées. Quand vous observez la nuit, éclairez vos cartes à l'aide d'une faible lampe rouge afin de maintenir votre vision nocturne.

Les cartes pour débutants donnent une représentation des constellations avec des étoiles jusqu'à la magnitude 5, mais sans les coordonnées célestes. On peut identifier une étoile par sa position par rapport à d'autres étoiles brillantes. Pour des étoiles moins brillantes que la magnitude 5 ou 6, il faut une carte avec coordonnées. Si votre télescope possède des cercles horaires, alignez-les avec l'axe des pôles et tenez compte du temps sidéral (p. 32). Vous pourrez alors orienter le télescope en lisant les coordonnées d'une étoile sur les cercles horaires. En regardant dans le viseur, ou l'oculaire du télescope, vous trouverez l'objet en comparant le champ aperçu à votre carte.

Pour retrouver une étoile avec des jumelles, étudiez d'abord votre carte. Essayez de voir s'il y a une étoile brillante dans le voisinage ou un groupe d'étoiles formant un triangle, un carré ou une autre figure. Prenez note de l'orientation de la figure par rapport au PNC. Puis localisez l'étoile brillante ou la figure dans les jumelles et trouvez ainsi l'étoile recherchée.

Vous pouvez utiliser vos jumelles pour mesurer des angles dans le ciel. Par exemple, une paire de jumelles 7X50 aura typiquement un champ de 7° de diamètre. Si une étoile « X » se trouve à 14° au nord d'une étoile « Y », elle se trouve donc à une distance égale à deux fois le champ de vos jumelles; « vers le nord » signifie qu'il faut vous déplacer dans la direction du pôle nord céleste le long d'un cercle horaire.

Les positions relatives des étoiles et des nébuleuses changent très peu, même sur une période d'un siècle. Une carte du ciel établie pour l'année 1950 ou 1900 pourra être utilisée de nos jours, dans la plupart des cas. Pour la Lune, les planètes et les autres objets qui se déplacent continuellement parmi les étoiles, il faut recourir à des cartes ou à des tables spéciales: voir pp. 252-263.

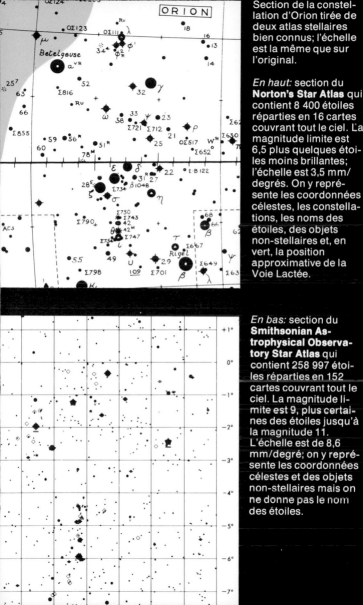

Section de la constellation d'Orion tirée de deux atlas stellaires bien connus; l'échelle est la même que sur l'original.

En haut: section du **Norton's Star Atlas** qui contient 8 400 étoiles réparties en 16 cartes couvrant tout le ciel. La magnitude limite est 6,5 plus quelques étoiles moins brillantes; l'échelle est 3,5 mm/degrés. On y représente les coordonnées célestes, les constellations, les noms des étoiles, des objets non-stellaires et, en vert, la position approximative de la Voie Lactée.

En bas: section du **Smithsonian Astrophysical Observatory Star Atlas** qui contient 258 997 étoiles réparties en 152 cartes couvrant tout le ciel. La magnitude limite est 9, plus certaines des étoiles jusqu'à la magnitude 11. L'échelle est de 8,6 mm/degré; on y représente les coordonnées célestes et des objets non-stellaires mais on ne donne pas le nom des étoiles.

COMMENT UTILISER LES CARTES
SAISONNIÈRES DU CIEL

Aux pages 78 à 109 figurent des cartes où des parties du ciel sont visibles pour des observateurs situés autour d'une latitude de 40° N. Ces cartes sont exactes le 15 mars, le 15 juin, le 15 septembre et le 15 décembre, à 22 heures. Au bas de chacune d'elle, on retrouve le titre PRINTEMPS, ÉTÉ, AUTOMNE, HIVER. On donne également d'autres dates et heures où ces cartes représentent correctement le ciel. À chaque fois que vous retranchez deux semaines à la date d'observation, vous devez ajouter une heure à l'heure indiquée. Après une année d'observation à une heure donnée, le ciel a fait un tour complet.

Aux pages 76-77 et 110-111 sont représentées les constellations circumpolaires boréales et australes. On fournit les indications nécessaires à leur orientation et à leur utilisation, à différentes latitudes.

Pour un observateur situé au nord de la latitude 40° N, les étoiles des quadrants N.-E. et N.-O. seront plus hautes, celles des quadrants S.-E. et S.-O. seront plus basses. Au sud d'une latitude 40° N, la situation sera inversée.

Si l'observation se fait à une heure plus tardive que celle de la carte, les étoiles du N.-E. et du S.-E. seront plus hautes et décalées vers la droite (Sud). Plus tôt, elles seront plus basses et décalées vers la gauche. Inversement, les étoiles du S.-O. et du N.-O. seront plus basses et décalées vers la droite si vous observez plus tard, plus hautes et décalées vers la gauche si vous observez plus tôt.

Sur les cartes circumpolaires, les étoiles tourneront autour du pôle dans le sens antihoraire, si vous faites face au Nord. Si vous regardez vers le Sud, elles tourneront dans le sens horaire.

La ligne blanche au bas des cartes représente l'horizon. C'est une ligne courbe centrée sur les directions N.-E., S.-E., S.-O., et N.-O. Le zénith est repéré par un «Z». Les cartes s'étendent au-delà du zénith de sorte que chacune peut être agencée aux autres de la même saison. Les lignes moins prononcées, parallèles à l'horizon, sont des lignes d'*altitude constante*, espacées de 10°. Les lignes perpendiculaires à l'horizon ont un *azimut constant*. La valeur de l'azimut est indiquée en degrés, en commençant par 0° au Nord jusqu'à 90° pour l'Est, 180° pour le Sud et 270° pour l'Ouest. Les points cardinaux (N, E, S, O) ainsi que les points intermédiaires sont clairement indiqués.

Si vous utilisez ces cartes le soir, éclairez-les avec une lampe recouverte d'un filtre rouge (papier cellophane). Une lumière rouge tamisée maintient la vision nocturne.

En projetant la sphère céleste sur une surface plane, on produit des distorsions. Ici ces distorsions sont minimales au centre de l'horizon et maximales dans les coins supérieurs. Dans les coins, les constellations sont passablement déformées mais il vous est possible de passer d'une carte à l'autre. Quand vous regardez le long d'un azimut qui ne correspond pas exactement à un des points intercardinaux, tournez légèrement la carte pour mettre votre direction d'observation vers le bas.

Bonnes observations!

COMMENT SE SERVIR
DES CARTES DU CIEL

Les pages 113 à 119 contiennent les cartes du ciel des 88 constellations couvrant le ciel au complet. Elles sont disposées par ordre alphabétique sauf le Serpent, jumelé à Ophiuchus. Chaque page décrit deux constellations, à l'exception de la Couronne boréale, du Corbeau et de la Coupe, situées sur la même page et de l'Hydre, occupant sa propre page.

Les cartes sont toutes à la même échelle, le Nord vers le haut. Elles montrent les constellations avoisinantes et quelques étoiles brillantes rapprochées. La déclinaison et l'ascension droite de chaque constellation y sont mentionnées. Les divisions en déclinaison sont à chaque 10 degrés et celles en ascension droite, à chaque heure.

La principale méthode employée pour désigner une étoile provient de Johann Bayer dans son atlas de 1603. Il assigne à chaque étoile une lettre minuscule grecque, habituellement dans l'ordre croissant d'éclat. Quelques autres étoiles sont numérotées selon la nomenclature de Flamsteed, premier astronome royal d'Angleterre. Ces nombres vont en augmentant avec l'ascension droite, peu importe l'éclat. Certaines étoiles faibles ne sont ni numérotées, ni désignées, bien que plusieurs catalogues les identifient. Consultez les atlas mentionnés dans la bibliographie, p. 266.

Plusieurs douzaines d'étoiles portent leur propre nom, souvent d'origine arabe. Ce sont les Arabes qui ont contribué à répandre la science classique autour de la Méditerranée durant le Moyen-Âge. Les noms des étoiles ne sont pas tous d'usage courant et certains ont une origine moderne. On identifie habituellement les nébuleuses, les galaxies et les amas stellaires à l'aide de nombres. Les nombres « M » proviennent du catalogue compilé par Charles Messier, de 1784 à 1786, et les nombres « NGC », du catalogue « New General Catalogue » préparé par J.L.E. Dreyer, publié en 1888.

La liste des 88 constellations apparaît aux pages 70 et 71. Ce sont les groupements officiels adoptés par l'Union Astronomique Internationale, en 1930. Les constellations furent redéfinies, pour éviter le chevauchement, et leurs frontières délimitées par des lignes d'ascension droite et de déclinaison constantes, selon les coordonnées de 1875. À cause de la précession, ces frontières se déplacent lentement mais cela ne constitue pas un problème majeur. La plupart des astronomes n'utilisent plus les constellations pour désigner les étoiles mais emploient plutôt les coordonnées célestes et les numéros de catalogue.

Pour chaque constellation, nous donnons le nom latin, le génitif, l'abréviation officielle, le nom français ainsi qu'une description détaillée des étoiles qui la composent.

LES CONSTELLATIONS
CIRCUMPOLAIRES BORÉALES

Les étoiles de ces constellations sont toujours situées au-dessus de notre horizon nord, même durant la journée. La partie du ciel qui est circumpolaire dépend de la latitude de l'observateur. À une latitude de 50°, par exemple, toutes les étoiles en deçà de 50° du pôle seront circumpolaires. L'étoile polaire est située à un nombre de degrés au-dessus de l'horizon nord égal à votre latitude.

La carte de la page suivante montre le ciel jusqu'à la déclinaison de 40°. À la latitude de 50°, utilisez la carte telle qu'elle. À 40°, retranchez les 10 degrés du bas ; à 30°, les 20 degrés du bas et ainsi de suite. À l'équateur, il n'y a aucune constellation circumpolaire.

La table des dates et des heures, ainsi que les explications ci-dessous, vous indiqueront comment orienter la carte.

Les constellations circumpolaires contiennent les étoiles les plus connues et quelques-unes des plus anciennes répertoriées. Aujourd'hui, le pôle nord céleste se situe à environ 1° de l'Étoile polaire, au bout de la Petite Ourse (Ursa Minor). Au temps des Égyptiens, l'étoile brillante la plus rapprochée du pôle était Thuban du Dragon (Draco). Dans 5 000 ans, le pôle sera situé dans Céphée (Cepheus) et, dans 14 000 ans, l'étoile brillante la plus proche de celui-ci sera Véga de la Lyre (Lyra).

Pour trouver l'Étoile polaire, cherchez à repérer la constellation brillante de la Grande Ourse (Ursa Major). Une partie de celle-ci se nomme le Chariot (appelé aussi la Casserole). Les deux étoiles à l'extrémité de la Casserole (Dubhe et Merak) constituent les « Gardes » et sont séparées d'environ 5°. Si on trace une ligne de Merak vers Dubhe, et que l'on prolonge cette ligne de cinq fois la distance entre les « Gardes », on tombe sur l'Étoile polaire.

Note : comme mentionné à la page 72, on peut mesurer les distances en degrés, dans le ciel, à l'aide du champ des jumelles ou d'un oculaire de télescope, comme référence. On détermine les directions par rapport au pôle céleste.

COMMENT ORIENTER LA CARTE

Pour orienter convenablement la carte, suivre la rangée correspondant à la date approximative jusqu'à l'heure d'observation. La lettre de l'alphabet située à l'intersection permet d'orienter la carte. Faites face au Nord et tenez la carte pour que la lettre trouvée soit située vers le bas. À cause du mouvement de la Terre au- tour du Soleil, le ciel se déplace d'environ une heure, ou une lettre, pour chaque deux semaines. Connaissant cela, vous pouvez interpoler entre deux dates. Pour une observation faite le 15 janvier, à 23 h, par exemple, placez la carte avec la lettre « G » au bas. Souvenez-vous que ces orientations sont approximatives.

CONSTELLATIONS
CIRCUMPOLAIRES BORÉALES

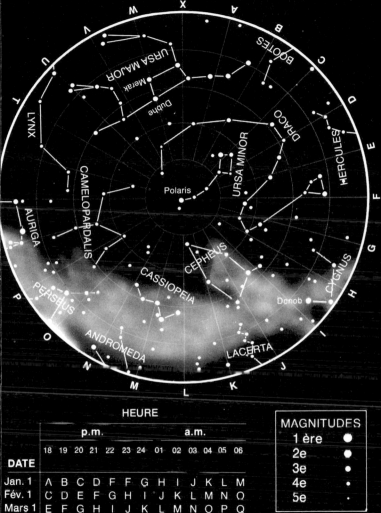

					HEURE								
			p.m.						a.m.				
	18	19	20	21	22	23	24	01	02	03	04	05	06
DATE													
Jan. 1	A	B	C	D	F	F	G	H	I	J	K	L	M
Fév. 1	C	D	E	F	G	H	I	J	K	L	M	N	O
Mars 1	E	F	G	H	I	J	K	L	M	N	O	P	Q
Avril 1	G	H	I	J	K	L	M	N	O	P	Q	R	S
Mai 1	I	J	K	L	M	N	O	P	Q	R	S	T	U
Juin 1	K	L	M	N	O	P	Q	R	S	T	U	V	W
Juil. 1	M	N	O	P	Q	R	S	T	U	V	W	X	A
Août 1	O	P	Q	R	S	T	U	V	W	X	A	B	C
Sep. 1	Q	R	S	T	U	V	W	X	A	B	C	D	E
Oct. 1	S	T	U	V	W	X	A	B	C	D	E	F	G

MAGNITUDES	
1 ère	⬤
2e	●
3e	●
4e	·
5e	·

LES CONSTELLATIONS DU
PRINTEMPS : NORD-EST

Au printemps, l'attraction principale du Nord-Est est la Grande Ourse (Ursa Major). Le Chariot, bien que partie intégrante de celle-ci, n'est pas une constellation en soi. Il sert surtout à localiser l'Étoile polaire située à l'extrémité du Petit Chariot, dans la Petite Ourse (Ursa Minor). L'éclat de cette constellation est faible : on la localise difficilement. Utilisez les « Gardes » pour repérer l'Étoile polaire (p. 76).

La constellation du Dragon (Draco) se trouve entre la Grande Ourse et la Petite Ourse. Au printemps, sa tête rejoint presque l'horizon. Un peu à l'Est, Hercule (Hercules) se lève. Céphée (Cepheus), le Roi, est tout juste sous l'Étoile polaire.

Si l'on suit une longue ligne courbe passant par le « manche » de la Casserole, environ à 25° vers l'Est, on aboutit à une étoile brillante jaune orange ; il s'agit d'Arcturus, de la constellation du Bouvier (Bootes). Entre le Bouvier et Hercule, on trouve la Couronne boréale (Corona Borealis).

Le prolongement de l'arc de la Casserole de l'autre côté d'Arcturus nous amène à Spica, une étoile brillante de coleur bleutée (voir p. 81).

La constellation du Lion (Leo) est située à une altitude élevée vers le Sud-Est. Si on prolonge vers le Sud une ligne passant par les « Gardes », on rencontre une étoile appelée Régulus. Dans le voisinage de la Grande Ourse et du Lion, on distingue vaguement le Lynx en direction du Nord-Ouest. Le petit Lion (Leo Minor), lui, se trouve entre le Lion et la Grande Ourse.

On observe les Chiens de Chasse (Canes Venatici) sous le « manche » de la Casserole. Un peu plus au Sud, entre Arcturus et le Lion, se trouve la Chevelure de Bérénice (Coma Berenices), un groupe d'étoiles d'éclat faible (5e ou 6e magnitude). Essayez de repérer les étoiles moins brillantes de la Grande Ourse. Ses pattes arrière s'étendent jusqu'au Petit Lion. Ses pattes avant et sa tête sont du côté du Lynx.

À l'aide de jumelles, examinez la Voie Lactée, cette bande brillante diffuse s'étendant à partir de Céphée vers le Nord-Ouest. Vous regardez alors de la région externe vers la région interne de notre galaxie. À l'oeil nu, localisez Mizar sur la partie courbe du « manche » de la Casserole. Essayez de distinguer Alcor, très rapprochée. Mizar et Alcor constituent une étoile double. Puis, à l'aide de jumelles, tentez de séparer Mizar, elle-même une étoile double.

Les constellations de la Vierge (Virgo), du Lion et des Chiens de Chasse contiennent plusieurs galaxies de magnitude 9 alors que le côté Ouest du Trapèze, dans Hercule, renferme l'amas globulaire très connu M 13. Référez-vous aux cartes individuelles pour les repérer.

Tournez-vous vers le Sud-Ouest ; trouvez le Lion puis passez à la carte suivante.

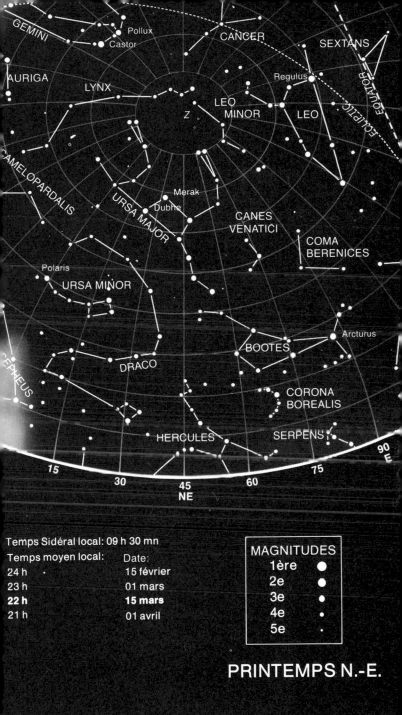

PRINTEMPS N.-E.

CONSTELLATIONS DU PRINTEMPS: SUD-EST

La constellation du Lion (Leo) constitue le centre d'attraction dans la direction du Sud-Est, très haut au-dessus de l'horizon. Leo est le lion néméen chassé par Hercule. Pour le trouver, tracez une ligne imaginaire, vers le Sud à partir des « Gardes » de la Grande Ourse jusqu'à Régulus, le coeur du Lion. La tête ressemble à un point d'interrogation renversé ou à une faucille. Le postérieur forme un triangle rectangle et l'étoile, de magnitude 2, dans la queue, se nomme Denebola (« la queue du Lion »). Régulus signifie « petit roi ».

À l'Est, sous le Bouvier (Bootes), on trouve Arcturus, une étoile brillante de couleur jaune orange. Certains trouvent que le Bouvier ressemble à un cornet de crème glacée.

Sous Arcturus, vers la droite, se situe l'étoile Spica de la Vierge (Virgo). Cette constellation s'étend de l'horizon jusqu'à la moitié de la distance au Lion. Plus tard dans la nuit, la Balance de la Justice (Libra) se lèvera à la suite de la Vierge.

Une ligne tracée entre Spica et Régulus longe l'écliptique qui traverse cette région. L'écliptique passe derrière votre tête à travers les pieds des Gémeaux (Gemini) et entre la face et l'épaule du Taureau (Taurus).

Tout juste à côté de Spica, à cette époque de l'année, on distingue un groupe de quatre étoiles, le Corbeau (Corvus). Les marins appellent ce groupe les Voiles (Vela) parce qu'il ressemble au voile de misaine d'un navire. Un peu plus haut, se trouve la Coupe (Crater).

Sous les constellations de la Coupe, du Corbeau et de la Vierge, s'étale l'Hydre femelle (Hydra), la constellation la plus longue du ciel. La majorité de ses étoiles ont un éclat faible. Sa forme ressemble à celle du serpent. La tête, un groupe d'étoiles en forme de cercle, se trouve sous la faucille du Lion. Pour repérer la totalité de cette constellation tortueuse, consultez la carte de la page 153.

Entre les méandres de l'Hydre et l'horizon sud, se situent quelques constellations obscures. On y trouve la Machine pneumatique (Antlia). Tout près de l'horizon, on aperçoit la partie nord des Voiles (Vela), anciennement située dans le Navire (Argo Navis). C'est une constellation très étendue qui est maintenant divisée en groupes plus restreints. Un peu plus haut, on distingue un autre groupe, la Boussole (Pyxis), en direction du Sud-Ouest. Celle-ci ne ressemble pas du tout à une vraie boussole.

Très haut vers le Sud et à l'Ouest du Lion, se trouve le Crabe (Cancer). L'écliptique la traverse en plein milieu. Cette constellation n'a pas d'étoiles brillantes mais, par nuit noire, on peut y observer Praesepe, un amas ouvert également connu sous le nom de la Ruche (p. 123).

À droite du Cancer, un peu à l'Ouest, on trouve l'étoile très brillante Procyon, de la constellation du Petit Chien (Canis Minor).

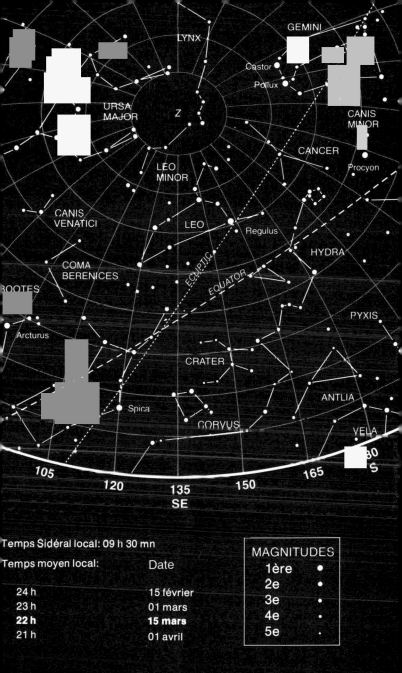

PRINTEMPS S.-E.

Temps Sidéral local: 09 h 30 mn

Temps moyen local:	Date
24 h	15 février
23 h	01 mars
22 h	**15 mars**
21 h	01 avril

MAGNITUDES

1ère	●
2e	●
3e	●
4e	·
5e	·

CONSTELLATIONS DU PRINTEMPS:
SUD-OUEST

Au printemps, les étoiles d'Hiver disparaissent tout juste en dessous de l'horizon ouest au début de la soirée. Cette partie du ciel contient plusieurs constellations importantes : Orion (Orion), vers l'Ouest, près de l'horizon ; le Grand Chien (Canis Major), au Sud-Ouest, et les Gémeaux (Gemini), très haut à l'Ouest.

L'écliptique s'étend de Régulus, en direction du Sud, à travers les jambes des Gémeaux, jusqu'à l'horizon Nord-Ouest.

On peut utiliser Orion pour localiser d'autres groupes d'étoiles. Sa ceinture est presque parallèle à l'horizon. Vers la droite, se trouvent Aldebaran, l'oeil du Taureau (Taurus), et les Hyades, sa face. Le Taureau se trouve plein Ouest. En prolongeant la ceinture d'Orion vers la gauche, on rencontre Sirius, qui scintille à cause de la turbulence atmosphérique (et que l'on prend parfois pour un OVNI). Le reste du Grand Chien se trouve encore plus à gauche et en dessous de Sirius. Au-delà du Grand Chien, vers le Sud, on distingue la Poupe (Puppis) du Navire (Argo Navis).

Presque au-dessus de Sirius, on aperçoit Procyon, de la constellation du Petit Chien (Canis Minor). Les étoiles faibles situées entre les Chiens forment la Licorne (Monoceros). La Voie Lactée traverse cette partie du ciel vers le haut et la droite (Nord).

À droite de Procyon, haut dans le ciel, se trouvent Castor et Pollux, deux étoiles des Gémeaux. Castor est légèrement plus haute et plus à droite. Les deux étoiles sont presque perpendiculaires à l'horizon. Avec un peu d'imagination, vous pouvez reconnaître ces deux « enfants ». La position de leurs têtes est marquée respectivement par Castor et Pollux, leurs corps et leurs pieds s'étendant en direction d'Orion.

Vers la droite, au Nord-Ouest des Gémeaux, on distingue le Cocher (Auriga), un pentagone contenant une étoile très brillante nommée Capella. On représente souvent le Cocher en train de soutenir une chèvre. Sous Capella se trouvent les Chevreaux (p. 119). Notez qu'Auriga partage une étoile avec le Taureau. Il s'agit d'une étoile du bout d'une des cornes. Le Taureau est facile à localiser grâce à la forme en V de sa face, à l'étoile brillante Aldebaran, à ses cornes et à l'amas des Pléiades. On dit qu'il est en train de foncer sur Orion.

Ne manquez pas de regarder encore une fois Orion. On ne verra plus cette constellation durant plusieurs mois, dans le ciel du soir. Trouvez Betelgeuse, une étoile brillante de couleur rouge et Rigel, de couleur bleue. Cherchez les étoiles faibles du bouclier d'Orion, en direction du Taureau. Servez-vous ensuite de jumelles, ou d'un télescope, pour regarder la grande nébuleuse dans l'épée d'Orion, juste au-dessous de la ceinture. C'est un spectacle magnifique.

On distingue plusieurs amas ouverts dans la région du Grand Chien, incluant M41. Ils sont visibles à l'oeil nu.

Tournez-vous maintenant vers le Nord-Ouest et passez à la carte suivante.

COMA
BERENICES

URSA MAJOR

LEO MINOR Z

LYNX

LEO

Regulus

ECLIPTIC

Castor

Capella

Pollux

EQUATOR

CANCER

SEXTANS

AURIGA

GEMINI

HYDRA

Procyon

CANIS
MINOR

Aldebaran

Betelgeuse

NTLIA

MONOCEROS

ORION

PYXIS

CANIS
MAJOR

Sirius

VELA

PUPPIS

Rigel

ERIDANUS

270
O

195

210

225
SO

240

255

LEPUS

Temps sidéral local: 09 30 mn

Temps moyen local: Date:

24 h   15 février
23 h   01 mars
22 h   **15 mars**
21 h   01 avril

MAGNITUDES
1ère   ●
2e   ●
3e   ·
4e   ·
5e   ·

PRINTEMPS S.-O.

CONSTELLATIONS DU PRINTEMPS :
NORD-OUEST

L'exploration de cette partie du ciel débute avec l'étoile Capella, à mi-chemin entre l'horizon et le zénith, vers le Nord-Ouest. Sous Capella, un peu vers la gauche, se trouve le Taureau (Taurus). Celui-ci partage une étoile avec le Cocher (Auriga).

L'amas des Pléiades («les sept soeurs») se situe sur l'épaule du Taureau, à environ 20° de l'horizon. Cet amas est facile à reconnaître à cause de sa dimension. Il ressemble à une toute petite casserole. Il faisait partie intégrante de la légende des Aztèques, des Druides et des Égyptiens. Lorsque ces étoiles sont près de l'horizon, on les distingue mal. Peu de gens peuvent apercevoir plus de cinq ou six des «sept soeurs». À l'aide de jumelles, cependant, vous remarquerez des centaines d'étoiles, un véritable spectacle.

À droite, au Nord du Taureau, se trouve Persée (Perseus), héros qui sauva Andromeda du Monstre marin. Andromeda, elle, n'est guère visible. Seules ses jambes demeurent au-dessus de l'horizon, une position peu convenable pour une princesse.

Plus au Nord, on trouve un groupe d'étoiles relativement brillantes, en forme de W. Il s'agit de la mère d'Andromeda, Cassiopée. À cette période de l'année, elle disparaît du ciel du soir mais se lève le matin, au Nord-Est. Elle n'est pas tout à fait circumpolaire, à une latitude inférieure à 45° Nord.

Le père d'Andromeda, Céphée le Roi, est à droite de Cassiopée, en direction du Nord. Il ressemble davantage à un hangar penché qu'à un roi. Les étoiles de cette région sont pâles et difficiles à localiser si l'horizon Nord n'est pas clair.

Au-dessus de Céphée, on trouve la Petite Ourse (Ursa Minor), avec l'étoile polaire à l'extrémité de sa queue. Plus haut encore se situe la Grande Ourse (Ursa Major) dans une position renversée.

À titre de défi, regardez la région du ciel comprise entre la Grande Ourse, la Petite Ourse, Céphée et Auriga. Par nuit claire, vous pouvez distinguer la constellation de la Girafe (Camelopardalis). Cette région paraîtra vide, par temps brumeux.

Au-dessus de la Girafe se trouve le Lynx (Lynx). On dit que seuls des yeux de lynx peuvent voir ces étoiles peu brillantes.

À cette époque de l'année, on aperçoit deux étoiles variables très connues : Algol, dans la constellation de Persée, et Delta Cephei (voir les cartes des pages 175 et 131 respectivement pour leurs positions).

Les pages 78 à 85 décrivent le ciel du printemps tel qu'on peut l'observer à la fin du crépuscule. Faites un autre tour d'horizon et essayez de reconnaître les étoiles brillantes et d'autres plus faibles que vous auriez pu manquer. Si vous demeurez à l'extérieur très tard, servez-vous des cartes de la saison suivante pour débuter vos observations.

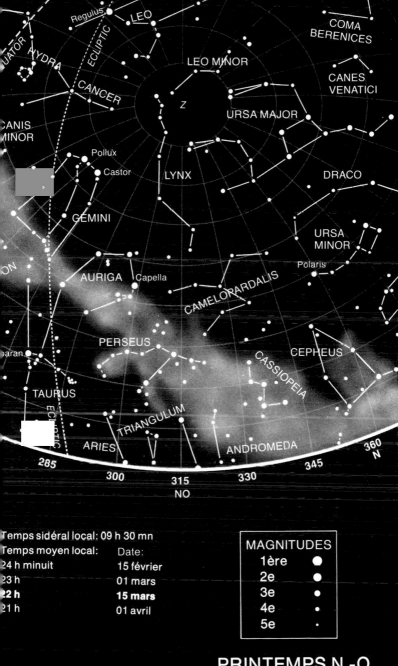

PRINTEMPS N.-O.

CONSTELLATIONS D'ÉTÉ : NORD-EST

Durant les soirées d'été, on peut discerner, vers l'Est, trois étoiles très brillantes : Altaïr, l'étoile la plus brillante de l'Aigle (Aquila), à environ 25° de l'horizon ; Deneb de la constellation du Cygne (Cygnus), légèrement plus haut vers le Nord ; Véga de la Lyre (Lyra), au-dessus de Deneb, à environ 35° du zénith. Celle-ci est l'une des étoiles les plus brillantes du ciel. Elle passe au-dessus de la tête des observateurs situés à la latitude 38° Nord, plus tard dans la nuit. On donne le nom de Triangle d'Été à ces trois étoiles. Elles demeureront dans notre ciel jusqu'à la fin de l'Automne où elles apparaîtront dans le ciel de l'Ouest, au début de la soirée.

Bien que la Lyre ne ressemble pas à une harpe, on peut discerner un petit triangle relié à un petit parallélogramme. Par contre, le Cygne porte bien son nom. Deneb forme sa queue et une longue série d'étoiles pointant vers le Sud, en direction d'Albireo, son bec. Une ligne à travers son corps forme les ailes. Remarquez que le Cygne vole en direction du Sud, dans la Voie Lactée. On appelle parfois le Cygne « la Croix du Nord », Deneb étant située au haut de la croix et Albireo, au bas de celle-ci.

Regardez plus au Nord, près de l'horizon, pour trouver la reine Cassiopée. Elle ressemble à un W légèrement déformé. Un peu plus à l'Est, au-dessus, on remarque son mari, le roi Céphée.

Vers le Nord, à une altitude égale à celle de votre latitude en degrés, se trouve l'Étoile polaire, dans la Petite Ourse (Ursa Minor). Tout juste au-dessus, on distingue le Dragon (Draco). C'est une bonne période pour l'observer car il est situé à son plus haut point. Plusieurs de ses étoiles sont faibles. Sa tête repose à hauteur moyenne, dans le ciel du Nord-Est. Son corps s'étend vers Céphée, vire en direction du Nord, contourne la Petite Ourse et tourne finalement vers le bas.

Juste au-dessus de la tête de Dragon et de Véga, on aperçoit une grande constellation : Hercule (Hercules). Les cartes des constellations montrent très bien la « clé de voûte », ou le « papillon », dans ce groupe d'étoiles.

Localisez maintenant quelques constellations plus cachées. Entre Deneb et Cassiopée, près de Céphée, on trouve le Lézard (Lacerta). Sous le bec du Cygne, en direction d'Altaïr, on distingue les constellations du Renard (Vulpecula) et de la Flèche (Sagitta). La forme du Renard n'est pas évidente mais celle de la Flèche ressemble vaguement à une flèche. Sous le Renard et la Flèche, près de l'horizon, se trouvent deux petites constellations que l'on aperçoit plus tard dans la nuit ou plus tard dans l'année : le Dauphin (Delphinus) et le Petit Cheval (Equuleus).

Finalement, servez-vous de jumelles pour scruter la Voie Lactée à partir de Cassiopée, du Lézard et de Céphée, en direction du Sud, vers le Cygne et l'Aigle. Cette région est l'une des plus belles du ciel. Pour observer en direction du Sud, prenez la carte suivante.

COMA BERENICES

SERPENS

CANES VENATICI

BOOTES   z   CORONA
BOREALIS

OPHIUCHUS

RSA MAJOR

HERCULES

URSA
MINOR   DRACO   Vega   LYRA

Polaris   VULPECULA

AQUILA

CEPHEUS

Altair

Deneb   SAGITTA

CYGNUS   DELPHINUS

CASSIOPEIA

LACERTA   EQUULEUS

PEGASUS   90
E

15   75

30   60

45
NE

Temps sidéral local: 15h 30 mn
Temps moyen local: Date:
24 h   15 mai
23 h   01 juin
22 h   **15 juin**
21 h   01 juillet

MAGNITUDES
1ère   ●
2e   ●
3e   ●
4e   ·
5e   ·

ÉTÉ N.-E.

CONSTELLATIONS D'ÉTÉ : SUD-EST

Pour trouver les principales constellations de cette période de l'année, suivez la Voie Lactée. Regardez vers l'Est, en direction du Triangle d'Été, là où la bande de lumière traverse le Cygne (Cygnus) et l'Aigle (Aquila). Dirigez vos regards vers le Sud, où elle est plus brillante.

Tout juste au-dessus de l'horizon du Sud-Est, se trouve le Sagittaire (Sagittarius). Il tire sur le Scorpion (Scorpio), à sa droite. La plupart des gens peuvent discerner une théière parmi les étoiles du Sagittaire. À cet endroit, les nuages d'étoiles de la Voie Lactée sont très brillants puisque nous regardons vers le centre de la galaxie. Mais nous ne pouvons le voir à cause de la poussière interstellaire qui se manifeste par des bandes obscures.

Bien que les constellations du Nord soient visibles sur une période de plusieurs mois, celles du Sud, comme le Sagittaire et le Scorpion, ne le sont que brièvement à ce temps-ci. Pour les observateurs des latitudes boréales moyennes, elles ne sont jamais élevées dans le ciel.

À l'aide de jumelles ou d'un télescope, regardez la Voie Lactée et revivez la découverte de Galilée en 1610 : « la Voie Lactée se compose de millions d'étoiles, dont la plupart sont trop faibles d'éclat et trop éloignées pour être discernées individuellement mais qui se confondent pour former un nuage diffus en forme d'arc ».

Les instruments d'observation révèlent la présence d'un grand nombre d'amas stellaires, de nébuleuses et d'autres objets intéressants dans la constellation du Sagittaire. Pour leurs emplacements, consultez la carte du Sagittaire mais souvenez-vous que la lumière de quelques-uns de ces amas globulaires nous parvient après 20 000 ans d'un voyage dans l'espace.

La Voie Lactée continue dans le Scorpion, l'une des constellations les plus faciles à reconnaître. L'étoile rouge Antarès en est le coeur. Son corps et sa queue s'étendent vers le bas, en direction de l'horizon. Sa tête se trouve au-dessus d'Antarès. Auparavant, le Scorpion englobait toutes les étoiles situées en face de sa tête. Elles font maintenant partie de la Balance (Libra). Elles représentent les pinces du Scorpion, comme l'indique leurs noms.

L'écliptique traverse la Balance, le Scorpion et le Sagittaire, toutes trois du zodiaque. La Balance est la seule zodiacale « sans vie ». À cause de la précession, l'écliptique traverse aussi une partie d'Ophiuchus, située au-dessus du Sagittaire et du Scorpion. Le Soleil reste plus longtemps ici chaque année que dans le Scorpion.

Ophiuchus représente un homme soutenant le Serpent (Serpens) qui le contourne. On ne doit pas confondre la queue, en direction de l'Aigle, avec les étoiles de l'Écu (Scutum). La tête du Serpent est au-dessus de la Balance et s'étire vers le haut, en direction du Bouvier (Bootes) et de la Couronne boréale (Corona Borealis). Ophiuchus est le groupe d'étoiles situé entre les deux.

On trouve facilement la Couronne boréale : un demi-cercle d'étoiles au-dessus de votre tête. Parmi les petites constellations, c'est l'une des plus belles. Tout près, au-dessus de la Lyre, on distingue Hercule. En direction du Sud, on aperçoit le Bouvier avec Arcturus, vers le bas.

Tournez à la page suivante et continuez votre exploration.

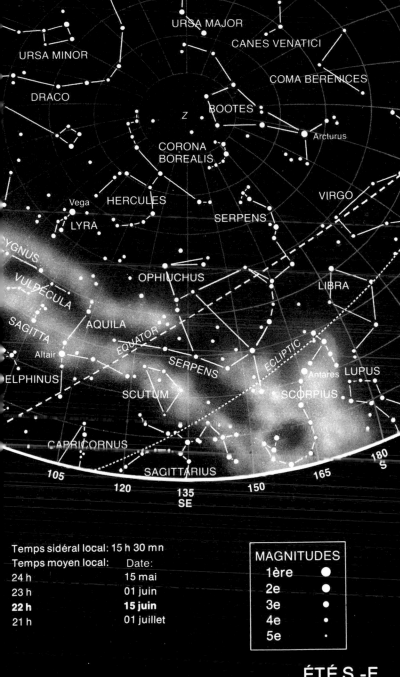

URSA MAJOR

CANES VENATICI

URSA MINOR

COMA BERENICES

DRACO

BOOTES

Z

CORONA
BOREALIS

Arcturus

Vega   HERCULES

VIRGO

SERPENS

LYRA

CYGNUS

OPHIUCHUS

LIBRA

VULPECULA

SAGITTA   AQUILA

EQUATOR

ECLIPTIC

Altair

SERPENS

ELPHINUS

Antares   LUPUS

SCUTUM

SCORPIUS

CAPRICORNUS

180
S

105

120

SAGITTARIUS

150

165

135
SE

Temps sidéral local: 15 h 30 mn

Temps moyen local: Date:

24 h   15 mai

23 h   01 juin

22 h   **15 juin**

21 h   01 juillet

MAGNITUDES

1ère   ●

2e   ●

3e   ●

4e   ·

5e   ·

ÉTÉ S.-E.

CONSTELLATIONS D'ÉTÉ: SUD-OUEST

Le point de départ de l'exploration de cette partie du ciel est Arcturus, une étoile brillante, orange, dans le Bouvier (Bootes). Plusieurs disent que cette constellation ressemble à un cerf-volant s'étendant jusqu'au zénith, avec l'étoile Arcturus au bout de sa petite queue.

Tout juste au-dessous du Bouvier, on distingue la Vierge (Virgo) avec sa brillante étoile Spica. L'équinoxe d'Automne se situe dans la Vierge. C'est le point où le soleil traverse l'équateur céleste, en direction du Sud, au premier jour de l'Automne.

Sous la Vierge, on aperçoit deux constellations plus facilement repérables un peu plus tôt durant l'année: le Corbeau (Corvus) et la Coupe (Crater). À l'Ouest, le Lion se dirige vers l'horizon.

Par temps clair, on peut voir en direction du Sud, tout juste au-dessus de l'horizon, quelques étoiles de la constellation la plus proche de notre système solaire: le Centaure (Centaurus). Malheureusement, Alpha, son étoile la plus connue, n'apparaît jamais au-dessus de l'horizon, aux latitudes boréales moyennes. Comme la Croix du Sud, elle n'est visible qu'à une latitude plus au Sud que 25° Nord. Entre le Centaure et le Scorpion, se trouve le Loup (Lupus) et, au-dessus de ces groupes, la Balance (Libra).

Au-dessus de la Balance et de la Vierge, on distingue la tête du Serpent (Serpens) pointant en direction de la Couronne boréale (Corona Borealis). Elle repose entre le Bouvier et Hercule, située très près du zénith, à cette période de l'année.

La Chevelure de Bérénice (Coma Berenices) et les Chiens de Chasse (Canes Venatici) sont deux constellations bordées d'un côté par la Vierge et le Lion, et, de l'autre, par le Bouvier et la Grande Ourse. On peut voir toutes leurs étoiles seulement par temps très clair. Le Pôle Nord galactique est situé à l'intérieur de la Chevelure de Bérénice, presque sur la ligne joignant les deux étoiles de droite. Ce point est dans une direction perpendiculaire au plan de la Voie Lactée comme notre Pôle Nord l'est par rapport à l'équateur céleste.

La poussière interstellaire nous empêche de voir loin, le long du plan de notre galaxie. Cependant, en direction de la Chevelure de Bérénice ou de la Vierge, nous regardons dans une direction perpendiculaire au plan galactique. On peut donc apercevoir un grand nombre de galaxies, dont certaines sont même en amas, tels l'amas de la Chevelure et l'amas de la Vierge. La plus grande concentration de galaxies se situe à la frontière entre la Chevelure de Bérénice et la Vierge. Cependant, cela nécessite un télescope de puissance moyenne pour les observer. Consultez les cartes des constellations individuelles pour obtenir plus de détails. Les galaxies les plus brillantes sont identifiées par la lettre M, car ce sont des objets Messier.

Tournez-vous maintenant vers la droite, localisez la Grande Ourse, puis continuez à la page suivante.

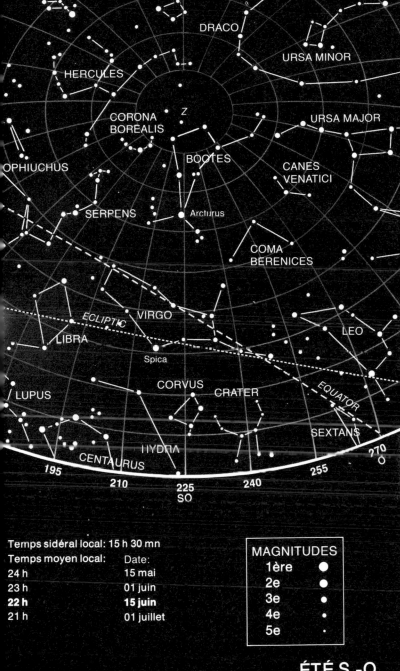

DRACO
URSA MINOR
HERCULES
CORONA
BOREALIS
Z
URSA MAJOR
OPHIUCHUS
BOÖTES
CANES
VENATICI
SERPENS
Arcturus
COMA
BERENICES
ECLIPTIC
VIRGO
LEO
LIBRA
Spica
CORVUS
CRATER
EQUATOR
LUPUS
SEXTANS
HYDRA
270
CENTAURUS
195
210
225
240
255
SO

Temps sidéral local: 15 h 30 mn
Temps moyen local: Date:
24 h   15 mai
23 h   01 juin
22 h   **15 juin**
21 h   01 juillet

MAGNITUDES
1ère
2e
3e
4e
5e

ÉTÉ S.-O.

CONSTELATIONS D'ÉTÉ : NORD-OUEST

La Grande Ourse (Ursa Major) est le point de mire au Nord-Ouest, à cette période de l'année. Sa position est inversée, mais optimale pour l'observation. Les *Gardes*, Merak et Dubhe, pointent vers l'Étoile polaire. La poignée de la Casserole (queue de la Grande Ourse), en forme d'arc, s'oriente vers Arcturus. Les Gardes nous indiquent également la position de Régulus, dans la constellation du Lion (Leo).

Les pattes antérieures de la Grande Ourse, formées des deux étoiles les plus rapprochées du Lynx, furent appelées «Talitha» («troisième bond de la gazelle») par les Arabes, à cause de leur ressemblance à des empreintes de sabot. On donnait le nom de «Tania», ou «second bond», aux pattes postérieures et «Alula», ou «premier bond», aux deux étoiles situées au-dessus du Petit Lion (Leo Minor).

Vérifiez votre acuité visuelle en regardant l'avant-dernière étoile de la queue, Mizar. Vous devriez distinguer une étoile double. L'utilisation d'un télescope vous fera découvrir que Mizar, la plus brillante, est elle-même double. L'analyse spectrale révèle également la présence d'un troisième objet, trop rapproché pour être discernable. Le principal compagnon de Mizar, Alcor le Cavalier, est aussi une étoile double.

La légende indienne américaine raconte que les étoiles de la queue représentent trois chasseurs poursuivant l'Ours et qu'Alcor est la casserole servant à la faire cuire après sa capture (p. 194). Les légendes classiques, elles, nous expliquent les raisons de la longueur excessive de la queue : comme les Ourses perturbaient la paix sur Terre, Hercule les saisit par la queue et les lança dans le ciel.

Si vous croyez que c'est de l'exagération, souvenez-vous que le Dragon (Draco) fut aussi précipité dans le ciel et enroulé autour du Pôle nord. En effet, il semble entourer la Petite Ourse (Ursa Minor). À ce moment-ci, la Petite Casserole est verticale sur sa poignée.

L'Étoile de magnitude 3 du Dragon se nomme Thuban (Alpha Draconis). Elle se situe à mi-chemin entre la Petite Casserole et la poignée de la Grande Casserole. Elle servait d'étoile du Nord, il y a 3500 ans. Bien que d'éclat plus faible que l'Étoile polaire actuelle, elle se trouvait plus proche du pôle céleste que ne l'a été et ne le sera jamais la nôtre. La précession est responsable du changement d'étoile servant d'étoile polaire au cours des temps (voir p. 26).

Le Lion (Leo), une constellation du Printemps, disparaît tout juste à l'Ouest. Regardez une dernière fois l'étoile brillante Régulus, le «petit Roi», et le *point d'interrogation inversé*, appelé aussi faucille. L'écliptique passe très près de Régulus.

Tout juste au Sud de la ligne marquant la partie inférieure du Lion (la queue), presque en ligne avec Régulus et Denebola, se trouvent quatre galaxies. Elles sont de magnitude 9 environ et requièrent un petit télescope pour être aperçues. Elles ressemblent à des taches de lumière diffuse. Chacune d'elles a la forme d'une spirale semblable à notre Voie Lactée. On doit utiliser un télescope puissant pour les examiner en détail.

À l'heure indiquée sur la carte, Castor et Pollux sont juste à l'horizon. Un peu plus tard, elles disparaîtront pour plusieurs mois. Si vous observez tard dans la nuit, servez-vous des cartes de la prochaine saison pour vous guider dans le ciel.

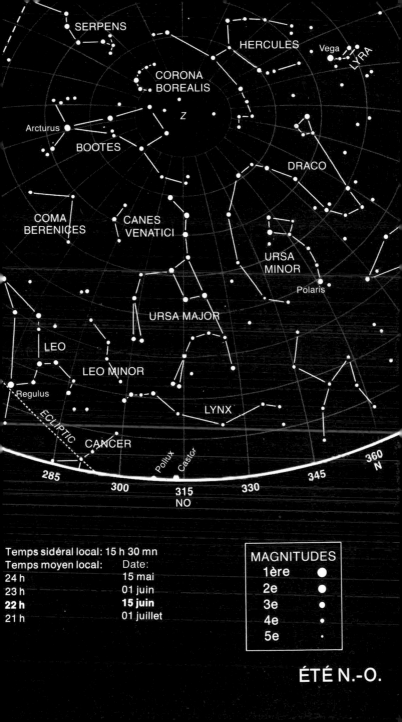

SERPENS

HERCULES

Vega

LYRA

CORONA
BOREALIS

Z

DRACO

Arcturus

BOOTES

COMA
BERENICES

CANES
VENATICI

URSA
MINOR

Polaris

URSA MAJOR

LEO

LEO MINOR

LYNX

Regulus

ECLIPTIC

CANCER

Pollux Castor

285

300

315
NO

330

345

360
N

Temps sidéral local: 15 h 30 mn

Temps moyen local:	Date:
24 h	15 mai
23 h	01 juin
22 h	**15 juin**
21 h	01 juillet

MAGNITUDES	
1ère	●
2e	●
3e	●
4e	·
5e	·

ÉTÉ N.-O.

CONSTELLATIONS D'AUTOMNE : NORD-EST

À cette période de l'année, on peut voir un groupe de constellations, les « dramatis personae » de l'un des mythes les plus connus du ciel : l'histoire de Persée (Perseus) et d'Andromède (p. 112). Vers le Nord-Est, à environ 45° de l'horizon, se trouve Cassiopée ressemblant au chiffre 3. L'époux de Cassiopée, Céphée (Cepheus), est situé au-dessus et à sa droite, la tête dirigée vers le bas.

Persée se trouve à environ 30° de l'horizon, en direction du Nord-Est. Il ressemble à la lettre K ou à une Fleur de lis. Il tient toujours la tête de la Gorgone dans ses mains mais en prenant soin d'éviter de la regarder, de peur d'être changé en pierre. Pour le reconnaître, cherchez trois étoiles alignées en position quasi verticale. À droite (Est), on distingue deux rangées d'étoiles : la rangée supérieure représente son bras et l'étoile la plus brillante est Algol, l'étoile du Diable. (Le nom provient de « Al Ghul », la Goule ou Vampire.) Elle « clignote » puisque c'est une binaire à éclipse. À tous les jours environ, l'une des étoiles éclipse l'autre et l'éclat diminue de la magnitude 3 à la magnitude 2, pour approximativement 10 heures.

Au-dessus de Persée, haut vers l'Est, on distingue le Grand Carré de Pégase (Pegasus). Les deux rangées d'étoiles s'étendant d'un des coins du Carré vers Persée se nomment Andromède. Sa tête partage une étoile avec Pégase.

Les lignes de la robe d'Andromède sont formées de paires d'étoiles. Regardez la paire la plus éloignée du Grand Carré. Puis cherchez une étoile pâle, légèrement en direction Nord par rapport à la plus faible de cette paire. Près de cet endroit, ceux qui ont de bons yeux apercevront, par nuit claire, une tache de lumière diffuse. Il s'agit de la Grande Galaxie dans Andromède, une spirale située à 2,1 millions d'années-lumière. C'est l'objet le plus éloigné visible à l'oeil nu. C'est également l'apparence qu'aurait notre Voie Lactée, à une distance similaire.

Cette période de l'année est idéale pour observer à l'aide de jumelles 7X50. On peut voir, dans cette partie du ciel, les nuages les plus beaux et les plus complexes de la Voie Lactée. Levez vos yeux de l'horizon Nord-Est jusqu'au zénith. Auriga, situé dans la partie mince de la Voie Lactée, contient plusieurs amas ouverts, de magnitude 6. Dans Persée, la bande diffuse s'élargit. On trouve également plusieurs amas ouverts, dont celui bien connu : l'Amas Double. Plus haut dans le ciel, on trouve les régions riches de Cassiopée, du Lézard (Lacerta) et du Cygne (Cygnus). Auriga, presque à l'horizon, est dans la direction opposée, au centre de notre Voie Lactée. En tournant autour du centre galactique, le système solaire se dirige dans la direction du Cygne, au-dessus de votre tête. En examinant ce quadrant, vous regardez vers les régions externes de la Voie Lactée.

Sous Andromède, on trouve un groupe d'étoiles appelé le Triangle (Triangulum). En dessous de celui-ci, on aperçoit une des constellations du zodiaque : le Bélier (Aries). Au-dessus et à droite, on distingue les Poissons (Pisces) et en dessous, la Baleine (Cetus), prétendue vengeresse d'Andromède. Ces constellations peuvent être repérées plus facilement en se tournant vers le Sud-Est. Tournez donc la page.

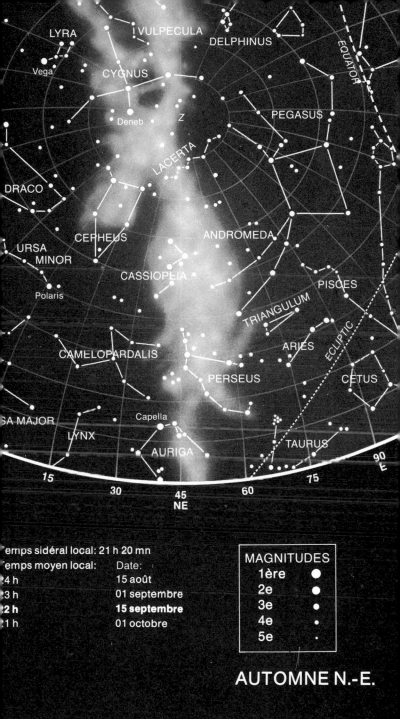

AUTOMNE N.-E.

CONSTELLATIONS D'AUTOMNE : SUD-EST

À cette époque de l'année, le ciel du Sud-Est est dominé par trois grandes constellations qui occupent près de un douzième du ciel observable. Près de l'horizon, on trouve la Baleine (Cetus), le monstre marin de la légende d'Andromède. Il s'agit d'un groupe d'étoiles de peu d'éclat. Deneb Kaitos, l'étoile la plus brillante, n'est que de magnitude 2. La tête du monstre est formée d'un petit cercle d'étoiles, du côté Est.

Au-dessus de la Baleine, on aperçoit les Poissons (Pisces). L'étoile la plus rapprochée de la Baleine est Alrisha (le « noeud »), endroit où les cordes attachant les deux Poissons sont nouées. Elles s'étendent en direction d'Andromède et, du côté ouest, sous Pégase (Pegasus). Le Printemps débute dans la constellation des Poissons. Cette saison commence au moment où le Soleil, sur l'écliptique, traverse l'équateur céleste en direction Nord. Le point de croisement s'appelle équinoxe de Printemps ou *point vernal* (p. 24). Il y a environ 2 000 ans, le passage avait lieu dans la constellation du Bélier (Aries), mais la précession a déplacé l'équateur vers l'Ouest, le long de l'écliptique. Dans 600 ans environ, le point vernal sera dans le Verseau, encore plus à l'Ouest. L'Automne est la période idéale pour observer ces groupes d'étoiles parce que le Soleil en est à l'opposé.

Au-dessus des Poissons se trouve Pégase, le cheval ailé, du moins sa partie antérieure. Son corps est le Grand Carré dans une position inversée. Les rangées d'étoiles, en direction du Cygne (Cygnus), représentent les jambes de devant. La ligne unique se terminant sur l'étoile de magnitude 2, Enif, forme son cou et son nez.

On distingue le Verseau (Aquarius), le long de l'écliptique, vers l'Ouest. Certaines légendes racontent qu'il était l'échanson des dieux. La plupart du temps, on le représente portant une cruche d'eau sur son épaule, sa tête reposant sur une étoile brillante située presque sur l'équateur céleste. L'eau qui s'écoule va vers le bas, du côté Sud, en direction de la constellation du Poisson austral (Pisces Australis). Dans cette constellation, on trouve l'étoile Fomalhaut, de magnitude 1, l'étoile brillante la plus au Sud, visible à partir de latitudes nordiques moyennes (on doit être situé au-dessous du 30° Nord pour voir Canopus, de la constellation de la Carène (Carina), la deuxième étoile brillante du Sud). Comme la région du Poisson austral ne contient que peu d'étoiles brillantes, Fomalhaut brille de façon remarquable au-dessus de l'horizon du Sud.

Il y a très longtemps, la région bordée, à l'Est, par la Baleine et les Poissons, à l'Ouest par le Poisson austral et le Verseau, et même plus loin par le Capricorne (Capricornus), était considérée la partie « aqueuse » du ciel. Quelquefois, on incluait Eridanus. Pour les Chaldéens, cette partie représentait la mer où la déesse-monstre Tiamat se dressa pour combattre les puissances de la lumière. Les descendants de plusieurs de nos constellations modernes, dans cette région, sont probablement des monstres créés par Tiamat pour l'assister.

A l'Ouest du Verseau se trouve le Capricorne — et la page suivante.

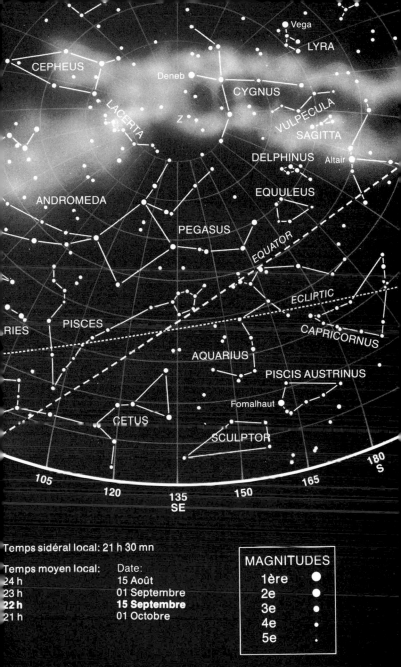

Temps sidéral local: 21 h 30 mn

Temps moyen local: Date:
24 h   15 Août
23 h   01 Septembre
22 h   **15 Septembre**
21 h   01 Octobre

MAGNITUDES
1ère   ●
2e   ●
3e   ●
4e   ·
5e   ·

AUTOMNE S.-E.

CONSTELLATIONS D'AUTOMNE: SUD-OUEST

Durant cette saison, le meilleur moment pour observer le Capricorne est en début de soirée. On dit qu'il représente le dieu Pan qui plongea dans le Nil pour échapper au géant Typhon (p. 126). Il a la forme d'un grand triangle dont les côtés sont légèrement recourbés.

Au-dessus du Capricorne (Capricornus), on trouve le Verseau (Aquarius) et, au-dessus de celui-ci, le Petit Cheval (Equuleus), un groupe d'étoiles pâles situé tout juste devant l'étoile Enif, le nez de Pégase (Pegasus). À côté du Petit Cheval, on distingue la constellation du Dauphin (Delphinus), mammifère et non poisson. Avec un peu d'imagination, on peut voir un marsouin sympathique montrant son dos au-dessus de l'eau, ou un petit cerf-volant avec une queue. Après l'avoir repéré, on se souvient facilement de sa position parce qu'il y a un petit quelque chose de charmant dans cette figure. Dans la mytho-logie, c'est le Dauphin qui sauva la vie du ménestrel Arion, après que celui-ci dut sauter par-dessus bord d'un navire, dans la Méditerranée, pour échapper à la mort (p. 142). Les marins aiment et respectent les dauphins depuis très longtemps.

On trouve le Sagittaire (Sagittarius) à droite, sous le Capricorne (Capricornus). Durant cette période de l'année, il ne sera pas visible longtemps au-dessus de l'horizon. Le Sagittaire est séparé en deux par l'écliptique, la trajectoire annuelle du Soleil parmi les étoiles.

Tout juste au-dessus du Sagittaire, on distingue une constellation nommée, aux temps modernes, l'Écu (Scutum). Elle représente le blason de John Sobieski, un roi polonais du 17e siècle. Elle repose sous Ophiuchus et le Serpent (Serpens), partiellement au-dessous de l'horizon, presque à l'Ouest.

Il est souvent utile de visualiser la position de l'équateur céleste dans le ciel. Ses deux extrémités sont à l'Est et à l'Ouest, sur l'horizon. Servez-vous de la carte pour retracer l'équateur céleste, à partir d'Ophiuchus, à travers l'Aigle (Aquila), entre le Petit Cheval et le Verseau, tout juste sous le petit cercle ouest des Poissons et en direction du Sud-Est à travers la Baleine, vers l'Est. Bien que le ciel «tourne autour de nous», l'équateur demeure toujours au même endroit, peu importe le point d'observation. Il traverse le méridien (la ligne divisant le ciel en deux parties, l'Est et l'Ouest) à une hauteur que l'on peut calculer aisément. Soustrayez votre latitude de 90°. Vous obtenez la hauteur de l'équateur à l'endroit où il traverse le méridien. Ainsi, à la latitude de 40° dans chaque hémisphère, l'équateur est situé à 50° au-dessus de l'horizon.

L'observation de la Voie Lactée à l'aide de jumelles, à partir du Cygne (Cygnus), au-dessus de votre tête, en direction du Sagittaire, près de l'horizon, donne une vue d'un des quadrants internes de notre galaxie. La répartition des étoiles, des nuages stellaires et des nébuleuses obscures est très complexe.

Durant l'Automne, c'est votre dernière chance de voir les étoiles brillantes de la saison précédente: le Triangle d'Été. Altaïr est au plus près de l'horizon; Véga à mi-chemin du zénith, du côté Ouest; finalement Deneb, la plus haute de toutes. Au mois de Décembre, seule Deneb sera au-dessus de l'horizon, au début de la soirée.

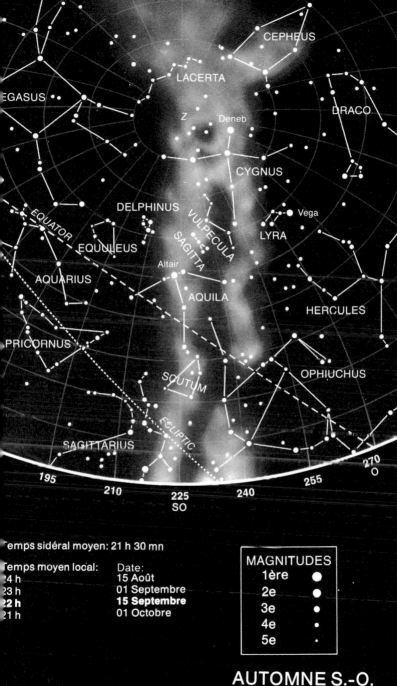

CEPHEUS

LACERTA

EGASUS

DRACO

Z   Deneb

CYGNUS

DELPHINUS   VULPECULA

Vega

ÉQUATOR

EQUULEUS   SAGITTA   LYRA

AQUARIUS   Altair

AQUILA

HERCULES

PRICORNUS

OPHIUCHUS

SCUTUM

SAGITTARIUS   ECLIPTIC

195   210   225   240   255   270
                    SO   O

Temps sidéral moyen: 21 h 30 mn

Temps moyen local: Date:
24 h   15 Août
23 h   01 Septembre
22 h   **15 Septembre**
21 h   01 Octobre

MAGNITUDES
1ère   ●
2e   ●
3e   ·
4e   ·
5e   ·

AUTOMNE S.-O.

CONSTELLATIONS D'AUTOMNE : NORD-OUEST

Le Dragon (Draco) est la constellation la plus grande mais non la plus brillante de cette région. C'est la huitième plus importante de tout le ciel. Le moment est favorable à son observation car sa tête repose près d'Hercule. Une partie des étoiles de sa queue peut être difficile à discerner si le ciel est légèrement brumeux.

On dit que ce dragon, allongé entre la Petite et la Grande Ourse, est Ladon, gardien des pommes d'or des Hespérides. La constellation d'Hercule, cela va de soi, se trouve tout près ; c'est Hercule, en effet, qui, dans un de ses Travaux, tua le dragon pour lui enlever les pommes. On dit également que ce dragon protégea la source sacrée d'où Cadmus puisait son eau. Après la mort du dragon, Cadmus planta ses dents en terre et des hommes armés jaillirent du sol. Thuban, du Dragon, était l'étoile du nord, 2 000 ans avant Jésus-Christ.

La Grande Ourse se tient « debout » sur l'horizon. Une partie de celle-ci forme la Grande Casserole ; les étoiles les plus brillantes de cette partie se déplacent dans la même direction, dans l'espace, sauf les deux aux extrémités. Elles font partie d'un amas si rapproché de nous qu'elles n'apparaissent pas comme un amas. Sirius en fait également partie. Les étoiles de cet amas ont un mouvement identique, soit la direction approximative de la portion la plus longue de la poignée de la Casserole, en s'éloignant du bol. Les deux étoiles de l'extrémité, Dubhe et Alkaïd, se déplacent vers le fond de la Casserole. Dans 100 000 ans, celle-ci ressemblera davantage à une poêle à frire et la poignée sera encore plus courbée.

Bien que la vitesse de déplacement des étoiles soit supérieure à plusieurs kilomètres par seconde, leur distance par rapport à nous est telle que le changement de position nous est perceptible qu'après plusieurs dizaines et même centaines d'années. Le Soleil et les autres membres du système solaire se déplacent également. Lorsque nous regardons en direction du Cygne (Cygnus), nous voyons à travers le « pare-brise avant » de notre système solaire ; c'est dans cette direction que nous voyageons à une vitesse de 250 km/s autour de la Voie Lactée. Nous n'atteindrons cependant jamais le Cygne parce que celui-ci se déplace également.

En plus de cette révolution autour du centre de la galaxie, chaque étoile a une vitesse relative propre par rapport à ses voisins. Notre Soleil nous amène vers la Lyre (Lyra) à 20 km/s, vitesse si « lente » qu'il nous faudra 15 000 ans pour couvrir une année-lumière.

Prenez une paire de jumelles, étendez-vous par terre et balayez la Voie Lactée d'un horizon à l'autre. Deneb est presque au-dessus de votre tête. Le Cygne contient plusieurs régions brillantes (nuages stellaires), obscures (nuages de poussière) et des nébuleuses. Dans le Sagittaire, vers le Sud, se trouve le centre de notre galaxie. Vers le Nord-Est, en direction de Persée, on trouve le chemin pour sortir de notre galaxie. La complexité de la répartition des étoiles, des nébuleuses et des nuages de poussière obscurs est apparente, même à l'oeil nu. C'est ce qui explique pourquoi les astronomes ont de la difficulté à déterminer la forme et la composition de la Voie Lactée.

AUTOMNE N.-O.

CONSTELLATIONS D'HIVER : NORD-EST

La Grande Ourse (Ursa Major) réapparaît maintenant, peu de temps après le coucher du Soleil. Elle était difficile à repérer durant les mois où elle se trouvait près de l'horizon, tôt le soir. Elle se tient maintenant debout sur sa queue. Les *Gardes*, Merak et Dubhe, nous dirigent vers l'Étoile polaire, dans la Petite Ourse (Ursa Minor). Entre les deux se trouve la queue du Dragon (Draco).

Au-dessus de ces groupes, on aperçoit une des constellations les plus difficiles à voir : la Girafe (Camelopardalis). La meilleure façon de la localiser est de chercher vers le Nord une région ne contenant, en apparence, aucune étoile (sous conditions d'observation urbaine). Les principales caractéristiques de cette constellation moderne résident dans sa longueur et sa drôle de forme. Autour d'elle, se déploient plusieurs des figures les plus connues du ciel : Céphée (Cepheus), Cassiopée (Cassiopeia), Persée (Perseus), le Cocher (Auriga) et la Grande Ourse (Ursa Major).

Une rangée de quatre étoiles brillantes pointe verticalement en direction Est. Capella du Cocher est la plus haute. Beaucoup plus bas, on distingue Castor et Pollux, dans les Gémeaux (Gemini). Enfin, tout juste sur l'horizon, se trouve Régulus, du Lion (Leo), s'élevant graduellement à chaque minute.

Une partie de la Voie Lactée traverse le Cocher. Elle est située très haut dans le ciel, à cette heure et à cette période de l'année. Le balayage de la Voie Lactée, à l'aide de jumelles, révèle la présence de nuages stellaires, d'amas et de lignes sombres s'étendant vers les régions externes de notre galaxie.

Les Gémeaux (Gemini) sont en position inversée, à cette période de l'année et de la nuit. Pollux est plus rapprochée de l'horizon. Le Soleil, au 21 Juin, est là où l'écliptique traverse les « pieds » des Gémeaux. Ce point marque le début de l'Été et le lieu où la distance Soleil-équateur céleste est au maximum. En 1781, Sir William Herschel découvrit Uranus, tout près des étoiles des « pieds » des Gémeaux : première découverte d'une planète, dans les temps modernes. Toutes les autres planètes visibles à l'oeil nu étaient connues depuis l'antiquité. Pluton fut découverte dans la même constellation, en 1930, près de δ Gem (p. 148).

Sous les Gémeaux, on distingue le Cancer, un groupe indistinct mais très connu. Il y a 2 000 ans, le Soleil se trouvait dans cette constellation, au début de l'Été. Le Cancer est maintenant reconnu pour son amas ouvert Praesepe, ou la Ruche. Ce groupe de grande dimension est situé tout juste au-dessus des deux étoiles centrales du Cancer. Aux jumelles, il est « pétillant ». Au télescope, l'effet est encore meilleur. L'observation, à la fois de tout l'amas nécessite un télescope à faible grossissement qui garde un champ de vision étendu.

Le Lion (Leo) n'est que partiellement au-dessus de l'horizon, mais, dans une heure, il sera entièrement visible, de même qu'une plus grande partie de l'Hydre femelle (Hydra). La présence de ces constellations dans le ciel, au début de la soirée, signale que le Printemps arrivera dans quelques mois. Alors, ces étoiles seront très hautes vers le Sud, au coucher du Soleil.

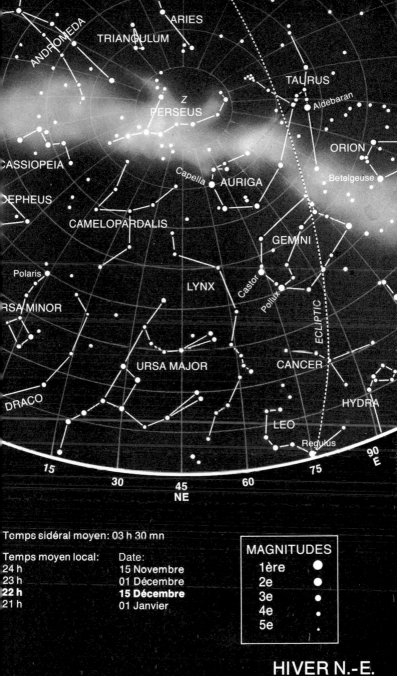

Temps sidéral moyen: 03 h 30 mn

Temps moyen local:	Date:
24 h	15 Novembre
23 h	01 Décembre
22 h	**15 Décembre**
21 h	01 Janvier

MAGNITUDES
1ère ●
2e ●
3e ●
4e ·
5e ·

HIVER N.-E.

CONSTELLATIONS D'HIVER : SUD-EST

La constellation d'Orion domine cette partie du ciel hivernal. Elle nous aide à localiser d'autres étoiles brillantes. La ceinture d'Orion est la partie la plus perceptible de cette région. Elle se compose de l'étoile Mintaka, légèrement sous l'équateur céleste, Alnilam, au milieu, et Alnitak, la plus au Sud. Les épaules d'Orion sont formées de l'étoile rouge Betelgeuse et de l'étoile blanche Bellatrix. Ses pieds sont représentés par les étoiles de couleur bleu blanchâtre, Rigel et Saiph. Le triangle pâle, au-dessus de ses épaules, suggère une barbe et l'espace vide plus haut, sa tête. Il tient un baudrier recourbé, devant lui, pointant vers le Taureau (Taurus), et une épée, au-dessus de sa tête. Il marche sur le Lièvre (Lepus).

Tracez une ligne le long de la ceinture d'Orion, vers le Sud-Est. Elle vous conduit à l'étoile la plus brillante du ciel, Sirius (le Chien). Son éclat surpasse celui de la majorité des objets célestes. Seuls le Soleil, la Lune et parfois Vénus et Jupiter brillent davantage. Le Grand Chien (Canis Major) se tient debout sur sa queue, avec Sirius représentant soit son oeil soit son nez, au sommet. Vous pouvez observer quelques amas ouverts, dans cette constellation, à l'aide de jumelles.

À l'Est de Sirius, on trouve une autre étoile brillante presque solitaire : Procyon, l'étoile du Petit Chien (Canis Minor). Il n'y a qu'une ou deux autres étoiles visibles à l'oeil nu dans cette constellation.

On distingue une constellation d'éclat faible entre les chiens : la Licorne (Monoceros). L'équateur céleste traverse son étoile δ Mon.

Un peu à l'Est, mais très haut au-dessus d'Orion, on aperçoit la grande constellation du Cocher (Auriga), en forme de pentagone. Son étoile la plus brillante est Capella, la Chèvre. Ses « chevreaux » sont tout près. Le Cocher partage une étoile avec le Taureau.

La constellation du Taureau fut reconnue il y a plusieurs milliers d'années lorsque le point vernal (équinoxe de Printemps) y était situé. Sa face et son oeil rouge orangé (les Pléiades), et ses deux longues cornes lui donnent un aspec distinct. Il recule toujours devant Orion dans une bataille sans fin. Pour localiser le Taureau, servez-vous de la ceinture d'Orion comme pointeur vers l'Ouest. Aldebaran est l'étoile brillante de couleur rouge orangé. Elle fait partie de l'amas en forme de V appelé les Hyades. Un peu plus haut dans le ciel, on distingue l'amas des Pléiades. C'est l'un des amas les plus magnifiques de tous. Il est attrayant malgré sa petite taille. Certains disent qu'il ressemble à une très petite casserole. Celui qui observe dans cette direction, avec des jumelles, est bien récompensé pour ses efforts.

Près d'Orion débute une des constellations les plus longues du ciel : Éridan (Eridanus), le Fleuve. L'étoile Cursa, située près de Rigel, marque le début de son cheminement sinueux qui se dirige vers la Baleine (Cetus), vire au Sud, contourne le Fourneau (Fornax), courbe vers l'Ouest encore une fois et disparaît finalement sous l'horizon où il y poursuit sa course. Pour l'observer en entier, il faut être situé au Sud de la latitude 30° Nord.

L'Éridan a conduit notre regard vers le sud et maintenant il faut passer à la page suivante.

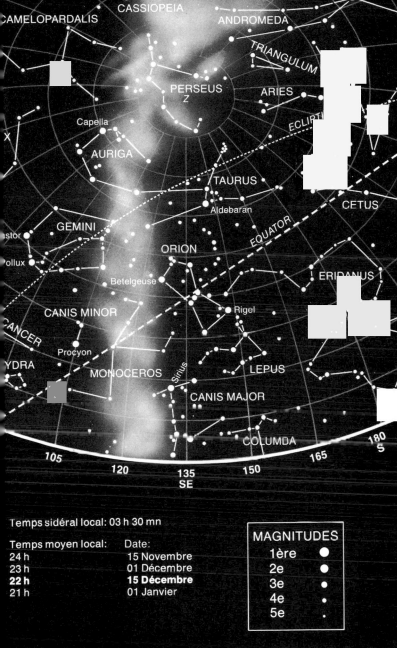

CAMELOPARDALIS
CASSIOPEIA
ANDROMEDA
TRIANGULUM
PERSEUS
Z
ARIES
ECLIPTI
Capella
AURIGA
TAURUS
CETUS
X
Aldebaran
EQUATOR
GEMINI
astor
ORION
ERIDANUS
Pollux
Betelgeuse
CANIS MINOR
Rigel
CANCER
Procyon
HYDRA
MONOCEROS
Sirius
LEPUS
CANIS MAJOR
COLUMDA
180
S
105
120
135
SE
150
165

Temps sidéral local: 03 h 30 mn

Temps moyen local:	Date:
24 h	15 Novembre
23 h	01 Décembre
22 h	**15 Décembre**
21 h	01 Janvier

MAGNITUDES
1ère ●
2e ●
3e •
4e •
5e ·

HIVER S.-E.

CONSTELLATIONS D'HIVER : SUD-OUEST

Entre l'Éridan (Eridanus), au Sud, et Pégase (Pegasus), à l'Ouest, le ciel est dépourvu de constellations brillantes. Un des méandres du Fleuve céleste contourne le fourneau (Fornax), une constellation moderne. La Baleine (Cetus), monstre marin de l'histoire d'Andromède, est en position verticale, du côté Sud-Ouest. Sa tête est vers le haut et sa queue, plus près de l'horizon. Du point de vue de la superficie, la Baleine est la quatrième constellation en importance. Il se peut que l'étoile située entre le cercle de sa tête et sa queue, reposant légèrement au Sud de l'équateur céleste, ne soit pas visible au moment de l'observation. Il s'agit de Mira la « Merveilleuse », une étoile variable à longue période. À son éclat maximum, elle est de magnitude 2 et au minimum, de magnitude 10, bien en dessous du seuil de visibilité à l'oeil nu.

Durant plusieurs semaines, Mira est très brillante, puis décroît lentement (environ 8 mois). L'augmentation de son éclat est plus rapide que sa diminution. La période de variation est d'environ 331 jours mais elle aussi varie, de même que son éclat maximum. Parfois elle brille autant qu'Aldebaran. Il se peut que la variation de Mira ait été perçue par les Anciens, mais le premier astronome de l'Occident à la mesurer de façon précise fut David Fabricius, en 1596.

Vers l'Ouest, on distingue le Grand Carré de Pégase, le Cheval ailé. Les étoiles de chaque coin sont bien visibles. Andromède, la Princesse, se trouve encore plus haut que l'étoile la plus haute du Carré. Entre Pégase et la Baleine, on aperçoit les deux petits cercles d'étoiles formant les Poissons (Pisces).

Persée (Perseus) est directement au-dessus de votre tête. Il sera le dernier du groupe de la légende d'Andromède à disparaître sous l'horizon ouest, un peu plus tard cette nuit. N'oubliez pas de regarder Algol, l'étoile du Diable, dans la main droite de Persée. Son éclat diminue de la magnitude 2 à la magnitude 3 à tous les 3 jours, pour une période de 10 heures. Lorsque votre regard se tourne vers Persée, vous regardez en direction opposée au centre de notre galaxie, la Voie Lactée. Une partie de la lumière de Persée provient d'étoiles lointaines appartenant à notre bras spiral, d'une autre partie d'un bras spiral plus lointain appelé le Bras de Persée et peut-être même d'une petite partie d'un autre bras spiral que l'on nomme le Bras externe. Notre galaxie s'étend dans cette direction sur 15 000 à 20 000 a.l. encore. Nous sommes situés à plus de 30 000 a.l. de son centre, dans une région externe de la galaxie. Les astronomes ne connaissent pas encore avec certitude les limites précises de ses frontières.

Pour répondre à ces questions, il faut observer d'autres galaxies similaires. Deux des plus près de nous sont actuellement dans le ciel. La spirale d'Andromède, légèrement au Nord de la seconde paire d'étoiles, dans Andromède, à l'opposé de Pégase. Par temps clair, à l'oeil nu, elle apparaît comme un point flou. La spirale M33, dans le Triangle (Triangulum). Consultez la carte du Triangle (p. 191) pour trouver sa position exacte ; probablement visible aux jumelles.

Revisez cette partie du ciel puis tournez à la page suivante.

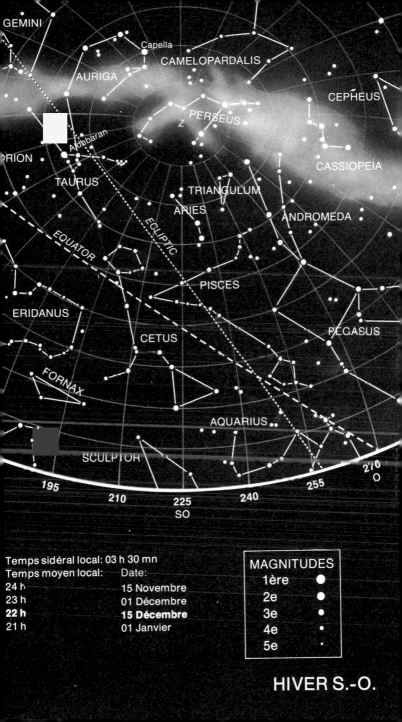

GEMINI
Capella
CAMELOPARDALIS
AURIGA
CEPHEUS
PERSEUS
Z
Aldebaran
ORION
CASSIOPEIA
TAURUS
TRIANGULUM
ARIES
ANDROMEDA
ECLIPTIC
EQUATOR
PISCES
ERIDANUS
PEGASUS
CETUS
FORNAX
AQUARIUS
SCULPTOR
270
O
195
210
225
SO
240
255

Temps sidéral local: 03 h 30 mn
Temps moyen local: Date:

24 h	15 Novembre
23 h	01 Décembre
22 h	**15 Décembre**
21 h	01 Janvier

MAGNITUDES
1ère ●
2e ●
3e •
4e ·
5e ·

HIVER S.-O.

CONSTELLATIONS D'HIVER: NORD-OUEST

Lorsque l'on promène son regard de Persée (Perseus), au-dessus de la tête, vers le Cygne (Cygnus), près de l'horizon, regardons vers l'extérieur et dans le plan de la Voie Lactée. C'est cette direction que notre système solaire suit dans sa course autour du centre de la galaxie. La direction opposée n'est pas visible aux latitudes nordiques moyennes. Elle se situe sous l'horizon, dans la constellation des Voiles (Vela). Le centre de notre galaxie est visible à un autre moment durant l'année, en direction du Sagittaire (Sagittarius).

On distingue maintenant la forme de 3 constellations: le Carré de Pégase (Pegasus), à l'Ouest; la Croix du Nord (Cygnus), en position redressée, à l'horizon Nord-Ouest, Cassiopée, en forme de E ou de W déformé, à mi-hauteur au Nord-Ouest.

En Novembre 1572 survint l'un des événements les plus importants de l'histoire astronomique: l'apparition d'une nouvelle étoile dans Cassiopée. Sa position était telle qu'elle formait un diamant presque parfait lorsque jointe avec les trois étoiles brillantes les plus basses du « W ». Tycho Brahe, un astronome danois renommé, observa ce nouvel objet et publia un rapport détaillé concernant les variations de son éclat. Ce phénomène se produisit à une période de discussions vives portant sur la validité de l'ancienne théorie de l'immutabilité des cieux. La « nouvelle étoile » représentait un « clou dans le cercueil » de ces vieilles idées. Quarante ans plus tard, Galilée scella le cercueil en démontrant, à l'aide du premier télescope, la présence de satellites orbitant autour de Jupiter et non de la Terre, considéré à ce moment-là comme le centre de l'Univers.

La « nouvelle étoile », n'était qu'une supernovae (p. 56), une étoile très vieille en train d'exploser. À travers l'histoire, peu de supernovae ont été repérées dans notre galaxie. Les novae ordinaires sont issues d'explosions beaucoup moins fortes. On peut en apercevoir chaque année au télescope, mais seulement environ une fois par dizaine d'années, à l'oeil nu.

Trouvez δ Cephei, prototype des célèbres *variables céphéides*. Son éclat passe de la magnitude 4 à la magnitude 5 en 5,37 jours. L'étoile est située au sommet du petit triangle du coin inférieur gauche de la constellation. Consultez la carte de Céphée pour la repérer.

L'Étoile polaire, également une variable céphéide, change seulement de la magnitude 2,1 à la magnitude 2,2. Il n'est donc pas facile de remarquer la différence. Sa période est d'environ 32 jours. C'est l'étoile brillante la plus rapprochée du pôle nord céleste. Elle est à environ 1° de celui-ci, mais s'en rapproche de plus en plus. L'approche sera minimum en l'an 2105. Après cette date, la précession l'éloignera lentement du pôle.

En prolongeant la courbe de la petite Casserole à travers son bol, on découvre l'étoile Thuban, du Dragon (Draco). Elle était l'étoile polaire, il y a environ 4 000 ans.

Revisez maintenant tout le ciel d'Hiver. Si vous observez tard dans la nuit, vous pouvez utiliser les cartes du Printemps.

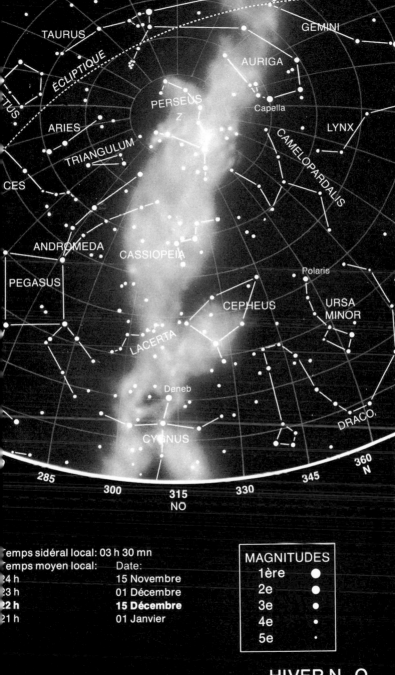

TAURUS
GEMINI
ÉCLIPTIQUE
AURIGA
PERSEUS
Z
Capella
ARIES
LYNX
TUS
CAMELOPARDALIS
TRIANGULUM
CES
ANDROMEDA
CASSIOPEIA
PEGASUS
Polaris
CEPHEUS
URSA
MINOR
LACERTA
Deneb
DRACO
CYGNUS
285
300
315
NO
330
345
360
N

Temps sidéral local: 03 h 30 mn
Temps moyen local: Date:
24 h   15 Novembre
23 h   01 Décembre
22 h   15 Décembre
21 h   01 Janvier

MAGNITUDES	
1ère	●
2e	●
3e	●
4e	·
5e	·

HIVER N.-O.

CONSTELLATIONS CIRCUMPOLAIRES BORÉALES

Pour un observateur situé dans l'hémisphère nord, il existe une région du ciel, du côté Nord, où certaines constellations ne disparaissent jamais. Elle contient les étoiles avoisinant le Pôle nord céleste. Pour le même observateur, il existe aussi une région du ciel, du côté Sud, où certaines constellations ne sont jamais visibles. Ce sont les constellations circumpolaires du Sud. La majorité de leurs étoiles ne peuvent être vues à partir de latitudes boréales moyennes, mais quelques-unes parmi les plus au Nord sont cependant visibles à des latitudes boréales peu élevées.

Contrairement au Pôle nord céleste, on n'observe aucune étoile brillante dans le voisinage du Pôle sud céleste. Celui-ci se trouve dans la constellation peu visible de l'Octant (Octans). L'étoile la plus rapprochée, visible à l'oeil nu, est de magnitude 5. Pour trouver la position approximative du pôle, on peut chercher la Croix du Sud (Crux). Le prolongement de la partie verticale passe très près de ce point. Une ligne perpendiculaire à α et β Centaure arrive également très près du pôle.

Des constellations sont modernes. Elles furent nommées par les explorateurs européens lors de voyages sous l'équateur. On leur donna plusieurs noms mais peu survécurent. Certains noms commémorent des découvertes : la Dorade (Dorado), le Dauphin (Dauphinus), mammifère et non poisson) ; l'Indien (Indus) ; le Paon (Pavo) ; le Toucan (Tucana) ; le Poisson volant (Volans). Le nom d'Octant, lui, rappelle une invention moderne.

Dans l'hémisphère sud, une partie de la Voie Lactée est circumpolaire. Plusieurs nuages stellaires contenant des amas et des nébuleuses récompensent la patience de l'observateur utilisant des jumelles. On aperçoit les deux Nuages de Magellan dans les constellations de l'Hydre (Hydrus) et de la Dorade. Ils ressemblent à des fragments brisés de la Voie Lactée. Certains observateurs leur donnent le nom de nuages « cirrus », à cause de leur ressemblance à certains nuages minces de la haute atmosphère terrestre. Ils étaient originalement appelés les « Nuages du Cap » parce que les explorateurs les avaient aperçus en contournant le Cap de Bonne-Espérance. Plus tard, Magellan les décrivit et on leur donna son nom. En réalité, ce sont de petites galaxies-satellites de notre Voie Lactée. Le Grand Nuage (LMC), dans la Dorade, est situé à 160 000 a.l. Le Petit Nuage (SMC), dans l'Hydre et près du Toucan, est à 190 000 a.l. La forme de ces deux nuages est irrégulière mais le LMC pourrait être une spirale barrée.

COMMENT ORIENTER LA CARTE

Pour orienter la carte convenablement, remarquez d'abord la colonne de la date, à gauche. Au sommet, vous trouverez les heures de la nuit de 18 h à 06 h. Suivez la rangée correspondant à la date approximative jusqu'à l'heure à laquelle vous observez. La lettre de l'alphabet située au croisement est celle que vous devriez retrouver au bas de la carte pour cette date et heure. À cause du mouvement de la Terre autour du Soleil, le ciel se déplace d'une heure, ou d'une lettre, à toutes les deux semaines. Servez-vous de cela pour interpoler entre deux dates. Par exemple, si vous observez le 15 Janvier à 23 h, orientez votre carte de sorte que la lettre G soit vers le bas. L'orientation est approximative.

ÉTOILES CIRCUMPOLAIRES DU SUD

	HEURE											
	p.m.						**a.m.**					
	18	19	20	21	22	23	24	01	02	03	04	05	06
DATE													
Jan.	A	B	C	D	E	F	G	H	I	J	K	L	M
Fév.	C	D	E	F	G	H	I	J	K	L	M	N	O
Mars	E	F	G	H	I	J	K	L	M	N	O	P	Q
Avril	G	H	I	J	K	L	M	N	O	P	Q	R	S
Mai	I	J	K	L	M	N	O	P	Q	R	S	T	U
Juin	K	L	M	N	O	P	Q	R	S	T	U	V	W
Juil.	M	N	O	P	Q	R	S	T	U	V	W	X	A
Août	O	P	Q	R	S	T	U	V	W	X	A	B	C
Sept.	Q	R	S	T	U	V	W	X	A	B	C	D	E
Oct.	S	T	U	V	W	X	A	B	C	D	E	F	G
Nov.	U	V	W	X	A	B	C	D	E	F	G	H	I
Déc.	W	X	A	B	C	D	E	F	G	H	I	J	K

MAGNITUDES	
1ère	●
2e	●
3e	●
4e	·
5e	·

ANDROMEDA

Andromedae   And   *Andromède*

Andromède était la fille du roi Céphée et de la reine Cassiopée, maîtres de l'Éthiopie. Parce que Cassiopée s'était vantée de la beauté de sa fille, Neptune, le dieu de la mer, fit enchaîner Andromède à un rocher, sur le bord de la mer, pour être sacrifiée au monstre marin (Cetus). Mais Persée utilisa la tête de la Méduse pour changer Cetus en pierre. L'étoile Alpheratz constitue la tête d'Andromède, étoile que cette dernière partage avec le grand carré de Pégase. Andromède se lève tôt le soir, à l'automne.

α est **Alpheratz**, ou Sirrah, signifiant le *nombril du cheval*, à cause de sa position lorsqu'elle faisait partie de Pégase. On la nomme aussi « la tête de la femme enchaînée » ; son type spectral est B9, sa magnitude 2,03 et sa distance 127 a.l.

β est **Mirach**, « le ceinturon » de la robe d'Andromède. Cette étoile de type MO III a une magnitude de 2,06 et se trouve à 75 a.l.

γ, Alamak est une étoile triple située dans la même direction que la galaxie M31. La composante principale a un type K3 II, une magnitude de 2,13 et est à 245 a.l. Les deux autres composantes forment une étoile double très serrée, de magnitude 5 et située à 10″ de l'étoile K3 II.

M31 est la galaxie spirale la plus près de la Terre ; c'est la seule galaxie spirale visible à l'oeil nu. On avait repéré une petite tache diffuse et très peu lumineuse à cet endroit, dès l'an 905 de notre ère. Elle est située à 2,1 millions d'a.l. À cette distance, notre propre galaxie aurait le même aspect. Les milliards d'étoiles de M31 ont une magnitude intégrée de 4. Seuls les grands télescopes peuvent déceler les étoiles individuelles de M31.

M32, une petite galaxie elliptique, est un compagnon de M31. Tout près se trouve une autre galaxie : **NGC 205**. On peut voir ces deux objets de 9e magnitude dans un petit télescope.

ANTLIA

Antiliae   Ant   *La Machine Pneumatique*

Cette constellation fut nommée par l'astronome français Nicolas Lacaille, (1713-62) en l'honneur du physicien Robert Boyle qui inventa une machine pneumatique pour étudier le comportement des gaz. Appelée à l'origine Antlia Pneumatica, l'Union Astronomique Internationale retint Antlia comme nom officiel de cette constellation, en 1930. Aucune des étoiles d'Antlia n'a de nom usuel et n'est plus brillante que la 4e magnitude.

α est une étoile MO de magnitude 4,42 et située à 325 a.l.

ε est une étoile MO de magnitude 4,64 et située à 400 a.l.

ι est une étoile G5 de magnitude 4,70 et située à 230 a.l.

ANDROMEDA

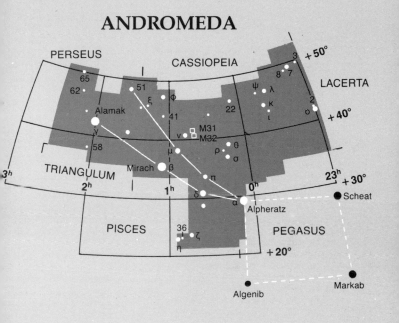

PERSEUS

CASSIOPEIA

LACERTA

TRIANGULUM

PISCES

PEGASUS

Alamak
Mirach
Alpheratz
Scheat
Algenib
Markab

65
62
51
ξ
φ
41
ν
μ
β
δ
α
58
36
ζ
η
22
M31
M32
ρ
θ
σ
π
ψ
λ
κ
ι
3
8 7
2
ο

+50°
+40°
+30°
+20°

3ʰ   2ʰ   1ʰ   0ʰ   23ʰ

ANTLIA

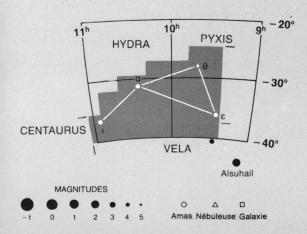

HYDRA

PYXIS

CENTAURUS

VELA

θ
α
ε
ι

Alsuhail

11ʰ   10ʰ   9ʰ

−20°
−30°
−40°

MAGNITUDES

-1 0 1 2 3 4 5

○   △   □
Amas Nébuleuse Galaxie

APUS

Apodis   Aps   *L'Oiseau de Paradis*

Cette constellation fut ajoutée par l'astronome allemand Johann Bayer (1572-1625), sous le nom de Apus Indica, dans son atlas de 1603 ; il s'agit d'un oiseau à longues pattes, des Indes, et non d'un oiseau de la famille des martinets qu'on appelle aussi Apus. L'Oiseau de Paradis est situé près du pôle sud céleste et ne contient aucune étoile brillante.

α est une étoile K5, de magnitude 3,81 et située à 234 a.l.

β est une étoile G8, de magnitude 4,16 et située à 109 a.l.

γ est une sous-géante K0, de magnitude 3,90 et située à 105 a.l.

AQUARIUS

Aquarii   Aqr   *Le Verseau*

Aquarius est une constellation du zodiaque très ancienne dans laquelle se trouve le Soleil, du 17 février au 13 mars. Le Verseau représente un homme en train de verser l'eau d'une cruche. La tête de l'homme est l'étoile α et ses jambes s'étendent jusqu'aux étoiles δ et ι. L'eau qui s'écoule de la cruche descend en direction du Sud, vers l'étoile Fomalhaut, dans le Poisson austral. Près du Verseau, se trouve la région « aqueuse » du ciel que les Babyloniens appelaient « la mer ». Quand nous aurons atteint ce que l'on nomme « l'âge du Verseau », le point vernal sera situé dans cette constellation. Contrairement à la chanson populaire, cette ère n'arrivera pas avant 600 ans (voir p. 26-27). En mai, une pluie de météorites (étoiles filantes) a son radiant dans cette région du ciel (p. 228).

α, Sadalmelik, « la chanceuse du roi », est une étoile G2 Ib, de magnitude 2,93 et située à 1 080 a.l.

β, Sadalsud, « la plus chanceuse des chanceuses », fut ainsi baptisée car elle se lève juste à la fin de l'hiver, est une supergéante G0 Ib, de magnitude 3,07, et à 1 100 a.l.

γ, Sadachbia, « l'étoile chanceuse des choses cachées ». Sa magnitude est 3,97, son type spectral A0 et sa distance 86 a.l.

δ, Skat (signifiant peut-être « souhait), est une étoile de magnitude 3,28, de type spectral A3 V et située à 84 a.l.

ε, Albali, « le dévoreur », est une étoile A1 située à 172 a.l. et de magnitude 3,83.

θ, Ancha, « la hanche », est une géante de magnitude 4,32 située à 192 a.l.

M2 est un amas globulaire de 7e magnitude situé à 40 000 a.l. et visible aux jumelles.

M72 est un amas globulaire de 9e magnitude. Il faut un petit télescope pour l'observer.

NGC 7009, la **Nébuleuse Saturne,** est une nébuleuse planétaire située à 3 000 a.l. Dans un grand télescope, on peut voir l'étoile centrale de 12e magnitude.

APUS

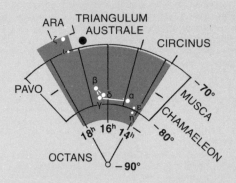

MAGNITUDES

-1 0 1 2 3 4 5   Amas Nébuleuse Galaxie

AQUARIUS

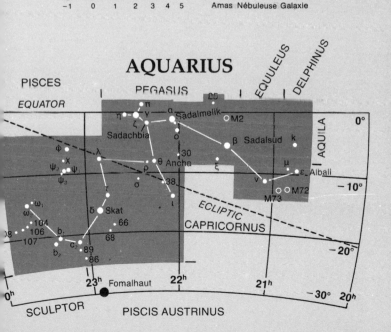

AQUILA

Aquilae   Aql   *L'Aigle*

Plusieurs peuples anciens ont reconnu un aigle dans ce groupe d'étoiles. Pour les Grecs, c'était l'aigle qui transporta les éclairs de Jupiter lors de son combat contre les Titans. Un autre mythe raconte qu'Aquila transporta au ciel Ganymède, le fils du roi de Troyes, pour qu'il devienne l'échanson des dieux ; Ganymède devint alors la constellation Aquarius. Aquila est à cheval sur l'équateur céleste.

α est **Altaïr,** de l'appellation arabe de la constellation ; cette brillante étoile blanc verdâtre a une magnitude de 0,77, un type spectral A7 V. À une distance de 16 a.l., c'est la 45e étoile la plus près de nous.

β, **Alshain** est à 42 a.l. Sa magnitude est 3,90 et son type spectral dG8.

γ, **Tarazed** est une étoile de magnitude 2,72 ; de type spectral K3 II elle est à 340 a.l.

δ est **Denebokab,** « la queue de l'aigle ». Son type spectral est F0 IV, sa magnitude 3,38 et sa distance 53 a.l.

ζ est une étoile double ayant une séparation angulaire de 3″ ; chaque composante est blanche, la magnitude intégrée du système est 2,99 et le type spectral A0 V. Sa distance est de 90 a.l.

σ est une étoile binaire à éclipses. Les composantes B8 et B9 ont respectivement des masses de 6,8 et 5,4 et des rayons de 4,2 et 3,3 : ici les unités utilisées sont la masse et le rayon du Soleil. La magnitude intégrée est 5,1 et le système se trouve à 137 a.l.

ARA

Arae   Ara   *L'Autel*

Il s'agit de l'autel du Centaure situé tout près. Anciennement, les deux constellations n'en formaient qu'une seule. C'est sur cet autel que Zeus fit brûler de l'encens pour célébrer la victoire des dieux sur les Titans. Aucune étoile n'a de nom usuel. Pour un observateur de l'hémisphère nord, l'Autel est aperçu à l'envers au-dessus de l'horizon sud, les « flammes » de l'Autel « s'échappant vers le bas ».

α est une étoile de magnitude 2,95, de type spectral B2,5 V et située à 390 a.l.

β est une étoile de magnitude 2,80, de type spectral K1,5 Ib et située à 930 a.l.

γ est une étoile double, de magnitude intégrée 3,32 et située à 680 a.l. La composante principale, de type B1 I, se trouve à 18″ de sa compagne de 12e magnitude.

δ une étoile de type B8, a une magnitude de 3.79 et se trouve à 148 a.l.

AQUILA

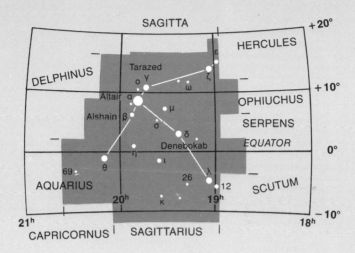

ARA

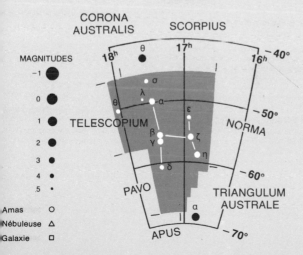

ARIES

Arietis   Ari   *Le Bélier*

Le Bélier fut envoyé par Zeus pour sauver Phrixos et Hellé, enfants du roi de Thessalie, de la main de leur belle-mère qui était sans pitié pour eux. Par la suite, Phrixos sacrifia le bélier et, lorsqu'il alla suspendre sa toison dans un bosquet sacré, elle se changea en or. Jason, avec ses hommes, voyageant à bord du bateau *Argo*, rechercha et trouva la toison d'or. Dans l'antiquité, à l'époque où le zodiaque fut défini, le Soleil se trouvait dans le Bélier, au premier jour du printemps. C'est pourquoi on continue d'appeler le *point vernal*, le «premier point du Bélier» bien qu'il se trouve maintenant dans les Poissons. Le Soleil passe dans le Bélier du 19 avril au 15 mai.

α est **Hamal,** mot arabe pour «brebis»; c'est une étoile de type K2 III, de magnitude 2,00 et située à 75 a.l.

β est **Sheratan,** un «signe» en arabe; elle marquait le point vernal à l'époque d'Hipparque, lequel découvrit la précession des équinoxes. Elle se trouve à 52 a.l., son type spectral est A5 V et sa magnitude 2,65.

γ est **Mesarthim,** mot hébreu pour «ministre»; c'est une étoile double visible dans un petit télescope. Les composantes sont séparées par 8″ et ont une magnitude intégrée de 5; elles sont de types A0 et situées à 148 a.l.

δ , **Botein,** , i.e. «le ventre», d'après une ancienne représentation du Bélier. Maintenant, elle fait partie de sa queue et c'est une étoile gK2, magnitude 4,53 et située à 172 a.l.

AURIGA

Aurigae   Aur   *Le Cocher*

Constellation très ancienne renfermant beaucoup d'objets intéressants, le Cocher représente peut-être Erichthonios, un des premiers rois légendaires d'Athènes dont la claudication lui inspira d'inventer le chariot. Ou bien il s'agit de Neptune surgissant de la mer sur son chariot. Le Cocher est souvent représenté comme un berger tenant une chèvre accompagnée de deux chevreaux. Son **étoile** β fait également partie d'une des cornes du Taureau.

α, **Capella**, est la chèvre qui allaita Zeus enfant. C'est une binaire spectroscopique dont l'étoile primaire est une variable de type G8 III, de magnitude 0,08, située à 46 a.l. L'étoile secondaire est de type F. La paire forme la 6e étoile la plus brillante du ciel.

β , **Menkalinan,** «l'épaule de celui qui tient les rênes» a une magnitude de 1,90, un type spectral A2 V et est à 88 a.l.

ε, l'un des «chevreaux», est très lumineuse. De type spectral F0 Iap et située à 3 400 a.l., elle brille avec une magnitude de 3.0. Elle est légèrement variable. η et ζ sont le deuxième «chevreau».

M36 et **M38** sont des amas ouverts de 6e magnitude, à regarder avec des jumelles.

M37 est un amas ouvert de 6e magnitude, situé à 4 200 a.l., à observer dans un petit télescope.

ARIES

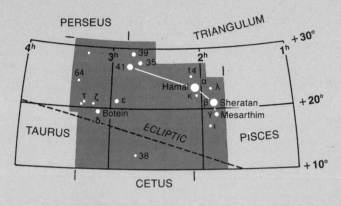

MAGNITUDES

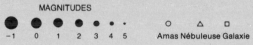

-1 0 1 2 3 4 5   ○ △ □
                        Amas Nébuleuse Galaxie

AURIGA

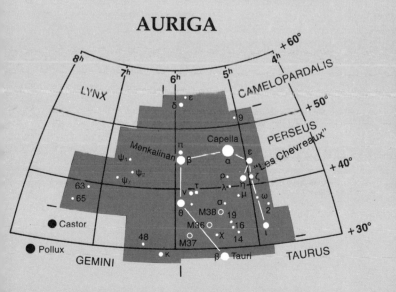

BOOTES

Bootis   Boo   *Le Bouvier*

Le Bouvier, fils de Jupiter et Callisto, inventa la charrue. Cette constellation dont Homère parle dans son *Odyssée* était souvent appelée le « conducteur de l'ourse », à cause de sa proximité avec la Grande et la Petite Ourse. Pour les Grecs primitifs, c'était Lycaon, un loup ; pour les Hébreux, un chien aboyant. Si on représente les étoiles du Bouvier par un homme, des yeux modernes y verraient plutôt un cerf-volant ou un cornet de crème glacée avec Arcturus au bas du cône.

α est **Arcturus,** la 4ᵉ plus brillante étoile du ciel. On l'a surnommée le « Surveillant de l'Ourse ». Cette étoile de magnitude −0,06, de type spectral K2 III et située à 36 a.l. est jaune orange, à l'oeil nu.

β **Nekkar** est la tête du Bouvier. De magnitude est 3,48, type spectral G8 III, elle est à 140 a.l. C'est le nom arabe de la constellation.

γ, **Seginus** est une étoile A7 III, de magnitude 3,05, située à 118 a.l.

δ est une supergéante G8 III située à 140 a.l. et de magnitude 3,47 ; elle a une compagne de 8ᵉ magnitude, séparée par 105″.

ε, **Izar,** la « ceinture » est une étoile triple. Des composantes forment une double orange et verte, séparées par 3″. Leurs types spectraux sont G8 V et K5 ; leurs masses, 85% et 75% de la masse solaire. Le système a une période de révolution de 150 ans et se trouve à 103 a.l.

η, **Muphrid,** « l'étoile solitaire », a une magnitude de 2,69, un type spectral G0 IV et est située à 32 a.l.

μ , **Alkalurops** est le « bâton du berger ». Sa magnitude est 4,47, son type spectral A7 et sa distance 988 a.l.

CAELUM

Caeli   Cae   *Le Burin*

Cette constellation fut définie par l'astronome français Lacaille, au 18ᵉ siècle. Elle se trouve entre la Colombe et l'Éridan ; elle est tout juste visible en hiver, à l'horizon sud, à des latitudes boréales moyennes. Le Burin est l'outil du Sculpteur, situé à l'Est de l'Éridan.

α est une étoile F1, de magnitude 4.52 et située à 72 a.l.

β est une étoile F0, de magnitude 5.08 et située à 69 a.l.

γ est une étoile K5, de magnitude 4,62 et située à 230 a.l.

δ est une étoile B3, de magnitude 5,16 : sa distance est indéterminée.

BOOTES

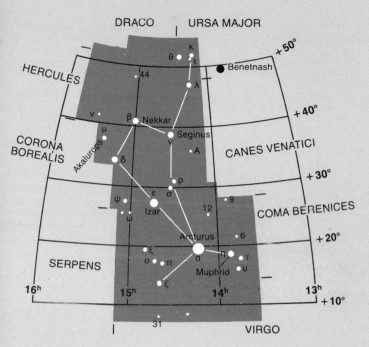

CAELUM

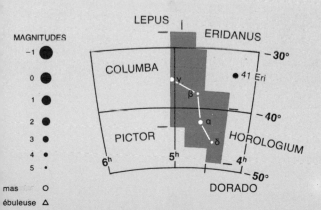

CAMELOPARDALIS

Camelopardalis   Cam   *La Girafe*

Définie par Jacob Bartsch, en 1614, la Girafe a aussi été désignée sous le nom de «chameau-léopard». L'épellation «Camelopardus» est une forme ancienne. On n'y voit aucune étoile brillante et c'est à la frontière de la Girafe et de Persée que se trouve le radiant des Perséides.

α a une magnitude de 4,38, un type spectral 09 et une distance de 3 400 a.l.

β est une supergéante de type G2, de magnitude 4,22 et située à 1 700 a.l.

CANCER

Cancri   Cnc   *Le Crabe*

Bien que difficile à voir, cette constellation du zodiaque est très connue. Elle est située devant la tête du Lion. La mythologie raconte qu'au moment où Hercule se battait avec l'Hydre femelle, la déesse Junon, qui haïssait Hercule, envoya un crabe pour le mordre et le distraire. Hercule l'écrasa, mais Junon le plaça dans le ciel pour ses loyaux sevices. D'autres appelaient ce groupe d'étoiles la Barrière des Hommes; les âmes devaient y passer pour entrer dans le corps des nouveau-nés. Parfois, on représente incorrectement le Crabe par un homard. Maintenant, le Soleil traverse cette constellation du 7 juillet au 11 août mais, il y a 2 000 ans, le solstice d'été avait lieu dans le Crabe. Le tropique du Cancer est la limite boréale de la trajectoire apparente du Soleil dans le ciel, à 23,5 degrés au nord de l'équateur.

α est **Acubens**, «pinces» en arabe. C'est une étoile de type spectral dF0, de magnitude 4,27, située à 99 a.l.

β est parfois appelée **Al Tarf**. Elle a une magnitude de 3,67, un type spectral gK4 et une distance de 217 a.l.

γ et δ sont **Asellus Borealis** et **Asellus Australis**, «l'âne boréal» et «l'âne austral», montés par Bacchus et Silenus dans leur combat contre les Titans. γ a une magnitude de 4,73, un type spectral A0 et une distance de 233 a.l.; δ a un type spectral gK0, une magnitude de 4,17 et une distance de 217 a.l.

M44 apparaît, à l'oeil nu, comme une petite tache diffuse. Aux jumelles, c'est un magnifique amas ouvert. Son nom est Praesepe ou «la Ruche». Parfois on l'appelle «la mangeoire» (des ânes). Cet amas distant de 515 a.l. occupe 1,5° du ciel. Il contient environ 100 étoiles dont certaines ont quelque 400 millions d'années.

M67 est un amas ouvert d'environ 80 étoiles, situé à 2 700 a.l. Il s'est formé il y a peut-être 4 000 millions d'années; à observer au télescope.

CAMELOPARDALIS

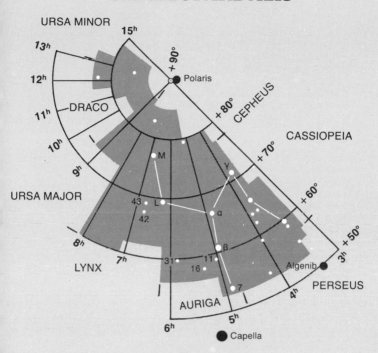

CANCER

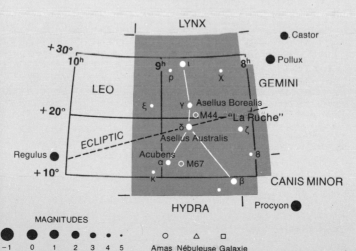

MAGNITUDES

−1 0 1 2 3 4 5   Amas Nébuleuse Galaxie

CANES VENATICI

Canum Venaticorum   CVn   *Les Chiens de Chasse*

Cette constellation fut introduite par l'astronome polonais Johannes Hevelius, au 17ᵉ siècle. Il s'agit des chiens Asterion («étoile») et Chara («aimé»), lévriers tenus en laisse par le Bouvier, à la poursuite de l'Ourse.

α est **Cor Caroli** «le coeur de Charles» ainsi baptisée par Halley en l'honneur de Charles II d'Angleterre. C'est une étoile double : la composante primaire est de type B9,5, a une magnitude de 2,90 et est située à 118 a.l. À 20″ se trouve la composante de 6ᵉ magnitude.

β est **Chara** parfois appelée «Asterion» ; la magnitude de l'étoile est 4,32, le type spectral dG0 et sa distance 30 a.l.

M3 est un amas de 7ᵉ magnitude, situé à 35 000 a.l.

M51 est la fameuse **galaxie tourbillon**. Dans un petit télescope, elle apparaît comme une petite tache de lumière. De magnitude 8 et de type Sc, elle est à 14 millions d'a.l.

M63 est une galaxie Sb de 9ᵉ magnitude, située à 14 millions d'a.l.

M94 est une galaxie Sb de 9ᵉ magnitude, située à 14 millions d'a.l.

CANIS MAJOR

Canis Majoris   CMa   *Le Grand Chien*

Le Grand Chien et le Petit Chien, à l'Est d'Orion, accompagnent ce dernier à la chasse. Sirius, l'étoile-chien, est l'étoile la plus brillante du ciel. Elle était observée minutieusement par les Égyptiens parce que la crue du Nil avait lieu vers la date où Sirius se levait à l'aube. Les «jours du chien» correspondent à une période de grande chaleur en été lorsque Sirius, haute dans le ciel diurne, est censée ajouter sa chaleur à celle du Soleil.

α, **Sirius, l'étoile-chien,** appelée Sothis par les Égyptiens, est l'objet le plus brillant du ciel après le Soleil, la Lune, Vénus et Jupiter. Sa magnitude est de −1,45, son type spectral A1 V. À la distance de 9 a.l., c'est la cinquième étoile le plus près de la Terre. Son compagnon, de 9ᵉ magnitude, «le chiot», séparé par 10,3″, est une naine blanche orbitant autour de Sirius chaque 49,9 ans.

β est **Mirzam**, «l'annonciateur» du lever de Sirius. De type spectral B1 II et distante de 652 a.l., c'est un prototype des étoiles variables β du Canis Majoris.

γ, **Muliphen** est une étoile de magnitude 4,07, de type spectral B8, située à 325 a.l.

δ est **Wezen**, «poids». C'est une étoile F8 Ia de très grande luminosité ; sa magnitude est 1,84, sa distance 1 956 a.l.

ε est **Adhara**, «les vierges» ; son type spectral est B2 II, sa magnitude 1,50, sa distance 652 a.l. A 8″ se trouve un compagnon de 8ᵉ magnitude.

ζ, **Furud**, «l'unique brillante», a une magnitude de 3,04, un type spectral B2,5 V et une distance de 390 a.l.

M41 est un amas ouvert de 6ᵉ magnitude, visible à l'oeil nu et situé à 2 100 a.l.

CANES VENATICI

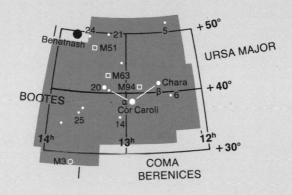

Benetnash 24 21 5 +50°

URSA MAJOR

M51

M63
M94 Chara
20 β 6 +40°
α
Còr Caroli

BOOTES

25 14

14ʰ 13ʰ 12ʰ +30°

M3 COMA
BERENICES

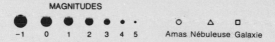
CANIS MAJOR

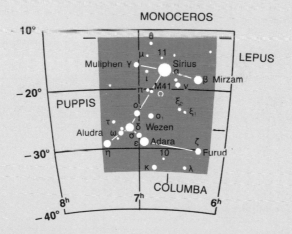

MONOCEROS

10°
θ
μ 11
Muliphen γ Sirius LEPUS
α
ι ν β Mirzam
-20° π M41
PUPPIS ξ₂
ο ο₁ ξ₁
τ
Aludra ω δ Wezen
σ
ε Adara ζ
-30° η 10 Furud
κ λ

COLUMBA

8ʰ 7ʰ 6ʰ

-40°

CANIS MINOR

Canis Minoris   CMi   *Le Petit Chien*

Le Petit Chien, placé dans le ciel à cause de sa fidélité, est en train de boire dans la Voie lactée qui fut, à un moment donné, considérée comme une rivière. En Égypte, c'était Anubis, le dieu chacal. Les Grecs appelaient la constellation, Procyon.

α est **Procyon**, « qui se lève avant le chien », — avant Sirius, étoile très importante pour les Égyptiens. À une distance de 11 a.l., Procyon est la 14ᵉ étoile le plus près de nous. C'est une étoile double. La composante primaire est une F5 IV, de magnitude 0,35, ayant une masse égale à 1,76 fois celle du Soleil. L'autre composante de 11ᵉ magnitude est une naine blanche située à 4″ de la première ; sa masse vaut 65% de celle du Soleil et la période de révolution du système est de 40,6 années.

β est **Gomeisa,** le vieux nom arabe de la constellation. Son type spectral est B7 V, sa magnitude 2,91 et sa distance 210 a.l.

CAPRICORNUS

Capricorni   Cap   *Le Capricorne*

Ce groupe d'étoiles, formant la 11ᵉ constellation du zodiaque, était connu des Babyloniens. Il se trouve dans la « mer » du ciel, là où on rencontre plusieurs constellations qui se rapportent à l'eau. Une légende grecque raconte que le dieu Pan sauta dans le Nil pour échapper au géant Typhon. Au milieu du fleuve, sa tête encore en dehors de l'eau se changea en tête de chèvre tandis que le bas de son corps se changea en poisson. Ainsi fut créé le poisson-chèvre. Dans une autre légende, le Capricorne est la barrière que doivent franchir les âmes, après la mort, pour parvenir au ciel. Au temps d'Hipparque, le solstice d'hiver avait lieu dans cette constellation ; c'est pourquoi Hipparque donna le nom de tropique du Capricorne au parallèle de latitude situé au-dessous de la position la plus au Sud du Soleil. Il est difficile de reconnaître un poisson-chèvre dans cette constellation : certains y verront plutôt une culotte de bikini.

α est **Giedi,** « la chèvre ». C'est une paire optique. α₁ est une étoile cG5 située à 1 100 a.l. et de magnitude 4,55. α₂ est une gG8 de magnitude 3,77 et située à 116 a.l.

β est **Dabih,** « abatteurs », pour faire allusion aux sacrifices que faisaient les Arabes lors du lever héliaque du Capricorne. C'est une étoile double, la composante primaire étant une gK0 de magnitude 3,06 et la composante secondaire, une étoile de type B avec une magnitude de 6. La séparation angulaire est de 205″ et la distance de 130 a.l.

γ est **Nashira,** « qui apporte de bonnes nouvelles ». C'est une étoile de type dF2, située à 109 a.l. et de magnitude 3,80.

δ, **Deneb Algedi,** « la queue de la chèvre », est légèrement variable ; son type spectral est A6, sa magnitude 3 et sa distance 50 a.l.

M30 est un amas globulaire de 8ᵉ magnitude : à observer dans un télescope.

CANIS MINOR

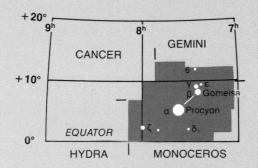

CAPRICORNUS

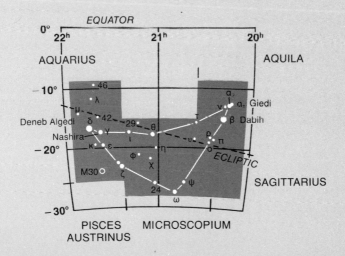

CARINA

Carinae   Car   *La Carène*

Le Navire fut construit par Argos, pour Jason et ses Argonautes. Plus tard, la déesse Athéna mit le bateau dans le ciel. Le Navire est maintenant divisé en Carène (Carina), Voiles (Vela), Poupe (Puppis) et Compas (Pixis). Les lettres grecques assignées aux étoiles datent d'avant la division. Les observateurs de l'hémisphère sud peuvent repérer facilement la Carène grâce à Canopus, la deuxième étoile la plus brillante du ciel. Aux latitudes boréales moyennes, cette constellation n'est pas visible.

α, Canopus fut nommée en l'honneur du principal pilote de Ménélas, à son retour de Troyes. On l'utilise souvent pour le guidage des sondes spatiales, à cause de son éclat et de sa position en dehors du plan de l'orbite terrestre. De magnitude −0,73, c'est une étoile de type FO Ib, située à 196 a.l.

β, Miaplacidus est une étoile A0 III, de magnitude 1,68, située à 85 a.l.

ι est Tureis, nom qui se rapporte à la décoration de la poupe du navire. Son type spectral est FO Ib, sa magnitude 2,24 et sa distance 650 a.l.

CASSIOPEIA

Cassiopei   Cas   *Cassiopée*

Cette constellation, très facile à repérer à cause de sa forme en W ou en M, peut être identifiée sur des sceaux de la Vallée de l'Euphrate, vieux de 4 000 ans. Dans la mythologie grecque, Cassiopée était la reine d'Éthiopie. Elle passe la moitié du temps attachée à sa chaise, la « tête en bas » : une punition pour la vantardise qui causa des difficultés à Andromède (voir p. 112). Cassiopée demeure une constellation circumpolaire jusqu'à une latitude de 50°N. La région est riche en objets célestes observables aux jumelles ou au télescope.

α, Schedar, « la poitrine », est une étoile K0 II, de magnitude 2,22 et située à 147 a.l.

β est Caph, « la main » : les anciens arabes trouvaient que cette constellation ressemblait à une main. C'est une étoile F2 IV, à 45 a.l., et dont la magnitude varie autour de 2,26.

γ, Cih, est une étoile B0 IV, située à 96 a.l., avec une magnitude variant autour de 2,5. Elle possède un compagnon de 11e magnitude, séparé par 2″.

δ est Ruchbah de type spectral A5 V, de magnitude 2,67 et située à 43 a.l. Elle peut être une binaire à éclipses.

ε est une étoile B3 IV, de magnitude 3,37 et située à 520 a.l.

η est une étoile double avec des composantes de types G0 V et K5, séparées par 12″, de magnitude 3,44 et 7,18 et la masse 94% et 58% de celle du Soleil. Le système a une période de 480 ans et se trouve à 19 a.l.

ι est une belle étoile triple : les composantes ont des magnitudes de 4, 7, 8. Un petit télescope permet d'en distinguer deux et possiblement trois.

M52 et M103 sont des amas ouverts de 7e magnitude, très jolis à voir dans un petit télescope.

CARINA

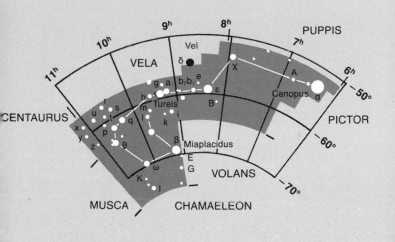

MAGNITUDES

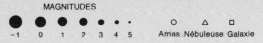

-1 0 1 2 3 4 5   Amas Nébuleuse Galaxie

CASSIOPEIA

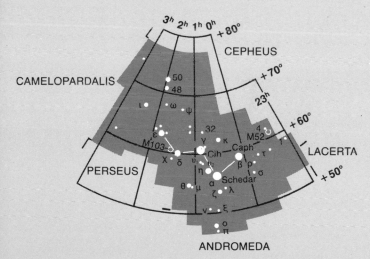

CENTAURUS

Centauri   Cen   *Le Centaure*

Ce centaure de bonne conduite est de la race des centaures engendrés par Ixion, lesquels étaient plutôt méchants. Il s'agit peut-être de Chiron, le centaure musicien, bien que certains prétendent que Chiron est le Sagittaire, l'autre centaure du ciel. La région qui s'étend du Centaure au Scorpion renferme de splendides objets célestes à observer aux jumelles. Aux latitudes boréales, le Centaure ne s'élève jamais complètement au-dessus de l'horizon.

α est **Rigel Kentaurus**, le «pied du centaure», et parfois appelée Toliman, la «pousse de vigne». Cette étoile triple est la plus près du Soleil. α Cen A, la composante primaire, est une G2 V, de magnitude −0,01, et dont la masse égale 1,08 fois celle du Soleil. Elle tourne autour de la secondaire, α Cen B, en 8,01 années. α Cen B est une étoile K4, de magnitude 1,38, et dont la masse vaut 88% de celle du Soleil. Autour des composantes A et B, séparées par 22″, orbite une étoile de magnitude 11,05 et de type spectral M5. Cette troisième étoile, située à 2,1 degrés des deux premières, se trouve maintenant plus près de nous que la paire A-B, c'est pourquoi on l'appelle Proxima.

β est **Agena**, le «genou» du centaure. Étant une double serrée (séparation 1″), elle apparaît comme une étoile de magnitude −0,23 et de type spectral B1 II. Sa distance est 490 a.l. Comme α Cen, elle est spectaculaire à voir.

ω qu'on croyait une étoile simple est en fait un amas globulaire situé à 17 000 a.l. À l'oeil nu, il ressemble à une étoile légèrement floue de 4e magnitude.

CEPHEUS

Cephei   Cep   *Céphée*

Céphée était le père d'Andromède et le mari de Cassiopée, souverains d'Éthiopie (p. 112). Bien que certaines personnes reconnaissent un homme dans Persée, la plupart y voient une maison qui penche d'un côté.

α est **Alderamin**, «le bras droit». Cette étoile A7 IV, de magnitude 2,44, est à 52 a.l. Dans près de 5 000 ans, le pôle nord céleste sera situé près de cette étoile.

β, **Alfirk**, «le troupeau», est une étoile de type B2 III, située à 980 a.l.; sa magnitude oscille légèrement autour de 3,15.

γ est **Errai**, «le berger». À 51 a.l., cette étoile de type K1 IV brille avec une magnitude de 3,20.

δ n'a pas de nom usuel mais c'est une étoile très connue en tant que prototype des variables Céphéides. Il y a une corrélation entre la magnitude absolue de ces étoiles et la période de variation de leur luminosité : cette propriété en fait des indicateurs de distance de très grande valeur (voir pp. 56-57). δ Cep est située à 1 300 a.l. et, comme toutes les Céphéides, son type spectral change en même temps que sa magnitude. δ passe du type F5 à G2 et de la magnitude 3,51 à 4,42 au cours d'une période de 5,37 jours. Les variables Céphéides sont des étoiles supergéantes : δ a un diamètre 30 fois plus gros que celui du Soleil.

CENTAURUS

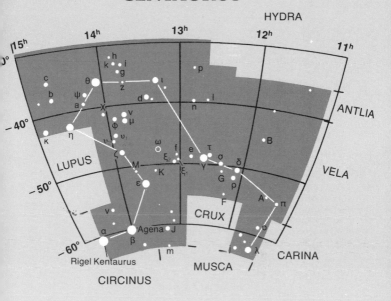

CEPHEUS

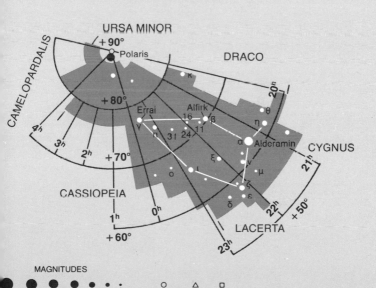

CETUS

Ceti   Cet   *La Baleine*

Il s'agit du monstre marin de la légende d'Andromède (p. 112). Les artistes modernes représentent cette constellation par une baleine, mais celle-ci est une créature trop douce pour le mythe. La constellation a une très grande superficie et on peut l'identifier au serpent Tiamat de la mythologie babylonienne. Son étoile la plus brillante est de seconde magnitude et elle contient la fameuse étoile variable Mira.

α est **Menkar**, le « nez » du monstre. Cette étoile de magnitude 2,54 a un type spectral M2 III et est située à 130 a.l.

β, **Deneb Kaitos** est la « queue de la baleine ». C'est une étoile de type K1 III, située à 59 a.l. et de magnitude 2,04.

γ est **Kaffaljidhma**, la « tête de la baleine ». Elle est double (séparation 3") et apparaît comme une étoile de magnitude 3,48, de type spectral A2 V et se trouve à 68 a.l.

ο est **Mira**, la « merveilleuse ». Ce nom a la même racine que le mot « miracle ». Cette variable à longue période (VLP) située à 130 a.l., passe de la magnitude 2,0 à la magnitude 10,1, et vice versa, durant un cycle de 332 jours. Pendant ce cycle, son type spectral varie de M5 à M9. Les étoiles de ce genre sont très grosses.

ι est la 18e étoile la plus près de nous : elle se trouve à 11,9 a.l. du Soleil. C'est une étoile de type dG8 et de magnitude 3,50.

CHAMAELEON

Chamaeleontis   Cha   *Le Caméléon*

Le Caméléon est une constellation de faible éclat située au Sud de la Carène, près de la Mouche, l'Oiseau de Paradis et le Poisson volant. Elle fut repérée par les navigateurs du 16e siècle et elle apparut pour la première fois dans l'atlas de Bayer, en 1603. On représente parfois le Caméléon en train de manger la Mouche (Musca).

α située à 67 a.l., a un type spectral F5 et une magnitude de 4,08.

β située à 250 a.l., a un type spectral B5 et une magnitude de 4,38.

γ située à 820 a.l., a un type spectral M0 et une magnitude de 4,10.

δ située à 408 a.l., a un type spectral B5 et une magnitude de 4,62.

ζ a une magnitude de 5 environ, un type spectral B3 et sa distance est encore indéterminée.

CETUS

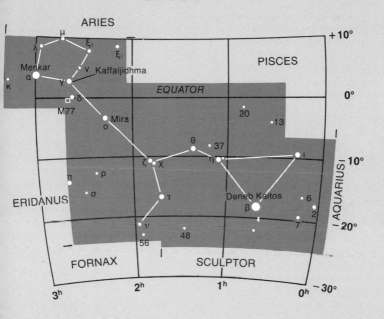

CHAMAELEON

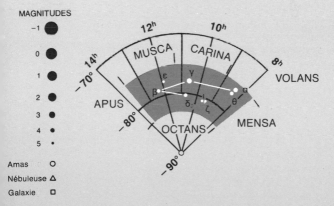

MAGNITUDES
-1
0
1
2
3
4
5

Amas ○
Nébuleuse △
Galaxie □

CIRCINUS

Circini   Cir   *Le Compas*

Cette constellation représente un compas et est située en avant du Centaure. Son pivot est l'étoile α et ses deux pointes sont β et γ. C'est Lacaille qui représenta cette constellation le premier ; cet outil, ainsi que la Règle (Norma) et le Burin (Caelum), servaient au Sculpteur (Sculptor). Elle ne possède aucune étoile brillante.

α située a 66 a.l., est une étoile double (séparation 16″), de type A8 et de magnitude 3,18. Le spectre contient plusieurs raies de Strontium.

β est une étoile de type spectral A3, de magnitude 4,16 et dont la distance est inconnue.

γ a un spectre composite : B5 et F8. Elle est à 272 a.l. et a une magnitude de 4,54.

COLUMBA

Columbae   Col   *La Colombe*

Bayer créa cette constellation pour commémorer la colombe que Noé envoya de son arche pour trouver la terre sèche. À une époque plus ancienne, il y avait une constellation nommée Colombe, mais située dans une autre partie du ciel. On ignore sa position exacte. La Colombe se trouve au Sud du Grand Chien et du Lièvre. Certains cartographes du ciel pensaient que *Argo Navis* était l'*Arche* et ils représentaient la Colombe, perchée sur la Poupe (Puppis).

α est appelée **Phakt**, mot dont on ignore la signification. C'est probablement un mot moderne. Cette étoile est à 140 a.l. de nous, son type spectral est B8 V et sa magnitude 2,64.

β est **Wezn,** mot qui, comme Wezen (δ Canis Majoris), signifie « poids ». Elle se trouve également à la poupe du navire et c'était peut-être le poids d'une ligne à sonder la profondeur de l'eau. Le type spectral est K2 III, la magnitude 3,12 et la distance 140 a.l.

134

CIRCINUS

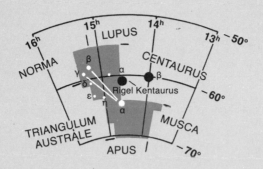

MAGNITUDES

-1 0 1 2 3 4 5   ○ △ □
                      Amas Nébuleuse Galaxie

COLUMBA

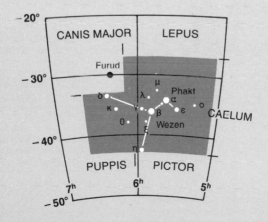

COMA BERENICES

Comae Berenices   Com   *La Chevelure de Bérénice*

Cette constellation est constituée d'un amas ouvert. La légende raconte que Bérénice, la fille du roi de Cyrène, maria Ptolémée Évergète, un pharaon de l'Égypte du 3e siècle av. J.-C. Sa magnifique chevelure avait une grande renommée. Un jour, elle la coupa et l'offrit aux dieux en remerciement pour la victoire accordée à son mari lors d'une bataille. La chevelure fut placée dans un lieu sacré, mais la nuit suivante elle disparue. L'astronome royal Conon sauva la tête des prêtres, en prétendant que les dieux l'avaient emmenée dans le ciel. À la même époque, l'astronome grec Ératosthène appela ce groupe d'étoiles « la chevelure d'Ariane ». C'est au temps de Tycho Brahé qu'elle devint une constellation officielle. Le pôle nord galactique se trouve dans cette constellation ; comme il y a peu de poussière interstellaire dans cette direction, nous pouvons voir les autres galaxies extérieures, très loin dans l'espace.

α est parfois appelée « diamème », en l'honneur d'un bijou que portait Bérénice à sa chevelure ; c'est une étoile de type dF4, de magnitude 4,32 et située à 57 a.l.

β est située à 27 a.l., son type spectral est dG0 et sa magnitude 4,32.

γ se trouve à 300 a.l., possède un type spectral K3 et une magnitude de 5.

M53 est un amas globulaire de 8e magnitude.

M64 est la **nébuleuse « Oeil noir »**, une galaxie spirale de 9e magnitude, située à 12 millions d'a.l.

L'amas Coma est un groupe de plus de 1 000 galaxies situées à une distance moyenne de 368 milions d'a.l. Plusieurs ont une magnitude de 9 ou 10 :

M83 de type S0.

M88 de type Sb.

M98 de type Sb.

M99 de type Sc.

M100 de type Sc.

CORONA AUSTRALIS

Coronae Australis   CrA   *La Couronne Australe*

Cette constellation est formée d'étoiles de faible éclat, situées sous le Sagittaire. Dans plusieurs légendes, ces étoiles représentent une couronne royale ; mais, pour Ptolémée, il s'agissait d'une couronne plus modeste, probablement la couronne de laurier que portaient les champions des Olympiques grecques. Elle est assez bien connue parce que sa forme est facile à reconnaître. Aucune de ses étoiles ne porte un nom usuel.

α est une étoile de type A2, de magnitude 4,12 et située à 102 a.l.

β est une étoile de type G5, de magnitude 4,16 et située à 365 a.l.

γ est une étoile double (séparation 2,4″) ; sa magnitude intégrée est 4,26, son type spectral F7 et située à 58 a..l.

δ est une étoile de type K1, de magnitude 4,66 et située à 220 a.l.

η est une paire optique formée d'une étoile A2 et d'une étoile B9. Leur magnitude intégrée est 6.

COMA BERENICES

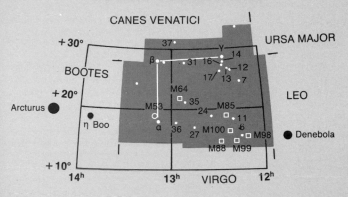

CANES VENATICI

URSA MAJOR

+30°

BOOTES

LEO

+20°

Arcturus

η Boo

Denebola

+10°

14ʰ   13ʰ   12ʰ

VIRGO

CANES VENATICI
37
β
γ   14
31 16
17 13   12
7
M64
35
M53   24   M85
α   36   11
27 M100   δ   M98
M88 M99

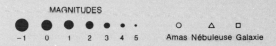

MAGNITUDES

-1   0   1   2   3   4   5   Amas Nébuleuse Galaxie

CORONA AUSTRALIS

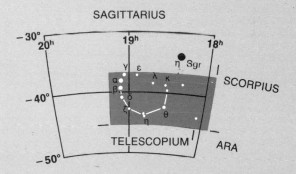

SAGITTARIUS

-30°
20ʰ   19ʰ   18ʰ

η Sgr

γ   ε   SCORPIUS
α   λ κ
β
δ
-40°   ζ   θ
η

TELESCOPIUM

ARA

-50°

CORONA BOREALIS

Coronae Borealis CrB *La Couronne Boréale*

Il s'agit de la couronne d'Ariane, fille du roi Minos de Crète, lequel construisit le labyrinthe gardé par le dangereux Minotaure. Lorsque le héros grec Thésée fut emprisonné dans le labyrinthe, Ariane lui donna une épée et une bobine de fil. Thésée explora le labyrinthe tout en laissant se dérouler le fil derrière lui. Après avoir trouvé et tué le Minotaure, il suivit le fil pour retrouver son chemin. Il s'enfuit à Naxos avec Ariane qu'il abandonna plus tard. Des déesses, compatissant à la souffrance d'Ariane, placèrent sa couronne dans le ciel. Pour les Arabes, ce demi-cercle d'étoiles représentait une assiette ou un bol ; pour les Indiens d'Amérique, il s'agissait d'un cercle de danseuses.

α est **Gemma**, « la pierre précieuse » dans la couronne. **Alphecca**, un nom plus ancien, signifie « la brillante de l'assiette ». Ce système binaire à éclipses a une magnitude moyenne de 2,23 et une période de 17,36 jours. Les composantes ont des types spectraux A0 V et G6, des rayons de 2,9 et 0,87 fois celui du Soleil et sont situées à 75 a.l.

β parfois appelée **Nusakan**, est une géante de type A8 et située à 102 a.l. ; sa magnitude est de 3,72.

γ est une étoile de type A0, de magnitude 3,93 et située à 142 a.l.

CORVUS

Corvi Crv *Le Corbeau*

Une légende grecque dit que le dieu Apollon envoya un corbeau chercher de l'eau dans la coupe du dieu. Le corbeau s'attarda et mentit à Apollon qui le questionnait sur la raison de son retard. Apollon se fâcha et mit le corbeau dans le ciel, près de la Coupe (Crater) à laquelle il lui est désormais défendu de boire. Une autre légende raconte que le corbeau fut placé dans le ciel parce qu'il rapportait des commérages et, depuis lors, sa couleur est noire. Les marins appellent parfois les quatre principales étoiles du Corbeau « les voiles » parce qu'elles font penser à une voile munie de ses attaches.

α est **Alchiba**, « la tente », une étoile de la série principale, de type spectral F2, de magnitude 4,18 et située à 63 a.l.

β est une étoile G5 III, de magnitude 2,66 et située à 108 a.l.

γ est **Gienah**, « l'aile droite du corbeau » ; son type spectral est B8 III, sa magnitude 2,59 et sa distance 450 a.l.

δ est **Algorab**, une étoile de type B9,5 V, de magnnitude 2,97 et située à 124 a.l.

CRATER

Crateris Crt *La Coupe*

Crater a été considérée comme une coupe ou un gobelet dans le folklore de plusieurs pays. Elle appartient à la même légende grecque que le Corbeau (voir ci-dessus).

α est **Alkes**, ou « le bassin peu profond » ; son type spectral est K1, sa magnitude 4,2 et sa distance 163 a.l.

β est une étoile A2, de magnitude 5 et située à 68 a.l.

CORONA BOREALIS

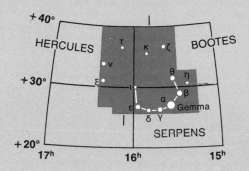

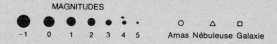
CORVUS CRATER

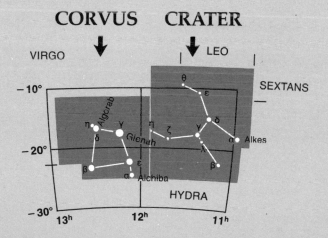

CRUX

Crucis   Cru   *La Croix du Sud*

Cette constellation est une des plus belles à cause de sa forme précise et de l'éclat de ses quatre principales étoiles. Les explorateurs européens du 16e siècle, qui firent voile au Sud de l'équateur, trouvèrent ces étoiles très précieuses pour la navigation (à l'époque ces étoiles faisaient partie du Centaure). La partie « verticale » de la croix pointe vers le pôle sud céleste. On peut apercevoir la Croix du Sud jusqu'à une latitude de 25°N. Au bas de la Croix et vers l'Est, on remarque le *Sac de Charbon,* une région du ciel où il y a une concentration de poussière interstellaire.

α est **Acrux** (alpha Crux). C'est une étoile double (séparation 5″) située près de la cheville du Centaure ; les composantes ont un type spectral B2 IV et se trouvent à 260 a.l. ; les magnitudes sont 1,39 et 1,86.

β est une étoile variable dont la magnitude oscille autour de 1,26 ; son type spectral est B0 III et sa distance 490 a.l.

γ parfois appelée **Gacrux,** est à 230 a.l. ; c'est une géante de type M3 II et de magnitude 1,64.

δ est une étoile de type B2 IV, située à 570 a.l., et dont la magnitude varie autour de 2,81.

ε est une étoile de 4e magnitude, de type spectral K2 et située à 172 a.l.

CYGNUS

Cygni   Cyg   *Le Cygne*

Dans la mythologie romaine, c'est le Cygne (en réalité Jupiter déguisé) qui courtisa Leda. Leurs enfants furent Castor et Pollux, Clytemnestre et Hélène de Troyes. Pour les Arabes, ces étoiles représentaient un aigle. C'est une région du ciel magnifique à explorer aux jumelles. L'étoile 61 Cygni fut la première dont on détermina la distance.

α, **Deneb,** « la queue », est le sommet de la Croix du Nord. Étoile de magnitude 1,25, de type A2 la, elle est située à 1 600 a.l. Notre système solaire se dirige dans la direction de Deneb à la vitesse de 250 km/s.

β est **Albireo,** une magnifique étoile double que l'on peut distinguer avec des jumelles. Les composantes sont à 35″ l'une de l'autre et de couleurs bleu et or ; leur magnitude intégrée est 3.07 et leur distance 410 a.l. L'étoile bleue est de type B et l'autre, jaune doré, de type K3 II.

γ est Sadr, « la poitrine de poule » ; c'est une étoile de type F8 Ib, de magnitude 2,23 et située à 815 a.l.

σ est une étoile B9,5 III, de magnitude 2,87 et située à 270 a.l.

ε est **Gienah,** ou « l'aile » ; c'est une étoile de type K0 III, de magnitude 2,46 et située à 74 a.l.

M29 est un amas ouvert de 8e magnitude : à observer dans un petit télescope.

M39 est un amas ouvert de 6e magnitude, observable aux jumelles.

CRUX

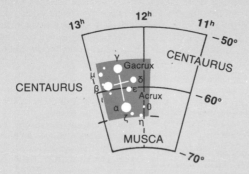

CYGNUS

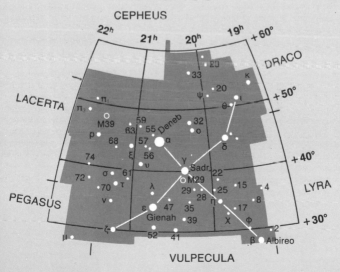

DELPHINUS

Delphini   Del   *Le Dauphin*

Plusieurs mythologies ont vu un dauphin dans cette jolie petite constellation : il ne s'agit pas du poisson-dauphin (Dorade) mais de l'intelligent mammifère de la famille des marsouins. Dans la légende grecque, le Dauphin sauva la vie du ménestrel Arion quand il sauta d'un bateau pour échapper aux bandits qui le menaçaient. Le Dauphin amena Arion au rivage et, lorsque le bateau accosta, l'équipage fut arrêté et exécuté. Certaines personnes reconnaisent un cerf-volant dans les étoiles du Dauphin : faites votre choix.

α est **Sualocin** qui, avec β Rotanev, fut baptisée par des astronomes de l'observatoire de Palerme, en 1814. Ils changèrent l'ordre des lettres dans le nom de Nicolaus Venator (une forme latine pour Niccolo Cacciatore), assistant du directeur de l'observatoire. Ainsi α devient Sualocin et β Rotanev. α est une étoile de type B8, de magnitude 3,86 et située à 270 a.l.

β, **Rotanev**, est de type dF3, de magnitude 3,72 et se trouve à 96 a.l.

γ, une sous-géante de type K1 située à 112 a.l., apparaît double dans un télescope (séparation 10,4″) et possède une magnitude intégrée de 4.

δ est une étoile de type A5, de magnitude 4,53 et située à 250 a.l.

DORADO

Doradus   Dor   *La Dorade*

Dorado est le mot espagnol pour le « poisson-dauphin » (pas le marsouin). Ce groupe d'étoiles fut représenté par Bayer, en 1603, d'après des comptes rendus de navigateurs ayant voyagé dans l'hémisphère sud. Certains observateurs ont incorrectement appelé la Dorade, l'espadon. C'est dans cette constellation que se trouve le Grand Nuage de Magellan (LMC), une galaxie satellite de la nôtre. C'est aussi dans la Dorade que se trouve le pôle sud écliptique : Ascension droite 6 h, Déc. -66°, près de l'étoile ξ.

α est une étoile de type A0 III, de magnitude 3,28, située à 260 a.l. Son spectre possède des raies peu communes de Silicium.

β est une variable Céphéide dont la magnitude varie de 4,5 à 5,5 ; elle est située à 910 a.l.

γ est une étoile de type F5, de magnitude 4,36 et située à 47 a.l.

δ est une étoile de type A5, de magnitude 4,52 et située à 148 a.l.

LMC est le **Grand Nuage de Magellan** situé à 160 000 a.l. C'est une galaxie irrégulière, satellite de la Voie Lactée. On y trouve plusieurs amas et nébuleuses qu'il vaut la peine d'observer aux jumelles et au télescope. Un objet intéressant est **NGC 2070**, une nébuleuse diffuse, située à mi-chemin entre les étoiles ν et θ : connue sous le nom de la **Grande Nébuleuse Circulaire**, on lui a donné également les noms de « Tarentule » et de « Noeud des vrais amants ».

DELPHINUS

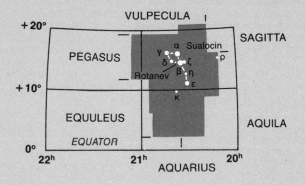

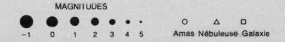

DORADO

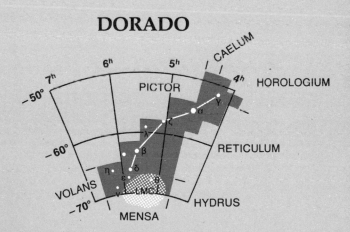

DRACO

Draconis   Dra   *Le Dragon*

Pendant plus de 5 000 ans, les différentes mythologies ont utilisé les dragons comme gardiens de différentes choses. Certains disent que le Dragon était celui qui veillait sur la toison d'or et qui fut endormi par la potion donnée à Jason par Médée. D'autres affirment que, pendant la guerre entre les dieux et les Titans, la déesse Minerve affronta un dragon qu'elle projeta dans le ciel et il s'enroula autour du pôle nord céleste. Vous aurez peut-être de la difficulté à repérer cette constellation parce qu'elle serpente à travers d'autres constellations. Sa queue est située entre la Grande Ourse et la Petite Ourse, sa tête est près de la Lyre et de Hercule. C'est dans le Dragon que se trouve le radiant de la pluie de météorites appelée Draconides.

α est **Thuban**, nom arabe de la constellation. Elle est à 220 a.l., de type A0 et de magnitude 3,64. Vers l'an 2 750 av. J.-C., Thuban était l'étoile polaire et à cause de cela les Égyptiens l'adoraient. La précession des équinoxes a fait changer sa position.

β est **Rastaban**, « la tête du dragon » ; c'est une supergéante de type G2 II, de magnitude 2,77 et située à 310 a.l.

γ ,**Eltanin**, aussi « la tête du dragon », est l'étoile la plus brillante de la constellation avec une magnitude de 2,22, un type spectral K5 III et une distance de 117 a.l.

δ est **Nodus II**, « le second noeud » ou « la seconde boucle » dans le corps du Dragon. Son type spectral est G9 III, sa magnitude 3,06 et sa distance 124 a.l.

ζ est **Nodus I**, « le premier noeud ». C'est une étoile de type gK3, de magnitude 3,22 et située à 148 a.l.

λ est **Giansar**, qui signifie probablement « qui est au centre ». C'est une étoile de type M0 III, de magnitude 3,84 et située à 188 a.l. Elle est à mi-chemin entre Polaris et les Gardes.

μ est **Arrakis**, « le danseur » (nom d'origine inconnue). C'est une étoile de type dF6, de magnitude 5,06 et située à 70 a.l.

EQUULEUS

Equulei   Equ   *Le Petit Cheval*

Equuleus est situé près de Pégase, le grand cheval ailé. Peu de récits mythologiques le mentionnent bien que des écrivains anciens le connaissaient, en particulier Hipparque. Il fut probablement « contraint » de combler l'espace entre Pégase et le Dauphin.

α est parfois appelée **Kitalpha**, « partie du cheval » (la partie n'est pas spécifiée). C'est une étoile binaire spectroscopique dont le spectre montre des raies appartenant aux types dF6 et A3. À 150 a.l. de nous, sa magnitude est de 4,14.

β est une étoile de type A2, de magnitude 5,14 et située à 170 a.l.

γ est une étoile double serrée (séparation 2″) qui apparaît comme une étoile de type F1, de magnitude 4,76 ; elle se trouve à 180 a.l.

δ est une double très serrée qui apparaît comme une étoile naine de type F3, de magnitude 4,61 et située à 52 a.l.

ε est une étoile de la série principale, de magnitude 5,29, de type spectral F4 et située à 170 a.l.

DRACO

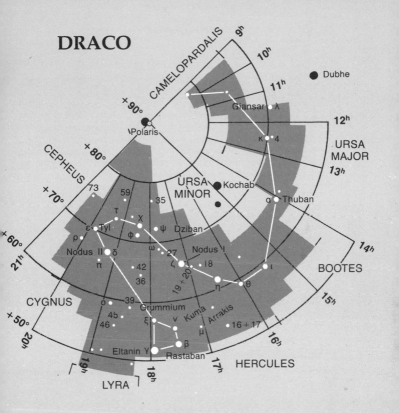

EQUULEUS

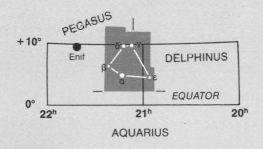

MAGNITUDES

−1	0	1	2	3	4	5		○	△	□

Amas Nébuleuse Galaxie

ERIDANUS

Eridani   Eri   *L'Éridan*

Presque toutes les cultures ont vu une rivière dans ce chapelet
d'étoiles de faible éclat. On l'a identifié au Nil, à l'Euphrate, au Pô ; on
l'a aussi appelé « la rivière de l'océan » qui, d'après Homère, encerclait
la Terre plate. La constellation classique débutait à l'étoile β, près
d'Orion ; elle incluait des étoiles qui appartiennent maintenant à
Fornax et se terminait à l'étoile Acamar, mot arabe signifiant « fin de la
rivière ». Plus tard, on allongea la constellation jusqu'à l'étoile
Achernar (une autre forme pour Acamar) qui n'est pas visible aux
latitudes boréales moyennes. Les étoiles 53 et 54 ont déjà constitué
une constellation appelée le « Sceptre des Brandenburg. »

α, Achernar, « la fin de la rivière », est
une des étoiles brillantes de
l'hémisphère sud. Sa magnitude est
0,48, son type spectral B5 IV et sa
distance 127 a.l.

β est **Cursa,** « le marche-pied d'O-
rion ». Son type spectral est A3 III, sa
magnitude 2,79 et sa distance 78 a.l.

γ est **Zurak,** « l'étoile brillante du bateau sur la rivière ». C'est une étoile
de type M0 III, de magnitude 2,96 et
située à 160 a.l.

δ, Rana, est une étoile de type dK0, de
magnitude 3,72 et située à 29 a.l.

ε est la 9e étoile la plus près de la
Terre ; elle se trouve à 10,7 a.l., son
type spectral est dK2 et sa magnitude
3,73.

32 est une belle étoile double à observer au télescope. Les composantes, de 5e et 6e magnitudes, ont respectivement une couleur topaze et
bleue.

O² est un intéressant système triple
dont les composantes sont de types
K1, wdA et M4, de magnitudes 4,43,
9,53 et 11,17. À une distance de
15.9 a.l., ces étoiles sont au 42e rang
parmi les plus près de la Terre. Aux
jumelles, **O²** est aperçue comme une
étoile double (séparation 82″).

FORNAX

Fornacis   For   *Le Fourneau*

À l'origine, le nom de cette constellation était Fornax Chemica, le
Fourneau chimique. Elle fut formée par Lacaille, à l'aide d'étoiles de
faible éclat apartenant à l'Éridan. Les objets intéressants de Fornax
sont à la portée des astronomes professionnels.

α est une étoile de type dF5, de magnitude 3,95 et située à 45 a.l.

β est une étoile de type G6, de magnitude 4,50 et située à 148 a.l.

ν est une sous-géante de type A0, de
magnitude 4,74 et située à 470 a.l.

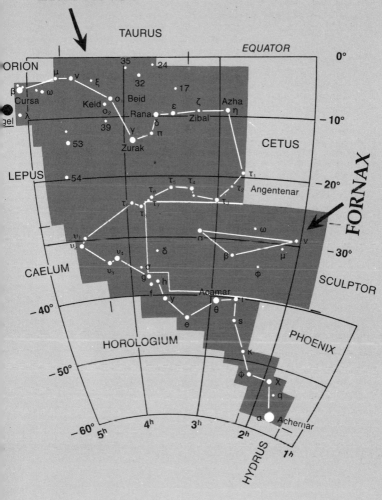

ERIDANUS

TAURUS

EQUATOR   0°

ORION

μ   ν   ξ
β   35   24
Cursa ω   32   17
                  Keid o₁ Beid   ε   ζ   Azha
jel   λ   o₂ Rana   δ   Zibal   η
              39   γ   π   −10°
         53   Zurak   CETUS

LEPUS   54   τ₁   −20°
                        τ₅ τ₄   τ₃   τ₂ Angentenar
                   τ₆ τ₇
              τ₈   −30°
         υ₁ τ₉   α   ω
         υ₂   ν
                   υ₄   δ   ρ   μ
CAELUM   υ₃   σ   φ   SCULPTOR
                   g   h
              f   γ   Acamar
                        θ   ι   PHOENIX
              θ   s   −40°
HOROLOGIUM   κ
                                  φ   χ
                                            q   −50°
                                  α Achernar

           −60°   5ʰ   4ʰ   3ʰ   2ʰ   1ʰ
                                  HYDRUS

FORNAX

MAGNITUDES

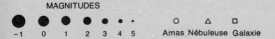

○   △   □
Amas Nébuleuse Galaxie

GEMINI

Geminorum   Gem   *Les Gémeaux*

Plusieurs mythologies anciennes ont vu dans ce groupe d'étoiles une paire de personnes — des jumeaux, une garçon et une fille, Adam et Ève, les divinités hindoues. C'est la seule constellation à posséder une paire d'étoiles rapprochées presque identiques: *Castor* et *Pollux*. Ces deux étoiles représentent les fils de Léda, engendrés par Jupiter déguisé en cygne. Les deux frères, dont la soeur est Hélène de Troyes, accompagnèrent Jason quand il alla chercher la toison d'or. Pour les Romains, c'était Romulus et Rémus. Avec de l'imagination, on peut réussir à voir les deux garçons dont les figures sont collées l'une sur l'autre. Le Soleil traverse cette constellation du zodiaque, du 21 juin au 21 juillet. On y trouve également le radiant des Géminides (voir p. 228).

α,Castor est une étoile double (séparation 2″); un télescope permet de voir les composantes, de magnitude 1,97 et 2,95, de type spectral A1 V et A5. Chacune de celles-ci est elle-même une binaire spectroscopique. Une troisième étoile binaire, de 9e magnitude, située à 73″, complète ce système de 6 étoiles qui se trouve à 46 a.l.

β,Pollux est légèrement plus brillante que Castor: magnitude 1.15. Son type spectral est K0 III et sa distance de 36 a.l.

γ,est Alhena, une «marque» (sur le pied de Pollux). C'est une étoile de type A0 IV, de magnitude 1,93 et située à 101 a.l.

δ Wasat est le «centre» (de la constellation). C'est une étoile double (séparation 7″), de magnitude 3,51, de type spectral dA8 et située à 58 a.l.

ε,Mebsuta est une étoile de type G8 Ib, de magnitude 3,00 et située à 1 080 a.l.

η,Propus marque le pied gauche de Castor. Cette étoile de type M3 III a une magnitude légèrement variable autour de 3,33 et est située à 200 a.l.

M35 est un amas ouvert de 6e magnitude, situé à 2 800 a.l.: à observer aux jumelles.

GRUS

Gruis   Gru   *La Grue*

La Grue apparaît pour la première fois dans l'atlas de Bayer, en 1603. Cette identification semble appropriée parce que, dans l'ancienne Égypte, la grue était le symbole de quelqu'un qui surveille les étoiles. Pour les Arabes, les étoiles de cette constellation faisaient partie du Poisson austral situé juste au-dessus.

α,Al Nair, la «brillante», marque la position du corps de la Grue. C'est une étoile de type B5 V, de magnitude 1,74 et située à 68 a.l.

β est une géante de type spectral M3 II, située à 290 a.l., et dont la magnitude varie légèrement autour de 2,17.

γ, l'oeil de la Grue, se trouve à 540 a.l.; son type spectral est B8 III et sa magnitude 3,00.

δ est une paire optique rouge et jaune. L'étoile jaune est de type G2, de magnitude 4,02 et située à 233 a.l. La composante rouge est de type M4, de magnitude 4,31 et sa distance n'est pas déterminée.

GEMINI

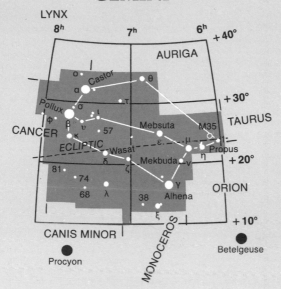

LYNX
8ʰ   7ʰ   6ʰ   +40°

AURIGA

σ   Castor   θ
α   +30°
Pollux   σ   ι   τ
φ   β   υ   57   Mebsuta   M35   TAURUS
CANCER   κ   ε   μ
ECLIPTIC   Wasat   η   Propus
δ   Mekbuda   ν   +20°
81   ζ
74   γ
68   λ   38   Alhena   ORION
ξ
+10°

CANIS MINOR   MONOCEROS

● Procyon   ● Betelgeuse

GRUS

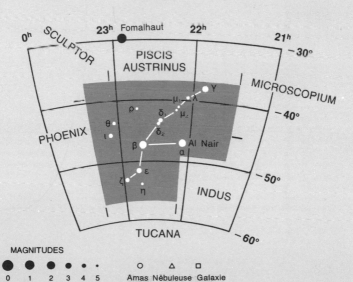

0ʰ   SCULPTOR   23ʰ Fomalhaut   22ʰ   21ʰ
−30°

PISCIS
AUSTRINUS   MICROSCOPIUM

γ
μ₁   λ
ρ   δ₁   −40°
θ   μ₂
PHOENIX   ι   δ₂
β   Al Nair
α

ε   −50°
ζ   INDUS
η

TUCANA   −60°

MAGNITUDES

● ● ● ● ● · ·   ○   △   □
−1 0 1 2 3 4 5   Amas   Nébuleuse   Galaxie

HERCULES

Herculis   Her   *Hercule*

Reconnu depuis des temps très anciens comme une constellation ressemblant vaguement à un homme, ce groupe d'étoiles est associé à un très grand nombre de légendes. Les Babyloniens l'appelaient Gilgamesh, un demi-dieu qui vainquit les pouvoirs de Chaos, au début du monde. Pour les Phéniciens c'était Melkarth, le dieu de la mer. Plus tard, il devint le Hercule de la légende grecque. La « clé de voûte », formée par les étoiles α, ζ, η et π, correspond à la « poitrine » d'Hercule. Certaines personnes reconnaissent « un papillon » dans le groupe d'étoiles constitué par η, ζ, β, δ, ε, π, η. La constellation n'est pas très brillante, mais on la repère facilement en se servant de la « clé de voûte », située entre Arcturus (dans le Bouvier) et Véga (dans la Lyre).

α est **Ras Algethi,** « la tête de l'homme agenouillé » : la plupart des représentations d'Hercule le montre agenouillé. C'est une étoile double (séparation 5″). Il s'agit d'une étoile rouge M5 II de magnitude 3,2, associée à une étoile F8 de magnitude 5,39 : elles sont à 410 a.l. À cause d'un effet de contraste, l'étoile F8 semble verte dans un télescope.

β est **Kornephoros,** mot ancien signifiant « qui tient une massue ». C'est une étoile de type G8 III, de magnitude 2,78 et située à 103 a.l.

γ est une étoile de la série principale, de type A6, de magnitude 3,79 et située à 141 a.l.

λ est **Maasym,** « le poignet » ; c'est une étoile de type K4, de magnitude 4,48 et située à 233 a.l.

M13 est un magnifique amas globulaire : le plus spectaculaire de l'hémisphère nord. Bien que sa plus brillante étoile soit de 14e magnitude, on peut le deviner à l'oeil nu. Avec un télescope de 10 à 15 cm, on peut distinguer quelques-unes de ses étoiles. Il contient 100 000 étoiles et est situé à 21 000 a.l.

M92 est un autre amas globulaire situé à 25 000 a.l.

ν, ξ, et ο marquent le point du ciel vers lequel le système solaire se dirige à la vitesse de 19,75 km/s par rapport aux étoiles avoisinantes. C'est le point appelé « APEX » : Asc. dr. 18 h 04 min, Déc. +30°.

HOROLOGIUM

Horologii   Hor   *L'Horloge*

L'Horloge est une constellation moderne qui s'étend à l'Est de l'étoile Achernar (dans l'Éridan). C'est Lacaille qui la décrivit au milieu du 18e siècle. On peut reconnaître le corps d'une pendule quelque peu recourbée, dans ce groupe d'étoiles, mais il faut de l'imagination pour apercevoir le cadran de la pendule.

α est une étoile de type G5, de magnitude 3,36 et située à 362 a.l.

β est une étoile de type A5, de magnitude 5,08 et dont la distance est indéterminée.

δ est une étoile de type F0, de magnitude 4,85 et située à 1 100 a.l.

HERCULES

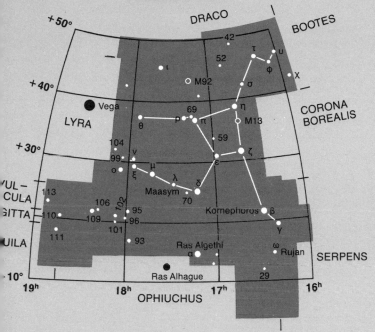

HOROLOGIUM

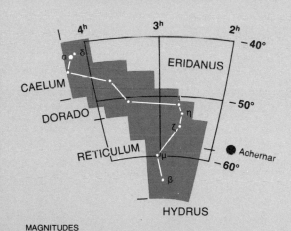

MAGNITUDES

−1 0 1 2 3 4 5   ○ Amas △ Nébuleuse □ Galaxie

HYDRA

Hydrae   Hya   *L'Hydre Femelle*

Il ne faut pas confondre l'Hydre Femelle, la constellation ayant la plus grande superficie, avec un autre monstre marin : Cetus. Elle s'étend au Sud de l'écliptique du Crabe, où se trouve sa tête, jusqu'à la Balance, où se trouve sa queue. Dans la mythologie grecque, l'Hydre Femelle est ce serpent à sept têtes qui vivait dans les marais de Lerne et qui fut tué par Hercule. Quand on coupait une tête du serpent, il en poussait deux autres à la place. C'est Iole, la fidèle compagne d'Hercule, qui aida ce dernier à venir à bout du serpent, en cautérisant les bouts de cou qui restaient, à mesure que les têtes étaient coupées. Une des têtes était immortelle et Hercule la plaça sous une grosse pierre. Pour les Babyloniens, ces étoiles formaient le Dragon Tiamat. Les Égyptiens y voyaient une réplique céleste du Nil. La plus brillante étoile de l'Hydre, Alphard, a seulement une magnitude 2. Pour repérer la constellation, tracez une ligne imaginaire à partir de Procyon, vers le Sud-Est, jusqu'au Centaure. Alphard se trouve à un quart de la distance vers le bas.

α est **Alphard,** « l'étoile solitaire du serpent ». Sur certaines représentations, elle se trouve sur la poitrine du serpent. Alphard est une géante de type K4 III, de magnitude 1,99 et située à 100 a.l.

β est une étoile de type B9, de magnitude 4,40 et située à 270 a.l.

γ est plus brillante que β: sa magnitude est 2,98, son type spectral G8 III et sa distance 113 a.l.

Les étoiles ζ, ε, δ, σ, η, ρ, ζ forment la tête du serpent : c'est la tête immortelle placée sous une pierre par Hercule.

δ est une étoile de type A0, de magnitude 4,18 et située à 130 a.l.

ε est une étoile quadruple, de magnitude intégrée 3,39, et située à 140 a.l. Un petit télescope permet d'observer une étoile double serrée, de séparation angulaire de 3,6″.

σ, appelée autrefois « le nez du serpent », est une géante de type K3, de magnitude 4,54 et située à 272 a.l.

M68 est un amas globulaire de 8ᵉ magnitude, situé à 11.8 a.l.

M48 est un amas ouvert de 6ᵉ magnitude, situé à une distance de 3 100 a.l.

M83 est une galaxie de 7ᵉ magnitude, de type Sc et située à 8 millions d'a.l.

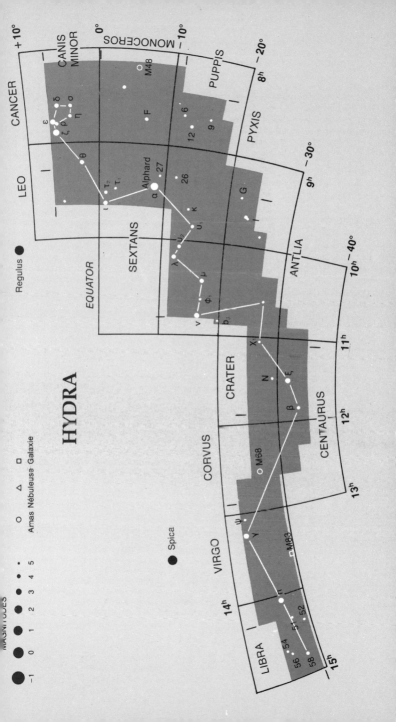

HYDRUS

Hydri   Hyi   *L'Hydre Mâle*

L'Hydre Mâle est une petite constellation de faible éclat, située près du pôle sud céleste. Sa queue s'étend en direction du Nord presque jusqu'à Achernar (α Eri) ; c'est pourquoi il vaut mieux trouver d'abord Achernar avant d'essayer de repérer l'Hydre Mâle. À la frontière *est* de l'Hydre, on rencontre la Table et la Dorade où se trouve le Grand Nuage de Magellan (LMC). À l'Ouest, c'est le Toucan qui contient le Petit Nuage de Magellan (SMC). Bayer inventa l'Hydre Mâle pour remplir un espace vide du ciel austral.

α est une étoile de type F0 V, de magnitude 2,84 et située à 31 a.l.

β est une étoile de type G1 IV, de magnitude 2,78 et située à 21 a.l.

γ est une étoile de type M2, de magnitude 3,30 et située à 300 a.l.

δ est une étoile de type A2, de magnitude 4,26 et située à 72 a.l.

ε est une étoile de type B9, de magnitude 4,26 et située à 191 a.l.

ζ est une étoile de type A2, de magnitude 4,90 et située à 652 a.l.

η est une étoile double. La composante la plus brillante est une étoile G5, de magnitude 4,72, située à 125 a.l.

ν est une étoile de type K6, de magnitude 4,70 et située à 297 a.l.

INDUS

Indi   Ind   *L'Indien (d'Amérique)*

C'est une autre constellation inventée par Bayer pour remplir le ciel austral. Elle ne contient aucune étoile brillante et est située à l'Est du Paon.

α est une géante de type K0, de magnitude 3,11 et située à 84 a.l.

β est une étoile de type K2, de magnitude 3,72 et située à 270 a.l.

δ est une étoile de type F0, de magnitude 4,56 et située à 190 a.l.

ε est peut-être l'étoile la plus intéressante de la constellation. À une distance de 11.2 a.l., c'est le 13e objet le plus près du Soleil. Il s'agit d'une étoile de la série principale, de type K8, et de magnitude 4,68.

HYDRUS

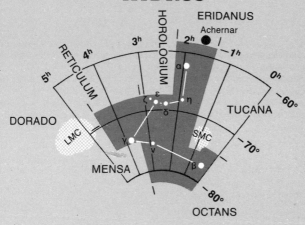

INDUS

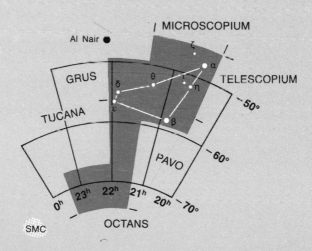

LACERTA

Lacertae   Lac   *Le Lézard*

Les anciens astronomes chinois voyaient une partie d'un serpent volant dans ce groupe d'étoiles peu brillantes (l'autre partie du serpent était constituée des étoiles qui forment présentement le Cygne). Cette constellation fut créée par Hevelius pour remplir l'espace entre le Cygne et Andromède. Il utilisa également le nom Stellio (du latin Stella: étoile), nom d'une espèce de salamandre aquatique de la Méditerranée ayant une tache en forme d'étoile sur le dos.

α est une étoile de type A0, de magnitude 3,85 et située à 91 a.l.

β est une étoile de type gK0, de magnitude 4,58 et située à 172 a.l.

1 Lac est une étoile de type gK4, de magnitude 4,22 et située à 325 a.l.

4 Lac est une étoile de type cB8, de magnitude 4,64 et située à 1 100 a.l.

5 Lac est une étoile de type cK6, de magnitude 4,61 et située à 1 100 a.l.

LEO

Leonis   Leo   *Le Lion*

Le Lion est une constellation connue depuis très longtemps. Elle fut considérée comme telle par les Perses, les Turques, les Syriens, les Hébreux et les Babyloniens. En Grèce, il s'agissait du lion Némée tué par Hercule, lors de sa première tâche. Les Égyptiens adoraient cette constellation parce que le Soleil s'y trouvait en été, à l'époque de la crue du Nil. Plusieurs observateurs reconnaissent plus facilement une faucille, à la partie avant du Lion, et un triangle, à sa partie postérieure. Le Soleil traverse le Lion du 12 août au 17 septembre.

α.Régulus, « le petit roi », ainsi nommée par Copernic, se trouve à la place du coeur du lion, où elle sert de « point » au point d'interrogation renversé (⸮), appelé aussi « faucille ». Régulus est une étoile de la série principale, de type B7 V, de magnitude 1,35 et située à 85 a.l.

β.Denebola, ou « queue du lion », est une étoile de type A3 V, de magnitude 2,14 et située à 42 a.l.

Y.Algieba, « la crinière du lion », est une spectaculaire étoile double de magnitude intégrée 1,99 et située à 90 a.l. (séparation 4″). Les étoiles de types G5 et K0 III apparaissent jaune et verte, dans un petit télescope.

δ.Zosma est la « ceinture du lion » ; c'est une étoile de type A4 V, de magnitude 2,57 et située à 82 a.l.

ζ.Adhafera est une géante de type F0, de magnitude 3,46 située à 130 a.l.

θ.Coxa, « la hanche », est une étoile de type A2, de magnitude 3,34 et située à 90 a.l.

λ.Alterf est une étoile de type gK5, de magnitude 4,48 et située à 180 a.l.

μ.Rasales, « les sourcils », est une étoile de type gK3, de magnitude 4,10 et située à 155 a.l.

M65, M66, M95 et **M96** sont des galaxies spirales de 9e et 10e magnitudes, visibles dans un petit télescope.

LACERTA

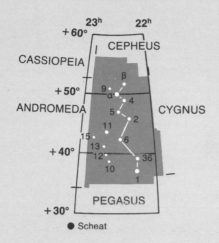

23ʰ **22ʰ**
+60°
CEPHEUS
CASSIOPEIA
+50°
β
9
α 4
ANDROMEDA
CYGNUS
5
2
11
15
13
6
+40°
12
36
10
1
PEGASUS
+30°

● Scheat

MAGNITUDES
-1 0 1 2 3 4 5   Amas Nébuleuse Galaxie

LEO

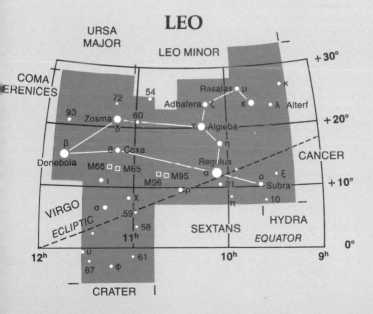

URSA
MAJOR
LEO MINOR
+30°
COMA
BERENICES
Rasalas μ
κ
72
54
Adhafera ζ
ε
λ Alterf
93
+20°
Zosma
60
γ Algieba
δ
η
θ
Coxa
β
Regulus
CANCER
Denebola
M66
M65
α
ξ
o
M96
M95
31
Subra
ι
ρ
π
10
HYDRA
χ
VIRGO
σ
+10°
59
EQUATOR
ECLIPTIC
58
SEXTANS
0°
11ʰ
10ʰ
9ʰ
12ʰ
υ
61
87
φ
CRATER

LEO MINOR

Leonis Minoris   LMi   *Le Petit Lion*

Cette petite constellation est située juste sous les pieds postérieurs de la Grande Ourse et juste au-dessus de la Faucille du Lion. La légende arabe représentait cette constellation par une gazelle et son petit; en Chine, un dragon ou un char. Dans les temps modernes, elle fut nommée par Hévélius. Le Petit Lion n'a aucune étoile très brillante.

β est une étoile gG8, de magnitude 4,41 et distante de 190 a.l. C'est l'étoile la plus brillante. Il n'y a aucune étoile α.

46 LMi est parfois appelée o, la seule autre lettre grecque dans cette constellation. Cette étoile sgK2 est de magnitude 3,92 et située à 102 a.l.

10 LMi est une étoile gG6, de magnitude 4,62, et distante de 172 a.l.

21 LMi est une étoile A5, de magnitude 4,47, et distante de 120 a.l.

LEPUS

Leporis   Lep   *Le Lièvre*

Le Lièvre était l'un des animaux favoris du chasseur Orion. On le plaça donc aux pieds de la constellation d'Orion. Quelques traditions folkloriques ont vu, en cet animal, le « lapin sur la Lune ». Pour les premiers Égyptiens, les étoiles α, μ, ε et β représentaient le « Bateau d'Osiris », le dieu associé à Orion. Les Arabes y discernaient quatre chameaux s'abreuvant dans le Fleuve Éridan.

α est **Arneb**, mot arabe signifiant « lapin ». Cette étoile FO Ib, située à 900 a.l., est de magnitude 2,58.

β est **Nihal**, mot arabe signifiant « les chameaux qui boivent ». C'est une étoile double. La primaire est de magnitude 2,81, de type spectral G5 III et située à 113 a.l. Sa compagne, de magnitude 9,4, est à 3″ d'elle.

ε est une étoile K5 III, de magnitude 3,21, et distante de 170 a.l.

μ est une étoile géante B9, de magnitude 3,29, et distante de 390 a.l.

R Leporis n'est pas indiquée sur la carte, mais se situe à l'Ouest de μ sur la frontière de l'Éridan. On l'appelle « l'étoile rouge de Hind » à cause de son découvreur et de sa couleur rouge. C'est une étoile variable, d'un cycle de 436 jours, et de magnitude variant de 6 à 11. On peut l'observer aux jumelles, au moment de son éclat maximum.

M79 est un amas globulaire de magnitude 7, visible à l'aide d'un petit télescope.

LEO MINOR

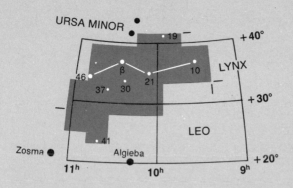

URSA MINOR

LYNX

46 β 30 21 10

37 30

LEO

41

Zosma Algieba

11ʰ 10ʰ 9ʰ

+40°
+30°
+20°

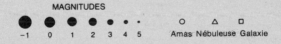

MAGNITUDES

-1 0 1 2 3 4 5   ○ △ □
                        Amas Nébuleuse Galaxie

LEPUS

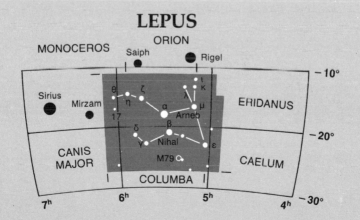

MONOCEROS ORION
Saiph Rigel

Sirius Mirzam θ ζ λ κ
        η   α μ
        17   Arneb
        δ   β
        γ Nihal ε
        M79

CANIS
MAJOR CAELUM

ERIDANUS

COLUMBA

7ʰ 6ʰ 5ʰ 4ʰ

-10°
-20°
-30°

LIBRA

Librae   Lib   *La Balance*

Comme l'indiquent les noms des étoiles, cette constellation représentait les pinces du Scorpion pour les Grecs. Ce groupe fut inclus au zodiaque par les Romains, un peu plus tard. On dit qu'il fut appelé la Balance parce que, dans les temps anciens, l'équinoxe d'Automne (période où le jour et la nuit sont égaux) y était situé Aujourd'hui, le Soleil y transite du 1er au 23 Novembre. Cette constellation côtoie la Vierge, quelques fois représentée comme Astrée, la déesse de la justice, soutenant les plateaux de la Balance.

α, **Zubenelgenubi**, la « pince » du Scorpion située du côté Sud, est une étoile double dont la primaire a un éclat de 2,76 et un type spectral A3. La secondaire, à l'écart de 231″, est de magnitude 5,15. Le système est distant de 66 a.l.

β, **Zubeneschemali**, la « pince » du Scorpion située du côté Nord, est de type B8 V, de magnitude 2,61 et située à 140 a.l.

γ est **Zubenelakrab**, une géante G6, de magnitude 4,02, et distante de 109 a.l.

δ est un système binaire semi-détaché de type Algol. Les 2 étoiles sont tellement rapprochées qu'elles semblent se toucher. Leur magnitude combinée est de 4,8. Elles sont à 100 a.l., de type A0 et dG2, et de masse solaire 2,6 et 1,1 respectivement. Elles sont toutes deux 3,5 fois plus grosses que notre Soleil. La période de l'orbite est de 2,33 jours.

LUPUS

Lupi   Lup   *Le Loup*

Les Romains et les Grecs de l'antiquité représentaient cette constellation simplement comme un animal sauvage d'espèce inconnue. Ératosthène l'imagina de façon totalement différente : une outre à vin tenue par le Centaure. Une légende classique raconte qu'il s'agit de Lycaon, transformé en Loup par Zeus, pour avoir commis le crime de servir de la chair humaine à un banquet des dieux. Les Arabes représentèrent cette partie du ciel par un léopard ou une panthère.

α est une variable de magnitude moyenne 2,32, de type spectral B1 V et distante de 430 a.l.

β est une étoile B2 IV, de magnitude 2,69, située à 540 a.l.

γ est une étoile double très rapprochée (séparation de 1″), de type spectral B2 V, de magnitude 2,80 et située à 570 a.l.

δ est de type spectral B2 IV, de magnitude variable d'environ 3,21 et située à 680 a.l.

ε est une étoile B3, de magnitude 3,74 et située à 540 a.l.

φ$_1$ est une étoile K5, de magnitude 3,59 et située à 272 a.l.

φ$_2$ est une étoile B3, de magnitude 4,69 et située à 816 a.l.

LIBRA

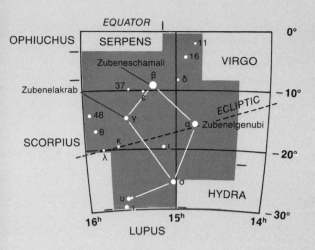

LUPUS

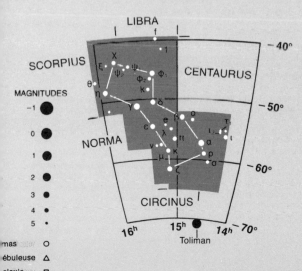

LYNX

Lyncis   Lyn   *Le Lynx*

Ces étoiles d'éclat faible, situées sous la Grande Ourse, furent rassemblées en constellation par Hévélius, en 1690. Comme il n'y a aucune étoile brillante dans cette région, ceux qui veulent voir cette constellation doivent posséder des yeux de lynx.

α est une géante M0 III, de magnitude 3,17 et distante de 180 a.l.

38 Lyn est une étoile double B9 (séparation de 2,9″), de magnitude 3,82 et distante de 109 a.l.

31 Lyn est une étoile gK5, de magnitude 4,43 et distante de 217 a.l.

LYRA

Lyrae   Lyr   *La Lyre*

La Lyre est une petite constellation dont les 6 étoiles les plus brillantes forment un parallélogramme avec un triangle à l'un de ses coins. Véga, la troisième étoile la plus brillante du ciel, occupe l'un des coins de ce triangle. Les Anciens de l'Inde imaginèrent ici un aigle ou un vautour. Les premiers Grecs, eux, y virent une lyre, fabriquée à l'aide d'une carapace de tortue qui, selon quelques-uns, servit à créer la première lyre. Une vieille légende grecque raconte qu'elle serait la lyre d'Orphée, musicien des Argonautes et père d'Eurydice, et qu'elle fut placée dans le ciel pour commémorer la musique magnifique qu'elle produisit dans ses mains.

α est **Véga,** ou **Wéga,** « aigle », en arabe. Elle est très brillante. Près de la latitude 40° N., elle traverse le ciel très haut au-dessus des villes. Elle est de couleur bleu blanchâtre, de magnitude 0,04 et de type spectral A0V. Il s'agit d'une des rares étoiles qui n'est pas géante ou supergéante. Elle nous distance de 26 a.l. Notre système solaire s'en approche à une vitesse de 19 km/s.

β est **Sheliak,** mot arabe pour « tortue ». C'est une binaire à éclipse, de magnitude variant de 3,38 à 4,36, et d'un cycle de 12,9 jours. Ses composantes sont de types spectraux B2 et F. Elle est située à 1 300 a.l. Son type spectral est bizarre car chaque étoile éjecte des gaz qui tournent en spirale autour d'elles. L'astronome américain Otto Struve a consacré tellement de temps à l'observation de ce système qu'il le qualifie quelquefois de « Beta Struve ».

γ est **Sulaphat,** un autre mot arabe pour « tortue ». C'est une étoile B9 III, de magnitude 3,25 et située à 370 a.l.

ε est la fameuse quadruple. Aux jumelles (et aussi pour un oeil très perçant), on la distingue comme une paire, ε^1 et ε^2, de magnitudes 5,1 et 4,4 respectivement, séparée de 208″. Un bon petit télescope peut séparer ε^1 en deux étoiles de magnitude 5,4 et 6,5, distantes de 2,7″ et d'une période orbitale de 1 200 ans ; et ε^2, en deux étoiles de magnitude 5,1 et 5,3, distantes de 2,3″, et d'une période orbitale de 600 ans.

M57 est le célèbre **Anneau de la Lyre** ; une nébuleuse planétaire distante de 5 000 a.l. Étant de magnitude 9, elle nécessite l'utilisation d'un petit télescope. L'étoile centrale qui éjecte cette sphère de gaz, est de magnitude 15, au centre de l'anneau. Il faut un télescope plus puissant pour observer cette région.

LYNX

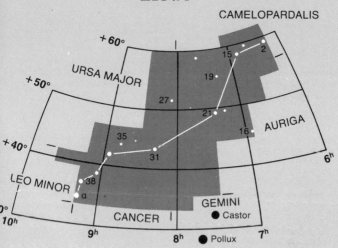

LYRA

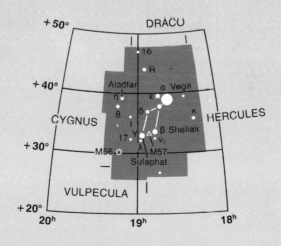

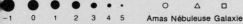

MENSA

Mensae   Men   *La Table*

Cette constellation fut introduite par Lacaille, en souvenir de la Montagne de la Table qui domine Cape Town, en Afrique du Sud. Elle est située près du Pôle Sud céleste, à côté d'une constellation peu connue, l'Octant. Bien qu'originellement connue sous le nom de « Montagne de la Table », on l'appelle maintenant simplement « la Table ». Elle ne contient aucune étoile brillante, mais avoisine le Grand Nuage de Magellan.

α est une étoile dG6, de magnitude 5,14 et distante de 28 a.l.

β est située dans la nébuleuse de la Tarentule. Elle est de magnitude 5,30, de type spectral G8 et distante de 136 a.l.

γ est une étoile K4, de magnitude 5,06 et située à 220 a.l.

η est une étoile K6, de magnitude 5,28 et située à 192 a.l.

μ est une étoile B9, de magnitude 5,69 et située à une distance indéterminée.

MICROSCOPIUM

Microscopii   Mic   *Le Microscope*

Lacaille imagina cette constellation obscure située au Sud du Capricorne et à l'Est du Sagittaire. Ses étoiles les plus brillantes ne sont que de magnitude 5. Elle était destinée à compléter la nouvelle constellation voisine, le Télescope. Ces constellations furent introduites pour commémorer l'exploration du microcosme et du macrocosme, la plus petite et la plus grande dimension de l'univers.

α est une étoile G6, de magnitude 5,00 et située à 365 a.l. de notre système solaire.

γ est une étoile G4, de magnitude 4,71 et située à 230 a.l. de notre système solaire. Elle faisait partie, à un certain moment, du Poisson austral.

ε est une étoile A0, de magnitude 4,79 et située à 112 a.l. Elle faisait, elle aussi, partie du Poisson austral.

MENSA

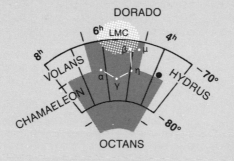

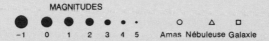

MICROSCOPIUM

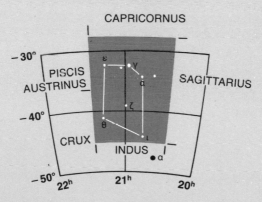

MONOCEROS

Monocerotis   Mon   *La Licorne*

La description de cette constellation est généralement attribuée à Jakob Bartsch. Elle chevauche l'équateur céleste, à l'Est d'Orion, et l'équateur galactique, qui passe près des étoiles 13, 18 et 19, croisant l'équateur céleste à un angle de 67°. Elle ne contient aucune étoile brillante.

α est une étoile gK0, de magnitude 4,07 et distante de 180 a.l.

β est une étoile triple, observable au télescope, dont les composantes sont de magnitude 5 et séparées de 7″ et 10″. Deux des étoiles sont de type B3 et distantes de 470 a.l.

γ est une étoile K2, de magnitude 4,09 et située à 250 a.l. de notre système solaire.

δ est une étoile A0, de magnitude 4,09 et située à 180 a.l. de notre système solaire.

15 Mon est une étoile variable, de magnitude entre 4,2 et 4,7, connue aussi sous le nom de **S Mon**. Elle est de type 07 et distante de 408 a.l.

M50 est un amas ouvert, de magnitude 7, visible au petit télescope.

NGC 2244 est un amas ouvert, visible à l'oeil nu, et ayant la forme d'une petite rose. Il est relativement jeune. Sa distance est de 5 300 a.l. On l'observe plus facilement aux jumelles.

MUSCA

Muscae   Mus   *La Mouche*

Bayer représenta cette petite constellation comme une Abeille. Un peu plus tard, Lacaille la renomma la Mouche. On dit qu'elle est la contrepartie de la Mouche Boréale — une constellation qui n'est plus reconnue aujourd'hui — reposant sur le dos du Bélier. La Mouche est située juste au Sud de la Croix du Sud.

α est une étoile légèrement variable, de magnitude 2,66 à 2,73, de type B2 IV et distante de 430 a.l.

β est une étoile double dont les composantes ont une magnitude de 3,7 et 4,0, pour une moyenne de 3,06. Son type spectral est B2 V. Sa distance est de 470 a.l. Comme les deux étoiles ne sont qu'à 1″ l'une de l'autre, il faut un ciel parfait pour les distinguer avec un petit télescope.

δ est une étoile K2, de magnitude 3,63 et distante de 155 a.l.

MONOCEROS

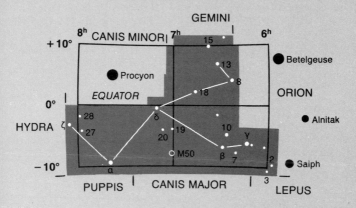

MAGNITUDES

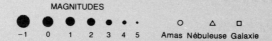

−1 0 1 2 3 4 5   Amas Nébuleuse Galaxie

MUSCA

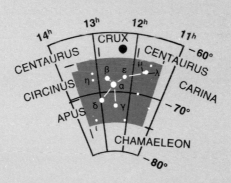

NORMA

Normae   Nor   *La Règle*

Originellement, on l'appelait NORMA ET REGULA, signifiant, en latin, l'équerre et le niveau du menuisier (le mot « normal » dérive du mot latin *norma* ou « règle »). On utilisait ces outils, de même que le Burin et le Compas tout près, dans l'atelier de sculpture. Située au Nord du Triangle, la Règle fut définie à l'aide d'étoiles de l'Autel et du Loup. Cette région contient beaucoup d'objets intéressants, visibles aux jumelles ou au petit télescope.

δ est une étoile A3, de magnitude 4,84 et distante de 230 a.l.

ϵ est une étoile B5, de magnitude 4,80 et distante de 650 a.l.

η est une étoile G4, de magnitude 4,74 et distante de 190 a.l.

γ_1 est une étoile supergéante G4, de magnitude 5,00 et de distance indéterminée.

γ_2 est une étoile G8, de magnitude 4,14 et distante de 82 a.l.

OCTANS

Octantis   Oct   *L'Octant*

On appelait originellement ce groupe d'étoiles *Octans Hadlejanus* (« Octant d'Hadley », en latin) pour commémorer l'invention de cet instrument important de navigation par John Hadley, en 1730. Cette constellation fut répertoriée par Lacaille, en 1752. Un octant ressemble à un sextant mais, contrairement à celui-ci, son arc gradué correspond à ⅛ de cercle, alors que l'arc du sextant, lui, correspond à ⅙ de cercle. Comme les miroirs de ces instruments doublent les angles mesurés, un octant peut déterminer un angle maximum de 90° (habituellement la hauteur d'une étoile au-dessus de l'horizon). Par contre, le sextant, d'invention plus tardive, peut mesurer un angle maximum de 120°. Les octants sont, pour cette raison, peu utilisés de nos jours. L'Octant ne contient aucune étoile brillante, mais sert quand même d'aide à la navigation puisque le Pôle Sud céleste s'y trouve. Contrairement au Pôle Nord, il n'y a aucune étoile brillante dans son voisinage. L'étoile la plus rapprochée visible à l'oeil nu est σ, de magnitude 5 et située à 52′ du Pôle. Celui-ci est donc difficile à localiser de façon précise.

α est une étoile F4, de magnitude 5,24 et distante de 148 a.l. de la Terre.

β est une étoile F1, de magnitude 4,34 et de distance indéterminée.

δ est une étoile K2, de magnitude 4,14 et distante de 205 a.l.

θ est une étoile K5, de magnitude 4,73 et distante de 250 a.l.

σ est une étoile A7, de magnitude 5,48 et de distance indéterminée. C'est l'étoile la plus rapprochée du Pôle Sud céleste (si on l'observe à l'oeil nu).

NORMA

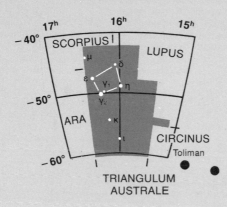

MAGNITUDES

-1 0 1 2 3 4 5   ○ Amas △ Nébuleuse □ Galaxie

OCTANS

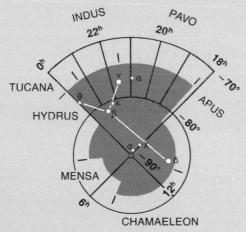

OPHIUCHUS

Ophiuchi Oph *Le Serpentaire*

Dans la légende grecque, le Serpentaire représente le dieu Esculape, fondateur de la médecine, médecin à bord du navire des Argonautes. Il était si adroit qu'il ramena à la vie un homme mort. Pluton, dieu de l'enfer, fut tellement tracassé par ses pouvoirs qu'il persuada Jupiter de le placer parmi les étoiles, loin à l'écart. Lorsque le zodiaque fut défini, dans les temps anciens, le Soleil ne transitait pas dans le Serpentaire, mais, à cause de la précession, il y passe maintenant plus de temps que dans le Scorpion. Il s'y trouve à partir du 30 Novembre, lorsqu'il quitte le Scorpion, jusqu'au 18 Décembre où il entre dans le Sagittaire.

α est **Ras Alhague,** la « tête du charmeur de serpent», une étoile de type spectral A5 III, de magnitude 2,07 et située à 60 a.l.

β est **Cebalrai,** le « coeur du berger», une étoile de type spectral K2 III, de magnitude 2,77 et située à 124 a.l.

η, **Sabik,** est « la précédente ». C'est une étoile double très serrée. Ses deux composantes sont de type A2, de magnitude équivalente 2,43, de séparation 1″ et distantes de 69 a.l.

70 Oph est la 46e étoile la plus proche de nous. Il s'agit d'une étoile double dont les composantes sont de type K0 et K5, de magnitude équivalente 4,00, de séparation 2,8″, d'une période de 88 ans et situées à 16,7 a.l.

λ est **Marfik,** le «coude», une étoile A1, de magnitude 3,85 et distante de 192 a.l.

Tous les objets Messier (M) sont des amas globulaires.

M9 est de magnitude 8.

M10 est de magnitude 7 et situé à 20 000 a.l.

M12 est de magnitude 8 et situé à 24 000 a.l.

M14 est de magnitude 8.

M19 est de magnitude 7.

M62 est de magnitude 7.

M107 est de magnitude 9.

SERPENS

Serpentis Ser *Le Serpent*

Le Serpent, soutenu par Ophiuchus, se divise en deux parties situées de chaque côté du porteur. La tête, Serpens Caput (« caput » veut dire « tête », en latin), est du côté Ouest ; la queue, Serpens Cauda, du côté Est.

α est **Unakalhai,** le « cou du serpent», une géante K2, de magnitude 2,65, distante de 71 a.l.

β est une étoile A0, de magnitude 3,74 et située à 120 a.l.

μ est une étoile A0, de magnitude 3,63 et située à 192 a.l. '

θ, **Alya,** est une étoile double dont les deux composantes sont de type A5, de magnitude équivalente 5,00, séparées de 22″ et distantes de 142 a.l.

ξ est une étoile A5, de magnitude 3,64 et située à 105 a.l.

η est une étoile K0 III, de magnitude 3,23 et située à 60 a.l.

M5 est un amas globulaire ayant l'apparence d'une étoile de magnitude 6,7 et situé à 26 000 a.l.

M16 est un amas ouvert enveloppé dans une nébuleuse de magnitude 7,0 et situé à 5 500 a.l.

170

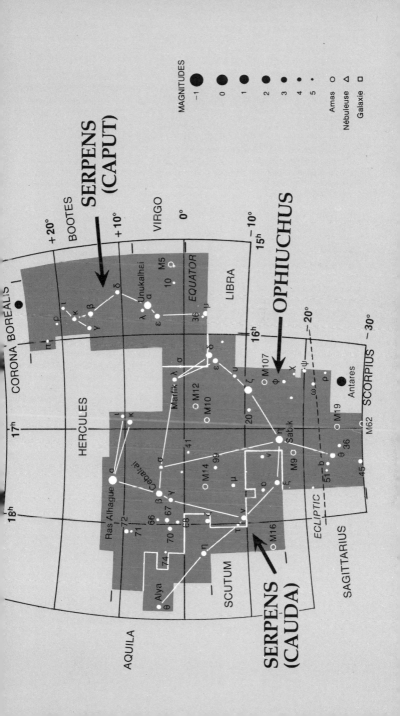

ORION

Orionis   Ori   *Orion*

Cette constellation resplendissante fait penser à un géant. Elle chevauche l'équateur céleste et elle est connue partout dans le monde. Depuis l'époque de la Mésopotamie, elle fut considérée comme le précurseur des tempêtes et de l'hiver. Dans la mythologie égyptienne la plus ancienne, elle indiquait la dernière demeure de l'âme d'Osiris. En Grèce, Orion, fils de Neptune, était le plus grand et le plus beau des hommes, l'amant de Diane et le poursuivant des jolies Pléiades. Piqué à mort par un scorpion, Diane le plaça dans le ciel, loin du Scorpion, pour le protéger. La ceinture d'Orion, très connue, pointe en direction de son chien, Sirius, du Grand Chien à l'Est, et à l'Ouest vers Aldebaran et le Taureau.

α est **Betelgeuse,** « l'aisselle de celui qui se tient au centre ». C'est une géante M21 quelque peu variable, de magnitude 0,8, très rouge et située à 652 a.l.

β, **Rigel,** est l'étoile la plus brillante d'Orion. C'est une étoile B8 Ia, de magnitude 0,11, située sur la « jambe gauche » et distante de 815 a.l. Elle a une compagne de magnitude 7, à 9″.

γ, **Bellatrix,** située sur « l'épaule gauche », fut nommée en l'honneur d'une Amazone. Elle est de type B2 III, de magnitude 1,63 et distante de 303 a.l.

κ est **Saiph,** « l'épée » (nom inexact, vu sa position dans le pied droit d'Orion), une étoile B0,51, de magnitude 2,05 et située à 1 826 a.l.

δ, **Mintaka,** située très près de l'équateur céleste, est l'étoile la plus haute de la ceinture. C'est une variable à éclipse, d'une période de 5,7 jours, de type 09,5 II, de magnitude 2,19 et distante de 1 500 a.l.

ε, **Alnilam,** « collier de perles », est l'étoile centrale de la ceinture. Elle est de type B0 Ia, de magnitude 1,70 et distante de 1 532 a.l.

ζ, **Alnitak,** « le ceinturon », est l'étoile le plus au Sud de la ceinture. Il s'agit d'une double (séparation de 3″), de magnitude équivalente 1,79, de type équivalent 09,51b et distante de 1 467 a.l.

M42 est la **Grande Nébuleuse d'Orion,** l'une des « pièces de résistance » du ciel. À l'oeil nu, cette nébuleuse diffuse ressemble à une étoile floue, de couleur verte. Un petit télescope révèle de vastes nuages de gaz tourbillonnants, parmi lesquels on distingue les étoiles ι et θ Ori. Cette dernière est une quadruple aussi connue sous le nom du Trapèze. Ce sont des étoiles très jeunes, de magnitude variant de 6 à 8. Tout près se trouvent M43, une nébuleuse plus petite, et M78, une autre nébuleuse.

PAVO

Pavonis   Pav   *Le Paon*

Cette constellation fut décrite par Bayer. Dans la mythologie grecque, les étoiles actuelles du Paon représentaient Argos, le constructeur du vaisseau Argo. Il fut changé en paon par la déesse Junon et placé dans le ciel avec son vaisseau. Cet oiseau est depuis longtemps un symbole d'immortalité.

α, le « Paon », est une étoile B3 IV, de magnitude 1,93 et située à 293 a.l.

β est une étoile A7 III, de magnitude 3,45 et située à 160 a.l.

γ est une étoile F8, de magnitude 4,30 et située à 29 a.l.

ORION

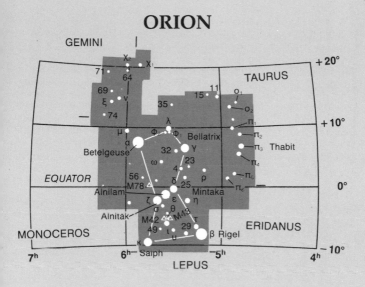

PAVO

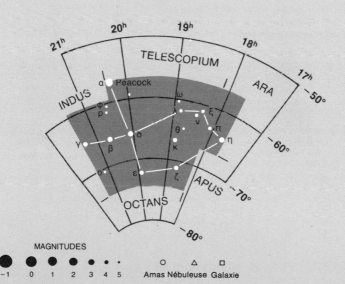

MAGNITUDES

●	●	●	●	●	·	·	○	△	□
-1	0	1	2	3	4	5	Amas	Nébuleuse	Galaxie

PEGASUS

Pegasi   Peg   *Pégase*

Dans ce groupe d'étoiles, on voyait un cheval ailé même durant la période préclassique. La mythologie grecque raconte que lorsque Persée trancha la tête de la Méduse, un peu de sang coula dans la mer et se mélangea avec l'écume pour former Pégase. Ce coursier, par une ruade, fit surgir la fontaine d'Hippocrène sur la montagne Hélicon, montagne des Muses. Il fut conduit par le héros Bellérophon lorsqu'il tua la Chimère. Seule la moitié avant du cheval apparaît dans le ciel. L'autre moitié, selon certaines personnes cyniques de notre temps, tomba sur la Terre pour donner naissance à la race des politiciens. Le trait le plus caractéristique de Pégase est le Grand Carré bien connu, composé des étoiles α, β, γ Peg et α And.

α, Markab, « la selle », est une étoile B9,5 III, de magnitude 2,50 et distante de 109 a.l.

β, Scheat, « l'épaule du cheval », est une étoile M2 II, de magnitude variant de 2,4 à 2,7 et distante de 210 a.l.

γ, Algenib, « l'aile » ou le « flanc », est une étoile B2 IV, de magnitude 2,84 légèrement variable et distante de 570 a.l.

ε, Enif, le « nez », est une étoile K2 Ib, de magnitude 2,38 et distante de 780 a.l.

η, Matar, « la pluie heureuse », est une étoile G8 II, de magnitude 2,95 et distante de 360 a.l.

ζ, Homam, « l'étoile chanceuse », est une étoile B8 V, de magnitude 3,40 et distante de 210 a.l.

M15 est un amas globulaire de magnitude 6 et situé à 34 000 a.l.

PERSEUS

Persei   Per   *Persée*

Voici le jeune homme qui évita à Andromède d'être mangée par Cetus. Il tient encore à la main la tête de la Gorgone. Son oeil Algol, l'étoile du diable, clignote encore. Plusieurs personnes imaginent cette constellation en forme de lettre « K » ou de fleur-de-lys.

α, Algenib, « le flanc », ou **Mirfak**, « le coude », est une étoile F5 Ib, de magnitude 1,80 et distante de 522 a.l.

β, Algol, « le démon », « clignote de l'oeil ». Son éclat varie de magnitude 2,06 à 3,28, et vice-versa, en 2,87 jours. C'est une binaire à éclipse dont les composantes sont de type B8 et gK0. Lorsque la plus grosse (gK0) passe devant la plus petite, l'éclat diminue pour une durée de 10 heures. Cette paire est située à 105 a.l.

ξ, Menkib, anciennement « l'épaule », est maintenant « la cheville ». Elle est de type O7, de magnitude 4,05 et distante de 2 100 a.l.

h et **χ** sont le célèbre **Amas Double**. Le premier est situé à 7 000 a.l. et le second à 8 000 a.l. Les deux amas sont de magnitude 9. Ils offrent un spectacle magnifique aux jumelles ou au petit télescope.

M34 est un amas ouvert de magnitude 6, visible au petit télescope.

M76, une nébuleuse planétaire, nous apparaît comme une étoile de magnitude 11. À cause de sa distance (15 000 a.l.), elle nécessite un télescope de puissance moyenne.

174

PEGASUS

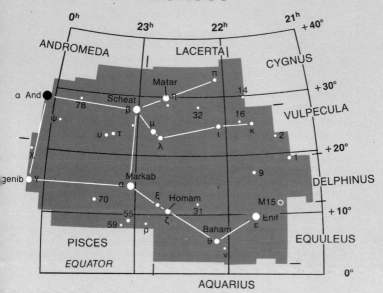

PERSEUS

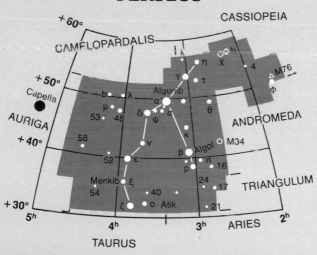

MAGNITUDES

-1 0 1 2 3 4 5   Amas Nébuleuse Galaxie

PHOENIX

Phoenicis   Phe   *Le Phénix*

Cette constellation représente l'oiseau mythique qui, dans l'ancienne Égypte, était consacré au dieu Rê. Il symbolisait le renouveau périodique et l'immortalité. Une légende dit que l'oiseau se consume à tous les 500 ans sur le bûcher, pour renaître de ses cendres. Les Arabes la voyaient comme une autruche. Cette constellation fut introduite par Bayer. Il la plaça juste au Sud du Fourneau et du Sculpteur et à l'Ouest d'Achernar.

α, Ankaa, est une étoile géante K0, de magnitude 2,39 et distante de 93 a.l.

β est une étoile double très serrée (séparation de 1″), de magnitude équivalant à 3,30, de type spectral G8 III et située à 190 a.l.

γ est une étoile K5 IIb-III, de magnitude 3,40 et située à 1 300 a.l. de notre système solaire.

δ est une étoile G4, de magnitude 3,96 et située à 120 a.l.

ζ est une étoile double (séparation de 1,3″), de type spectral apparent B7, de magnitude 4,13 et distante de 402 a.l. Un télescope de faible puissance permet de les distinguer.

PICTOR

Pictoris   Pic   *Le Peintre*

Cette constellation fut originellement connue sous le nom de Equulus Pictoris. Le mot « Equulus » peut vouloir dire âne, petit cheval ou chevalet. Cette dernière signification provient peut-être d'une ancienne coutume, parmi les artistes, de transporter leur toile à dos d'âne. Dans la version contemporaine, le nom veut simplement dire « peintre ». Lacaille introduisit cette constellation de faible éclat, située au Sud de la Colombe et au Nord du Grand Nuage de Magellan. Pour la trouver, il suffit de regarder à l'Ouest de la Carène.

α est une étoile A7 V, de magnitude 3,27 et située à 57 a.l.

β est une étoile A3, de magnitude 3,94 et située à 62 a.l.

γ est une étoile K1, de magnitude 4,38 et située à 240 a.l.

η sont deux étoiles. La composante la plus brillante η_2 est de type M2, de magnitude 4,92 et située à 1 800 a.l. La composante la moins brillante η_1 est de type F5, de magnitude 5,44 et située à 72 a.l. Celle-ci est très éloignée de l'autre.

PHOENIX

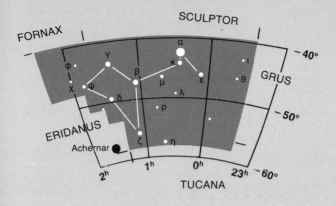

PICTOR

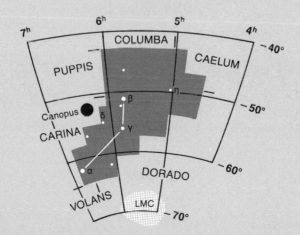

PISCES

Piscium   Psc   *Les Poissons*

Dès le début de l'époque mésopotamienne, on compara cette constellation de peu d'éclat à des poissons. Une histoire grecque, basée sur une légende syrienne, raconte que ces poissons représentent Vénus et son fils Cupidon qui échappent à Typhon, le géant crachant du feu, en sautant dans le fleuve Euphrate et en se changeant en poissons. Une histoire rapporte que ces étoiles sont des poissons qui emmenèrent Vénus et Cupidon à l'abri dans les eaux du fleuve. La partie Est des Poissons se compose d'un petit cercle d'étoiles sous le Carré de Pégase ; la partie Ouest se situe à l'Ouest de Pégase et au Sud d'Andromède. Les deux parties sont reliées par des cordes attachées à leurs queues et nouées à l'étoile α, Alrisha, « le noeud ». Dans cette constellation, l'écliptique traverse l'équateur céleste à l'équinoxe du printemps. Cet endroit s'appelle encore le « premier point du Bélier », puisqu'il était situé dans le Bélier, il y a 2 000 ans, lorsque l'on définit le zodiaque sous sa forme actuelle. Le Soleil se trouve maintenant dans les Poissons, du 13 Mars au 19 Avril.

α, Alrisha, « le noeud », est une étoile double dont les deux composantes sont de type A2, de magnitude 4,3 et 5,3 respectivement et situées à 130 a.l.

β est une étoile B5, de magnitude 4,58 et située à 325 a.l.

γ est une étoile géante G5, de magnitude 3,85 et située à 125 a.l. C'est la plus brillante du Poisson Ouest.

η est une étoile géante G3, de magnitude 3,72 et située à 450 a.l.

ω est une étoile dF3, de magnitude 4,03 et située à 157 a.l.

τ est une étoile sous-géante K1, de magnitude 4,70 et située à 180 a.l.

M74 est une galaxie ouverte de type Sc, de magnitude 9 et située à 7 millions d'a.l.

PISCIS AUSTRINUS

Piscis Austrini   PsA   *Le Poisson austral*

Cette constellation de faible éclat était le symbole du vieux dieu syrien Dagon. Chez les Grecs, il représentait un poisson. Situé juste au-dessous du Verseau, il passe inaperçu sauf son étoile brillante Fomalhaut. Les étoiles de cette constellation représentent un poisson dans le fleuve Éridan.

α, Fomalhaut, est la « bouche du poisson ». Cette étoile a un type spectral A3 V et une magnitude 1,16. Elle est située à 23 a.l. À sa déclinaison de −30°, cette étoile brillante effleure l'horizon sud lorsqu'observée à partir de latitudes nordiques moyennes.

β est une étoile A0, de magnitude 4,36 et distante de 220 a.l. de notre système solaire.

ι est une étoile A0, de magnitude 4,35 et distante de 103 a.l.

ε est une étoile B8, de magnitude 4,22 et distante de 250 a.l.

PISCES

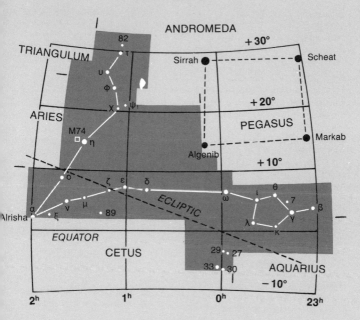

PISCIS AUSTRINUS

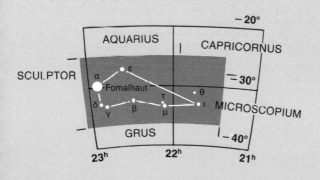

MAGNITUDES

−1   0   1   2   3   4   5

○   △   □
Amas Nébuleuse Galaxie

PUPPIS

Puppis   Pup   *La Poupe*

C'est la Poupe d'Argo, le Navire. Sous la Poupe, on trouve la Carène ; à l'Est, les Voiles ; à côté de la Poupe, sur le pont, la Boussole. Pour localiser ces étoiles, trouvez Canopus puis regardez vers le Nord et cherchez un groupe d'étoiles de 2e ou 3e magnitude. Comme la Poupe faisait jadis partie d'Argo, les lettres grecques ne correspondent pas à l'ordre d'éclat habituel et certaines n'y figurent même pas.

ρ est une étoile F6 II, de magnitude 2,80 et située à 105 a.l.

ξ, Asmidiske, est une étoile G3 Ib, de magnitude 3,34 et située à 1 240 a.l.

ζ, Naos, « le Navire », est une étoile 05, de magnitude 2,25 et située à 2 300 a.l. C'est l'une des étoiles des plus intrinsèquement lumineuses.

π est une étoile gK4, de magnitude 2,70 et située à 140 a.l.

σ est une étoile K5 III, de magnitude 3,24 et située à 180 a.l. Elle a un compagnon de magnitude 9, situé à 22″.

ν est une étoile géante B7, de magnitude 3,19 et située à 620 a.l.

τ est une étoile K0 III, de magnitude 2,92 et située à 124 a.l.

M46 est un amas ouvert, de magnitude 7, situé à 5 400 a.l. ; très intéressant au petit télescope.

M47 est un amas ouvert, de magnitude 5 situé à 3 750 a.l.

M93 est un amas ouvert, de magnitude 6 situé à 3 600 a.l.

PYXIS

Pyxidis   Pyx   *La Boussole*

La Boussole ne ressemble pas à son nom : une boussole sur le pont d'un navire. Elle faisait auparavant partie du navire Argo. Elle ne contient aucune étoile brillante. Elle fut définie par Lacaille, à l'aide d'étoiles appartenant à la constellation des Voiles. Les noms d'étoiles ont été choisis à l'époque moderne et n'ont, par conséquent, aucune relation avec ceux des étoiles du navire Argo. Pour trouver ce groupe, localisez Canopus, promenez votre regard dans la Poupe, puis regardez à l'Est de sa partie centrale.

α est une étoile B1, de magnitude 3,70 et située à 517 a.l.

β est une étoile G5, de magnitude 4,04 et située à 260 a.l.

γ est une étoile K4, de magnitude 4,19 et située à 213 a.l.

PUPPIS

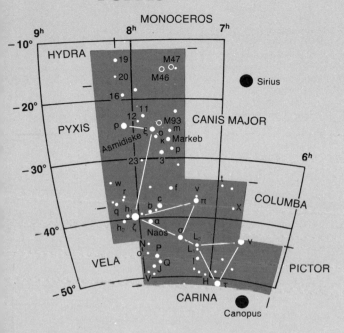

PYXIS

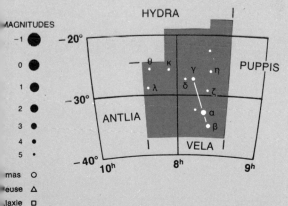

MAGNITUDES
-1 ●
0 ●
1 ●
2 ●
3 ●
4 ·
5 ·

mas ○
leuse △
laxie □

RETICULUM

Reticuli   Ret   *Le Réticule*

Bien que l'on impute cette constellation peu brillante à Lacaille, elle fut cependant décrite plus tôt par Isaak Habrecht de Strassbourg, en Allemagne. Elle est sensée représenter un réticule ou une grille et non un filet de pêche. Le réticule est un disque percé d'une ouverture coupée par deux fils très fins se croisant à angle droit, et qui sert à faire des visées dans une lunette. Cette constellation est un hommage au travail de Lacaille qui cartographia les étoiles de l'hémisphère sud. Le Réticule est situé juste au Nord du Grand Nuage de Magellan.

α est une étoile G9 III, de magnitude 3,33 et située à 390 a.l. de la Terre.

β est une étoile G9, de magnitude 3,80 et située à 76 a.l.

γ est une étoile M5, de magnitude 4,46 et située à une distance indéterminée.

δ est une étoile M2, de magnitude 4,41 et située à une distance indéterminée.

ε est une étoile sous-géante K5, de magnitude 4,42 et située à 80 a.l.

SAGITTA

Sagittae   Sge   *La Flèche*

On appela cette constellation de faible éclat mais facile à distinguer, la « flèche de Cupidon », celle qu'il lança dans le coeur d'Apollon pour le faire tomber en amour avec la nymphe Daphnée. Une autre légende nous dit qu'Hercule tua l'aigle de Zeus à l'aide de cette flèche. Une autre légende, encore, raconte qu'Apollon tua les Cyclopes à l'aide de cette flèche. Bien qu'elle ne contienne aucune étoile brillante, cette constellation est facile à repérer et rappelle une flèche. Pour la trouver, regardez juste au Nord d'Altaïr.

α est une étoile intrinsèquement très lumineuse de type spectral cF8, de magnitude 4,37 et située à 540 a.l.

β est une étoile géante G7, de magnitude 4,45 et située à 250 a.l.

γ est une étoile géante M0, de magnitude 3,71 et située à 192 a.l.

δ est une étoile double spectroscopique dont les composantes sont de type spectral gM2 et A0 respectivement. La magnitude équivalente est de 3,78. Le système est situé à 408 a.l.

M71 est un amas globulaire, de magnitude 7,0 et situé à 18 000 a.l.

RETICULUM

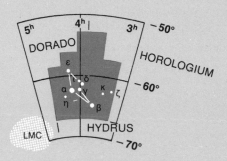

SAGITTA

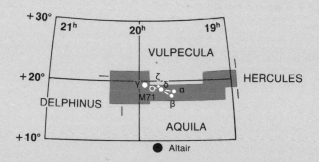

SAGITTARIUS

Sagittarii   Sgr   *Le Sagittaire*

La définition du Sagittaire date de la mythologie Mésopotamienne. Les Grecs y voyaient un Centaure (habituellement Chiron) avec un arc et une flèche pointée vers le Scorpion. Plusieurs personnes surnomment la partie centrale « la théière ». Le Sagittaire fait partie du zodiaque. Le Soleil s'y trouve du 19 Décembre au 19 Janvier. Le centre de notre galaxie est dans cette direction. Cette région regorge de nuages stellaires et d'objets à observer au télescope.

α, Rukbat, «le genou de l'archer», est une étoile B9, de magnitude 4,11 et située à 250 a.l.

β, Arkab, « le tendon de l'archer », est une étoile double optique de type B8 et A9 respectivement, de magnitudes 4,24 et 4,51. β_1 est à 272 a.l. et β_2 est à 130 a.l.

λ, δ, et **ε** représentent les étoiles Kaus Borealis, Kaus Media et Kaus Australis, correspondant respectivement aux parties Nord, centrale et Sud de l'arc du Centaure.

σ, Nunki (un vieux nom mésopotamien) est une étoile B2 V, de magnitude 2,08 et située à 260 a.l.

M8 est la **Nébuleuse diffuse du Lagon**, d'un diamètre de 40' et située à 5 100 a.l.

M17 est la **Nébuleuse diffuse Oméga**, d'un diamètre de 20' et située à 3 000 a.l. Sa magnitude est de 7.

M20 est la **Nébuleuse diffuse Trifide**, d'un diamètre 15' et située à 3 500 a.l.

M18, M21, M23, M24, M25 sont des amas ouverts de 6e et 7e magnitudes.

M22, M28, M54, M55, M69, M70, M75 sont des amas globulaires de 5e à 8e magnitudes.

SCORPIUS

Scorpii   Sco   *Le Scorpion*

Il s'agit du scorpion qui piqua Orion à mort. Dans les temps anciens, c'était la constellation la plus grande. Un peu plus tard, la Balance fut définie à partir de ses pinces. Elle fait partie du zodiaque. Le Soleil s'y trouve du 23 au 30 Novembre.

α, Antarès, « rivale de Mars », est une étoile double dont le nom est relié à la couleur rouge de l'étoile primaire. Son type spectral est M1 IB. Sa magnitude, légèrement variable, se situe autour de 1,0. L'étoile secondaire est de type B4, de couleur verte indistincte, de magnitude 5,0 et située à 3''. La distance de cette paire d'étoiles est de 425 a.l. Un télescope de 15 cm peut les distinguer.

β, Acrab, est une étoile triple. La primaire et la secondaire ont une magnitude combinée de 2,65, sont de types B0 et B3 et sont séparées de 1''. La troisième étoile est de magnitude 5 et située à 13'' des deux autres. Le système est à 650 a.l.

δ, Dschubba, « le front », est une étoile B0 V, de magnitude 2,34 et située à 590 a.l.

υ, Lesath, « le dard », est une étoile B2 IV, de magnitude 2,71 et située à 540 a.l.

λ, Shaula, signifiant aussi « le dard », est une étoile B1 V, de magnitude 1,62 et située à 325 a.l.

M6 est un amas ouvert de magnitude 6,0 et situé à 1 500 a.l.

M7 est un amas ouvert de magnitude 5,0 et situé à 800 a.l.

M4 et **M80** sont des amas globulaires de 6e et 7e magnitudes.

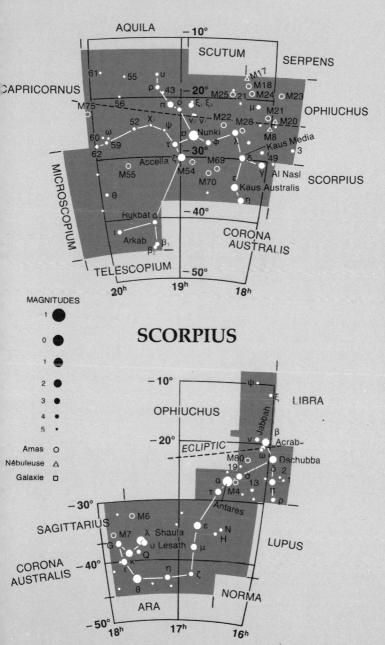

SCULPTOR

Sculptoris   Scl   *Le Sculpteur*

Ce groupe d'étoiles fut originellement appelé « Atelier du Sculpteur », par Lacaille, mais on le nomme maintenant simplement le Sculpteur. Il ne contient aucune étoile brillante, mais on peut le localiser en trouvant d'abord Fomalhaut, puis en regardant vers l'Est. Le pôle Sud galactique est situé dans cette constellation à 0h 46 min (A.D.) et −27° (Déc.), juste au-dessus de l'étoile α. Aucune étoile ne porte de nom.

α est une étoile B5, de magnitude 4,39 et située à 270 a.l.

β est une étoile B9, de magnitude 4,46 et située à 251 a.l.

γ est une étoile sgG8, de magnitude 4,51 et située à 155 a.l.

δ est une étoile A0, de magnitude 4,64 et située à 163 a.l.

ζ est une étoile B7, de magnitude 4,99 et située à 988 a.l.

SCUTUM

Scuti   Sct   *Le Bouclier*

Hévélius nomma ce groupe de faible éclat, le « Bouclier de Sobieski ». Il est sensé représenter le blason de Jean Sobieski III (1624-1696), roi de Pologne. Il vainquit les Turcs qui avançaient vers Vienne sous le commandement de Kara Mustapha, le 12 septembre 1683. Plus tard, Flamsteed réduisit le nom à « Bouclier ». Cette constellation est située juste au Nord du Sagittaire et au Sud-Ouest de l'Aigle. Elle est bien visible seulement parce que la Voie Lactée traverse cette partie du ciel. En plus des objets « Messier » brillants, il y a un certain nombre d'objets éloignés, visibles dans un grand télescope.

α est une étoile gK5, de magnitude 4,06 et située à 204 a.l. Flamsteed appela cette étoile « 1 » dans l'Aigle, avant la classification des constellations, en 1930.

β est une étoile cG7, de magnitude 4,47 et située à 1 300 a.l. de la Terre. On l'appelait « 6 Aql » dans le catalogue de Flamsteed.

γ est une étoile A3, de magnitude 4,73 et située à 148 a.l. de notre système solaire.

δ est une étoile géante F4, de magnitude variable autour de 5 et située à 188 a.l. Il s'agit du prototype d'une classe d'étoiles variables dont la magnitude varie de quelques dizièmes sur une période de quelques heures. Ces étoiles ont une masse d'environ un dizième de celle de notre soleil. La puissance lumineuse émise varie en fonction du changement de grosseur de l'étoile.

M26 est un amas ouvert de magnitude 9.

M11 est un amas ouvert très riche et très célèbre, de magnitude 7 et situé à 5 600 a.l. Il est connu sous le nom « d'amas du Canard Sauvage ». Il est 12,5′ de large (plus du tiers de la grosseur apparente de la pleine Lune). C'est un objet très intéressant pour l'observation aux jumelles ou au télescope.

SCULPTOR

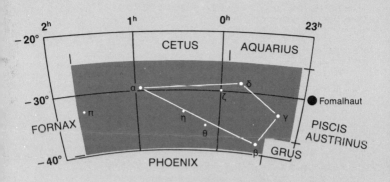

MAGNITUDES

-1 0 1 2 3 4 5   ○   △   □
                      Amas Nébuleuse Galaxie

SCUTUM

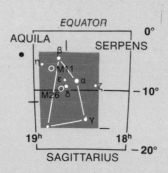

SERPENS

(Pour cette constellation, consultez les pages 170 et 171).

SEXTANS

Sextantis   Sex   *Le Sextant*

Cette petite constellation fut nommée par Hévélius, en l'honneur du grand sextant qu'il utilisait à Danzig, de 1658 à 1679, pour répertorier le ciel. Le sextant fut détruit par le feu. La constellation du Sextant se trouve juste au Sud de Régulus.

α est une étoile AO, de magnitude 4,50 et située à 272 a.l.

β est une étoile B5, de magnitude 4,95 et située à 362 a.l.

γ est une étoile AO, de magnitude 5,16 et située à 233 a.l.

TAURUS

Tauri   Tau   *Le Taureau*

Ce fut le taureau (Jupiter déguisé) qui, dans la légende grecque, emporta Europa, la très jolie fille du roi de Phénicie, en Crète. Cette constellation était aussi reconnue comme le taureau crétois et le taureau égyptien « Apis ». Le point vernal était ici, 2 000 avant Jésus-Christ. Aujourd'hui, le Soleil est dans le Taureau, du 14 Mai au 21 Juin. La face du Taureau est l'amas des Hyades. Sur son épaule, se trouvent les Pléiades.

α, **Aldebaran,** « le compagnon » des Pléiades et oeil du Taureau, est située entre nous et les Hyades. Elle n'est qu'à 68 a.l. Elle est de type spectral K5 III, de magnitude variable d'environ 0,85.

β, **El Nath,** « celle qui donne un coup de corne », est le bout de la corne. Elle est de magnitude 1,65, de type spectral B7 III et située à 179 a.l.

γ est une étoile gG9, de magnitude 3,86 et située à 142 a.l.

Les Hyades, visibles à l'oeil nu, sont les « étoiles de la pluie », parce que leur lever annonce l'Automne, la saison de la pluie, ou parce qu'elles sont les nymphes qui pleurèrent sur leur frère Hyas, tué par un sanglier. Le diamètre de cet amas est de 6°. Il est situé à 130 a.l.

M45 est l'amas des **Pléiades** ou des **Sept Soeurs,** filles d'Atlas qui soutient le monde sur ses épaules. Elles servaient de repères aux marins grecs. Une légende polynésienne parle d'elles comme d'une brillante étoile brisée par le dieu Tane parce qu'elle s'était vantée. Ce groupe a un diamètre de 2°. Il est situé à 541 a.l. Atlas et sa mère, Pléione, sont dans ce groupe. Seulement six des étoiles sont visibles à l'oeil nu. Un petit télescope en montre environ 100. Les Pléiades les plus brillantes sont: **Alcyone, Mérope, Célano, Taygeta, Stérope, Électra** et **Maia.** Stérope est parfois épelée Astérope.

M1 est la fameuse **Nébuleuse du Crabe,** constituée des restes d'une brillante supernova observée en Chine, le 4 Juillet 1054. Elle fut visible, le jour, pendant plusieurs mois et, la nuit, pendant plus d'une année. On la discerne dans un petit télescope, mais sans détails. On y a découvert une étoile à neutron (Pulsar) en rotation, une des plus rapides que l'on connaisse. La nébuleuse a un diamètre de 5'. Elle est située à 4 000 a.l.

SEXTANS

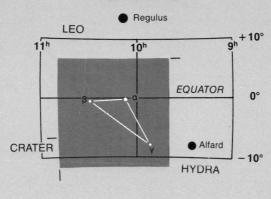

TAURUS

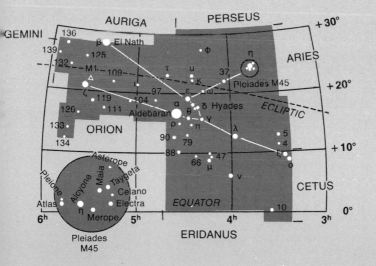

TELESCOPIUM

Telescopii   Tel   *Le Télescope*

Ce groupe d'étoiles était originellement appelé « Tubus Astronomicus». Lacaille le forma avec des étoiles situées entre le Sagittaire et l'Autel. Il y avait également une autre constellation appelée le Télescope d'Herschel, en l'honneur de Sir William Herschel, mais l'on ne la reconnaît plus. Le Télescope ne contient aucune étoile brillante.

α est une étoile B6, de magnitude 3,76 et située à 652 a.l..

ε est une étoile G5, de magnitude 4,60 et située à 297 a.l.

ζ est une étoile K0, de magnitude 4,14 et située à 148 a.l.

λ est une étoile B9, de magnitude 5,03 et située à une distance indéterminée.

ξ est une étoile M2, de magnitude 4,86 et située à 392 a.l.

ι est une étoile G9, de magnitude 5,02 et située à 544 a.l.

TRIANGULUM

Trianguli   Tri   *Le Triangle*

Étant donné que n'importe quel groupe de trois étoiles peut être relié en triangle, pourquoi celui-ci a-t-il été reconnu comme tel depuis si longtemps? C'est parce qu'il est presque isocèle. Les anciens le dessinaient comme un triangle équilatéral et il l'était probablement à cette époque. L'astronome grec Aratos pensait qu'il représentait l'île de Sicile, dont Cérès était la déesse protectrice. À l'époque de Bayer, quelques-uns l'appelaient la Trinité chrétienne ou la mitre de St-Pierre. Le Triangle se trouve juste au-dessous d'Andromède et au-dessus du Bélier.

α est une étoile F6 IV, de magnitude 3,42 et située à 65 a.l.

β est une étoile géante A5, de magnitude 3,00 et située à 140 a.l.

γ est une étoile A0, de magnitude 4,07 et située à 109 a.l. de la Terre.

M33 est une galaxie de type Sc, de magnitude 6,00, l'une parmi les 3 spirales dans le groupe local des galaxies, dont la Voie Lactée. L'autre spirale est le groupe M31, la fameuse Galaxie d'Andromède. M33 est située à environ 2,4 millions d'a.l. de nous. Son diamètre est d'environ 1°d'arc, deux fois la grosseur apparente de la pleine Lune.

TELESCOPIUM

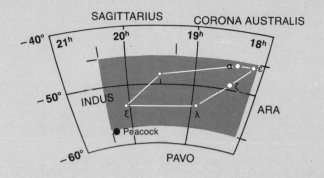

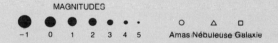

MAGNITUDES

-1 0 1 2 3 4 5

○ Amas △ Nébuleuse □ Galaxie

TRIANGULUM

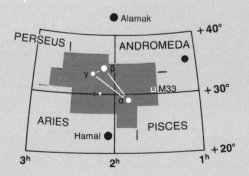

TRIANGULUM AUSTRALE

Trianguli Australis   TrA   *Le Triangle austral*

La description de ce groupe d'étoiles est attribuée à Pieter Theodore (16ᵉ siècle), mais cette constellation fut représentée sur les cartes, pour la première fois, par Bayer, en 1603. Ses étoiles les plus brillantes sont encore plus brillantes que celles du Triangle de l'hémisphère Nord qui fut identifié plusieurs siècles auparavant par les anciens. Pour localiser le Triangle austral, cherchez α et β du Centaure, puis regardez en direction Ouest-Sud-Ouest, en passant par le Compas.

α est une étoile K4 III, de magnitude 1,93 et située à 90 a.l. C'est l'étoile la plus brillante de la constellation.

β est une étoile FO IV, de magnitude 2,84 et située à 42 a.l.

γ est une étoile AO V, de magnitude 2,89 et située à 113 a.l. Elle forme, avec α et β, les trois principaux éléments du triangle.

δ est une étoile GO, de magnitude 4,03 et située à 130 a.l.

ε est une étoile KO, de magnitude 4,11 et située à 112 a.l. Elle repose presque exactement le long du triangle formé par les étoiles β et γ.

NGC 6205 est un amas ouvert dont les étoiles sont de magnitude inférieure à 7.

TUCANA

Tucanae   Tuc   *Le Toucan*

Cette constellation décrit supposément le toucan, un oiseau très connu d'Amérique du Sud. Le nom provient de la langue des Tupi, une tribu indienne que les explorateurs européens découvrirent le long des côtes du Brésil, du Paraguay et de la vallée du fleuve Amazone. Cette constellation ne ressemble guère à son nom, mais elle est très connue à cause du Petit Nuage de Magellan situé sur sa frontière avec l'Hydre, et aussi à cause de l'amas globulaire 47 du Toucan. L'étoile la plus brillante n'est que de magnitude 3.

α est une étoile K4 III, de magnitude 2,87 et située à 62 a.l.

β est une étoile triple dont deux des composantes sont de type B9 et cA2, de magnitude 4,52 et 4,48, séparées de 27,1″ et situées à 148 a.l. La troisième composante est une étoile A2, de magnitude 5,16 et située à 93 a.l. La première paire d'étoiles forme un système alors que la troisième étoile n'est qu'un objet de premier plan.

γ est une étoile FO, de magnitude 4,10 et située à 86 a.l.

δ est une étoile double B9, de magnitude équivalente 4,8 et située à 217 a.l. La séparation est de 6,8″ d'arc.

ε est une étoile B9, de magnitude 4,71 et située à 233 a.l.

ζ est une étoile F8, de magnitude 4,34 et située à 23 a.l.

47 Tucanae (NGC 104) est l'un des amas les plus connus. Situé à 16 000 a.l., il apparaît, à l'oeil nu, comme une « étoile diffuse » de magnitude 4. Au petit télescope, on le voit comme une sphère d'étoiles très brillantes, d'un diamètre de 44′ d'arc.

TRIANGULUM AUSTRALE

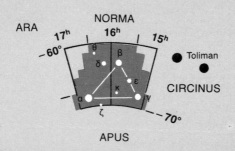

MAGNITUDES

-1 0 1 2 3 4 5   Amas Nébuleuse Galaxie

TUCANA

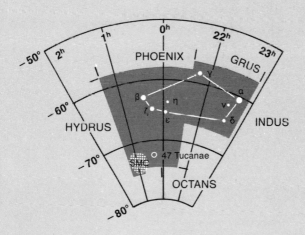

URSA MAJOR

Ursae Majoris UMa *La Grande Ourse*

La majorité des habitants de l'hémisphère Nord reconnaissent les sept étoiles brillantes de la Grande Casserole. Les « Gardes » nous aident à trouver l'Étoile polaire. Plusieurs cultures différentes ont représenté ces étoiles comme une ourse, mais les Indiens d'Amérique savaient que les ours n'ont pas la queue longue. À cause de cela, la « queue » correspondait, pour les Indiens, à trois chasseurs poursuivant un ours, dont l'un transportait une marmite (Alcor) pour la cuisson. En Europe, ce groupe d'étoiles est plus connu sous les noms du Chariot ou de la Charrue.

α, Dubhe (« l'ours » en arabe), est le garde le plus près de l'Étoile polaire. C'est une étoile double (séparation de 1″), apparaissant comme étant de type KO III, de magnitude 1,79 et située à 104 a.l.

β, Merak (« les reins de l'ours »), est le deuxième garde. C'est une étoile de type A1 V, de magnitude 2,37 et située à 78 a.l.

γ, Phecda (« cuisse »), est une étoile de type AO V, de magnitude 2,44 et située à 90 a.l.

δ, Megrez (« racine de la queue »), est une étoile de type A3 V, de magnitude 3,3 et située à 63 a.l.

ε, Alioth (signification inconnue), est une étoile de type AO V, de magnitude 1,78 quelque peu variable et située à 82 a.l.

ζ, Mizar (incorrectement appelée la « ceinture »), est une étoile de type

A2 V, de magnitude 2,09 et située à 88 a.l. Elle a un compagnon, Alcor, situé à 708″ d'arc. On les appelle souvent « le cheval et son cavalier ». Elles servent de test d'acuité visuelle.

η, Alkaid ou **Benetnash**, « fin de la queue », est de type B3 V, de magnitude 1,86 et située à 150 a.l.

M81 est une galaxie de type Sb, de magnitude 7 et située à 6,5 millions d'a.l.

M82 est une galaxie irrégulière de magnitude 9 et située à 6,5 millions d'a.l.

M97 est la Nébuleuse planétaire du Hibou. Elle est de magnitude 11 et située à 12 000 a.l. Elle a une étoile centrale de magnitude 11.

M101 est une galaxie de type Sc, de magnitude 8 et située à 14 millions d'a.l.

URSA MINOR

Ursae Minoris UMi *La Petite Ourse*

Environ 600 ans av. J.-C., Thalès de Milet proposa ce groupe d'étoiles aux marins comme guide. Plusieurs le voyaient comme la « queue » d'un chien, tournant autour de l'Étoile polaire, située à son extrémité. Le mot anglais « Cynosure », (du grec *kynosouras*, la « queue du chien »), fut associé à l'étoile du pôle et à tout autre point d'intérêt. Plusieurs autres cultures virent en elle toutes sortes d'objets, à partir d'un chacal jusqu'à des diamants. La nomenclature « Petite Ourse » est relativement récente.

α, Polaris ou **Stella Polaris**, l'Étoile polaire du Nord, est une variable céphéide de type spectral F8 Ib, de magnitude 1,99 et située à 782 a.l. Elle a un compagnon de magnitude 9 et distant de 18″ d'arc.

β, Kochab, est une étoile géante de type K4 III, de magnitude 2,07 et située à 104 a.l.

γ, Pherkad, est une étoile de type A3 II-III, de magnitude 3,04 et située à 270 a.l.

δ, Yildun (« étoile supérieure »), est une étoile de type AO, de magnitude 4,44 et située à 233 a.l.

ε est une étoile de type gG5, de magnitude 4 et située à 300 a.l. C'est une binaire à éclipse, d'une période de 39,5 jours.

ζ est une étoile de type A2, de magnitude 4,34 et située à 217 a.l.

URSA MAJOR

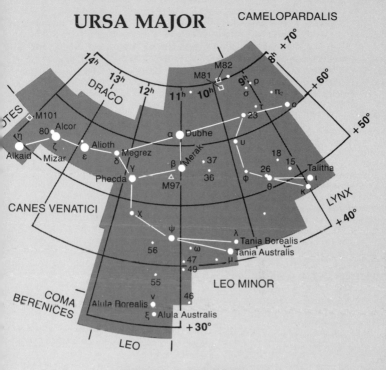

CAMELOPARDALIS

+70°
+60°
+50°
+40°
+30°

8ʰ
9ʰ
10ʰ
11ʰ
12ʰ
13ʰ
14ʰ

DRACO

M82
M81

ρ
σ
πc
τ
23
ο
u
18
15
26
φ
θ
κ
Talitha
ι

M101
η
80
Alcor
ζ
Mizar
ε
Alioth
δ
Megrez
γ
Phecda
α
Dubhe
β
Merak
Δ
M97
37
36

Alkaid

χ
ψ
56
λ
ω
μ
Tania Borealis
Tania Australis
47
49
55
46
ν
Alula Borealis
ξ
Alula Australis

BOOTES

CANES VENATICI

COMA
BERENICES

LEO

LYNX

LEO MINOR

URSA MINOR

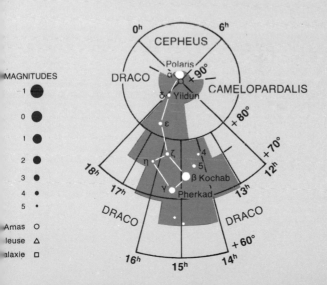

0ʰ
6ʰ
CEPHEUS
Polaris
α
DRACO
δ
Yildun
ε
CAMELOPARDALIS
+90°
+80°
+70°
+60°

τ
η
γ
4
5
β Kochab
γ
Pherkad

18ʰ
17ʰ
16ʰ
15ʰ
14ʰ
13ʰ
12ʰ

DRACO

MAGNITUDES

-1
0
1
2
3
4
5

Amas   O
Nébuleuse   Δ
Galaxie   □

VELA

Velorum   Vel   *Les Voiles*

C'est la voilure du « Navire d'Argo ». On trouve cette constellation au-dessus de la Carène et sous la Boussole. Elle contient plusieurs étoiles brillantes, mais aucune désignée par α ou β puisque celles-ci furent transférées à d'autres constellations quand le Navire fut séparé en plusieurs constellations.

, **Alsuhail,** « éclatante » ou « glorieuse », est également un nom donné à α de la Carenne. C'est une étoile très chaude de type WC8, de magnitude 1,83 et située à 520 a.l.

δ est une étoile double (séparation de 3″ d'arc) de type spectral apparent A0 V, de magnitude 1,95 et située à 75 a.l. Elle a un compagnon tout près, lui aussi double.

κ est une étoile de type B2 IV, de magnitude 2,49 et située à 470 a.l.

λ est une étoile de type K4 lb, de magnitude 2,24 et située à 750 a.l.

φ est une étoile de type B7, de magnitude 3,70 et située à 1 800 a.l.

μ est une étoile de type G5 III, de magnitude 2,67 et située à 108 a.l.

VIRGO

Virginis   Vir   *La Vierge*

Cette constellation fut assimilée dans l'ancienne Égypte, à une vierge (peut-être la déesse Isis) et à une femme, dans plusieurs légendes. Dans la mythologie classique, elle représente la déesse de la Justice, Astrée, fille de Zeus et de Thémis. À côté d'elle, se trouve la Balance. Pour d'autres cultures, elle était la fille de Cérès, déesse de la moisson, tenant un épi de blé. La Vierge fait partie du zodiaque. Le Soleil s'y trouve du 21 Septembre au 1er Novembre.

α, Spica, « l'épi de blé », était adorée par les anciens Égyptiens. C'est l'une des étoiles les plus brillantes, une variable à éclipses, de magnitude variant de 0,91 à 1,01, de type spectral B1 V et située à 260 a.l.

β, **Zavijava,** « l'angle » ou le « coin », est une étoile de type dF8, de magnitude 3,80 et située à 32 a.l.

γ, Porrima, est une étoile double (séparation de 3,9″ d'arc) dont les composantes sont de type dFO et de magnitude 3,5, pour une magnitude équivalente de 2,76. Elle est située à 32 a.l. Elle tient son nom d'une déesse de la justice de peu d'importance.

δ est une étoile de type gM3, de magnitude 3,66 et située à 181 a.l.

ε, **Vindemiatrix,** « vendangeur » (parce qu'elle se lève le matin tout juste avant la période des vendanges), est une étoile de type G9 II-III, de magnitude 2,83 et située à 90 a.l.

η, Zaniah, « meute » (les Arabes croyaient qu'elle faisait partie d'une meute). C'est une étoile de type spectral A0, de magnitude 4 et située à 142 a.l.

ι, **Syrma,** « traînée de la robe », est une étoile de type dF5, de magnitude 4,16 et située à 74 a.l.

VELA

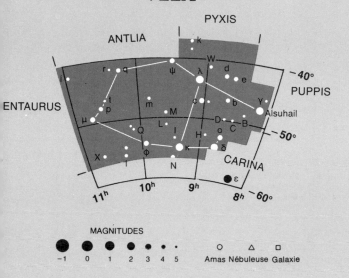

PYXIS

ANTLIA

PUPPIS

ENTAURUS

Alsuhail

CARINA

MAGNITUDES

-1 0 1 2 3 4 5   Amas Nébuleuse Galaxie

VIRGO

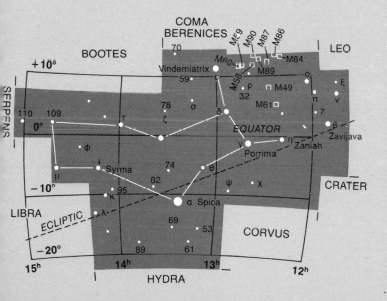

COMA BERENICES

BOOTES

LEO

SERPENS

Vindemiatrix

M49

EQUATOR

Zavijava

Porrima

Zaniah

Syrma

CRATER

Spica

LIBRA

CORVUS

ECLIPTIC

HYDRA

VOLANS

Volantis   Vol   *Le Poisson Volant*

Cette constellation, très au Sud, fut originellement appelée Piscis volans par Bayer, en 1603. Elle est située entre l'étoile brillante Miaplacidus (β de la Carène) et le Grand Nuage de Magellan. Ses étoiles les plus brillantes sont de magnitude 4. Elle n'a aucune mythologie puisqu'elle fut décrite dans les temps modernes. Elle immortalise le poisson volant que les explorateurs européens virent dans les eaux tropicales du Nouveau Monde.

α est une étoile de type A5, de magnitude 4,18 et située à 69 a.l.

β est une étoile de type KI, de magnitude 3,65 et située à 112 a.l.

γ est une étoile double. γ$_1$ est de magnitude 5,81 et de type spectral G0. γ$_2$ est de magnitude 3,87 et de type spectral F5. La séparation est de 13,7″ d'arc. Le système est à 130 a.l. de notre système solaire.

δ est une étoile de type F5, de magnitude 4,02 et située à 1 900 a.l.

ε est une étoile de type B8, de magnitude 4,46 et située à 652 a.l.

ζ est une étoile double (séparation 6,1″ d'arc) apparaissant comme une étoile KO de magnitude 3,89 et située à 117 a.l.

VULPECULA

Vulpeculae   Vul   *Le Renard*

Cette constellation fut tout d'abord appelée *Vulpecula cum Ansere,* le « Renard et l'Oie », par Hévélius. Elle se trouve entre le Cygne, au Nord, et le Dauphin et la Flèche, au Sud. Trouvez l'étoile Albireo (β du Cygne), puis cherchez le Renard, légèrement vers le Sud-Est. Il n'y a aucune étoile brillante. Cette constellation est surtout connue par la Nébuleuse des Haltères qu'elle contient.

α est une étoile géante M1, de magnitude 4,63 et située à 272 a.l. C'est la seule étoile identifiée par une lettre grecque.

13 Vulpeculae est une étoile de magnitude 4,5, de type spectral A0 et située à 272 a.l.

15 Vulpeculae est une étoile de type A5, de magnitude 4,74 et située à 130 a.l.

21 Vulpeculae est une étoile de type A3, de magnitude 5,2 et située à 272 a.l.

1 Vulpeculae est une étoile de type B5, de magnitude 4,60 et située à 326 a.l.

M27 est la fameuse **Nébuleuse des Haltères.** C'est une nébuleuse planétaire de magnitude 8, de 7′ d'arc de longueur et située à 3 500 a.l.

VOLANS

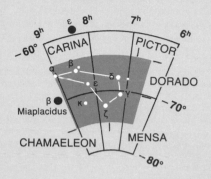

VULPECULA

LE SYSTÈME SOLAIRE

Le système solaire est constitué de neuf planètes principales, de plus de trois douzaines de satellites naturels, de centaines de milliers d'astéroïdes (petites planètes) et peut-être de milliards de météorites et comètes. De plus, l'espace interplanétaire est rempli d'un gaz très ténu et de poussières cosmiques. À la page 201, on aperçoit une illustration des planètes orbitant autour du Soleil. Comme on le voit, le plan du système solaire est incliné d'environ 60° par rapport au plan de la Voie Lactée. La différence entre la distance et la dimension des objets est tellement grande qu'on ne peut pas représenter les deux à la même échelle. Toutefois l'illustration du bas est à l'échelle : elle compare la dimension des planètes à celle du Soleil.

L'unité de mesure commode à utiliser dans le système solaire est l'*unité astronomique* (UA) : c'est la distance moyenne Terre-Soleil, soit 150 millions de km. La vitesse de la lumière fournit une autre façon de mesurer les distances. Ainsi la lumière du Soleil prend 8 minutes pour ariver à la Terre et environ 5 heures pour se rendre à Pluton située à 40 UA. Le plus proche système solaire voisin du nôtre est à 300 000 UA et cette distance équivaut à environ 1/24 000 du diamètre de notre galaxie.

On peut classer les planètes d'après leurs propriétés physiques. Les planètes terrestres (Mercure, Vénus, Terre, Mars et peut-être Pluton) sont relativement petites, denses et de nature rocheuse ; certaines possèdent une mince atmosphère et d'autres n'en ont pas. Les planètes *joviennes* (Jupiter, Saturne, Uranus et Neptune) sont grosses, de faible densité et entourées d'une épaisse atmosphère.

Il est également possible de classer les planètes d'après leur position à l'intérieur du système solaire. On retrouve alors les planètes *intérieures* (Mercure et Vénus), dont les orbites sont plus petites que celle de la Terre, et les planètes *extérieures* (Mars, Jupiter, Saturne, Uranus, Neptune, Pluton) qui sont situées au-delà de la Terre.

Si on s'élevait très loin dans l'espace, du côté du PNC, nous verrions que toutes les planètes tournent autour du Soleil, dans le sens antihoraire : on dit qu'il s'agit d'un *mouvement direct*. Les astéroïdes et plusieurs satellites naturels orbitent dans le sens direct mais quelques satellites et plusieurs comètes ont des orbites *rétrogrades*.

Quelques planètes ne sont pas parfaitement sphériques mais de forme ellipsoïdale. Les planètes sphériques ont un indice d'aplatissement de 0. La *vitesse d'échappement* d'une planète est la vitesse qu'il faut communiquer à un objet pour qu'il quitte la planète sans jamais revenir. L'*albédo*, ou pouvoir réfléchissant, est un nombre qui mesure la fraction de lumière incidente qui est réfléchie par la planète. On parle de *rotation* d'une planète sur elle-même et de *révolution* d'une planète autour du Soleil. Pour plus de détails sur les mouvements planétaires voir pp. 246-248.

Les satellites artificiels et les sondes spatiales obéissent aux mêmes lois que les autres corps du système solaire. On peut parfois apercevoir à l'oeil nu ou dans un instrument des satellites artificiels lorsqu'ils réfléchissent suffisamment les rayons solaires vers la Terre. Ce sont évidemment les plus rapprochés qui se déplacent le plus rapidement parmi les étoiles.

LE SOLEIL

Prenez toujours les précautions nécessaires lorsque vous observez le Soleil: voir p. 206. Le Soleil est notre étoile, i.e. une immense sphère gazeuse qui émet dans l'espace 4×10^{26} joules d'énergie par seconde. La Terre reçoit seulement un deux millionièmes de cette énergie. Situé à 150 millions de km de nous, soit 107 fois son diamètre, le Soleil a un diamètre de 1 392 000 km (109 fois celui de la Terre). Par l'observation des taches solaires, on trouve qu'il tourne sur lui-même, dans le sens direct, avec une période de 26 jours à l'équateur et de 37 jours près des pôles.

Le Soleil tire son énergie de la fusion thermonucléaire de l'hydrogène en hélium, qui a lieu en son centre où la température atteint le 15 millions de degrés Kelvin et où la densité du gaz est 8 fois supérieure à celle de l'or. Il faut des millions d'années à l'énergie produite au centre pour atteindre la surface. Les modèles stellaires théoriques et les observations faites dans le système solaire indiquent que notre étoile brille depuis environ 4,5 milliards d'années.

La *photosphère* constitue la « surface » du Soleil: c'est de cette partie du Soleil que nous arrive la lumière visible. Une *tache solaire* est une région plus froide de la photosphère et probablement causée par des « orages » magnétiques.

Alors que la température moyenne de la photosphère est de 6 000 degrés Kelvin, celle d'une tache solaire peut atteindre 1 000 degrés de moins. Une tache paraît sombre à cause du contraste avec les régions environnantes, plus chaudes. Le nombre des taches solaires varie de façon cyclique selon une période moyenne de 11 ans (la période oscille entre 8 et 15 ans). Le comptage et le repérage des taches solaires est une activité intéressante pour l'astronome amateur.

La *chomosphère* est située directement au-dessus de la photosphère. Cette partie de l'atmosphère solaire, visible lors d'une éclipse de Soleil, tire son nom de sa couleur rougeâtre. C'est dans la chromosphère que sont produites les raies spectrales du spectre solaire.

Au-dessus de la chromosphère et s'étendant très loin dans l'espace, on retrouve la *couronne solaire*: celle-ci est constituée d'un gaz très ténu mais dont la température dépasse le million de degrés. Les télescopes-coronographes permettent d'observer sa partie inférieure. La couronne externe n'est visible que lors des éclipses totales de Soleil.

De la photosphère qui est en perpétuelle agitation, se détachent parfois d'immenses flammes rouges, les *protubérances*. Elles peuvent s'élever à plusieurs centaines de kilomètres de hauteur pour ensuite retomber sur la photosphère.

À l'aide de filtres monochromatiques, on peut également apercevoir de très grandes plages claires qui subissent de rapides variations de forme et d'intensité: ce sont les *éruptions chromosphériques*. Des jets de particules chargées s'en échappent et peuvent parvenir à la Terre plusieurs jours plus tard. Les particules en question causent alors des *aurores boréales* et perturbent les communications radio.

Jet de matière dans
la couronne

Protubérance

CHROMOSPHÈRE

TACHE SOLAIRE

PHOTOSPHÈRE

INTÉRIEUR DU
SOLEIL

LES ÉCLIPSES DE SOLEIL

Lorsque la Lune passe directement entre la Terre et le Soleil, elle bloque la lumière de ce dernier et nous assistons à l'un des plus beaux spectacles de la nature: une éclipse de Soleil. Les éclipses ont également un grand intérêt scientifique.

L'ombre de la Lune est constituée de deux parties distinctes. L'*ombre* proprement dite (partie interne) a la forme d'un cône; de l'intérieur de ce cône, on ne peut pas voir le Soleil. Mais il y a aussi la *pénombre* (partie externe) où il est possible d'apercevoir une fraction du disque solaire.

C'est seulement à l'époque de la Nouvelle Lune, alors que la Lune est située entre le Soleil et la Terre, qu'une éclipse de Soleil peut avoir lieu. Mais comme le plan de l'orbite lunaire est incliné par rapport à l'écliptique, ce n'est pas tous les mois que le cône d'ombre de la Lune balaie la surface du globe pour produire une éclipse: voyez l'illustration du bas à la page 205. Mais quelques fois par année, il arrive que le cône d'ombre atteigne la Terre et on assiste alors à une éclipse. Si seulement la *pénombre* atteint la Terre, on voit une éclipse *partielle*. À ces occasions, 90% du disque solaire peut être caché et beaucoup de gens ne remarqueront même pas le phénomène tellement il reste encore de lumière.

Si l'*ombre* est projetée sur la surface de la Terre, on assiste donc à une éclipse *totale*. Seulement les observateurs situés à l'intérieur de la zone d'ombre voient une éclipse totale; les autres voient une éclipse partielle ou ne voient rien du tout. Comme la Lune et la Terre se déplacent l'une par rapport à l'autre, le bout du cône d'ombre balaye une bande étroite de la surface de la Terre, à une vitesse d'environ 1 600 km/h, vers l'Est. La durée de la totalité dépend de la largeur du cône d'ombre et de la géométrie du phénomène: la durée maximale est de 7,5 minutes environ. Pendant cette phase, le disque solaire est entièrement obscurci et on peut admirer la couronne solaire.

L'orbite de la Lune est elliptique et parfois l'ombre n'atteint pas tout à fait la surface du globe: on observe alors une éclipse annulaire et le disque solaire obscurci reste entouré d'un anneau de lumière.

Lors d'une éclipse, le *premier contact* est l'instant où le disque lunaire touche celui du Soleil. Le début de la totalité (si elle a lieu) constitue le *second contact*. La fin de la totalité est le *troisième contact* et la fin de l'éclipse, le *quatrième contact*. Au moment où le dernier morceau du disque solaire disparaît, et aussi lorsqu'il réapparaît, on peut observer le magnifique effet de la «*bague de diamant*». Les petites taches de lumière qui filtre à travers les vallées du bord de la Lune s'appellent les *perles de Bailey*.

Il se produit au moins deux éclipses de Soleil par année et un maximum de cinq est possible annuellement. Trois peuvent être totales ou annulaires, mais il se peut aussi qu'elles soient toutes partielles. Bien que les éclipses de Soleil soient plus fréquentes que les éclipses de Lune, elles sont moins familières parce que les conditions de visibilité sont plus contraignantes. En moyenne, c'est seulement à tous les 360 ans qu'une éclipse totale de Soleil peut être observée en un lieu donné.

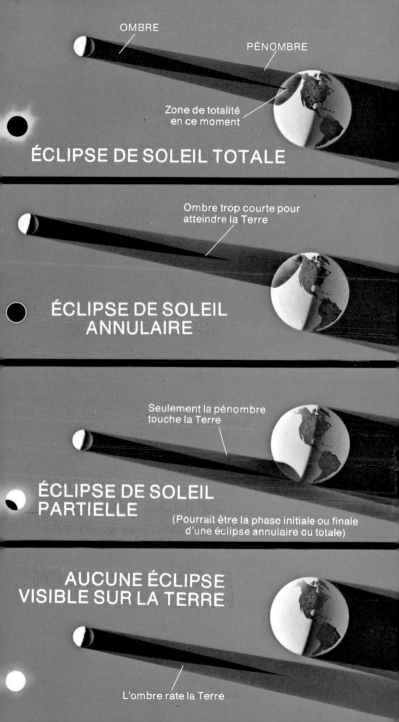

OMBRE

PÉNOMBRE

Zone de totalité
en ce moment

ÉCLIPSE DE SOLEIL TOTALE

Ombre trop courte pour
atteindre la Terre

ÉCLIPSE DE SOLEIL
ANNULAIRE

Seulement la pénombre
touche la Terre

ÉCLIPSE DE SOLEIL
PARTIELLE

(Pourrait être la phase initiale ou finale
d'une éclipse annulaire ou totale)

AUCUNE ÉCLIPSE
VISIBLE SUR LA TERRE

L'ombre rate la Terre

COMMENT OBSERVER LE SOLEIL
EN TOUTE SÉCURITÉ

Pour observer le Soleil en toute sécurité, il faut prendre les précautions nécessaires. Pour l'observation en groupe, une méthode intéressante consiste à fabriquer une boîte solaire, i.e., une sorte de caméra « à trou d'aiguille ». Prenez une boîte de carton allongée, enlevez l'un des côtés et collez un papier blanc à l'intérieur d'un des bouts. À l'autre bout, faites un trou de 2 cm et recouvrez-le de papier aluminium ; percez-y un trou de 3 mm avec le plus grand soin possible.

Pointez la boîte solaire vers le Soleil et ajustez l'orientation pour que l'image du Soleil tombe sur le morceau de papier blanc. Si l'image est trop pâle, agrandissez le trou, mais pas trop, car la qualité de l'image se détériorera. Pour plus de durabilité, remplacez le papier d'aluminium par une feuille d'aluminium ou de cuivre plus rigide dans laquelle vous percerez un trou de diamètre approprié.

Une technique de projection plus sophistiquée consiste à utiliser une lentille, des jumelles ou un télescope. MAIS NE REGARDEZ JAMAIS LE SOLEIL À TRAVERS CEUX-CI. Si vous utilisez des jumelles ou un télescope, servez-vous de leur ombre pour les aligner vers le Soleil et d'un carton blanc, en guise d'écran. Si l'instrument possède des lentilles cimentées, ne le pointez pas trop longtemps vers le Soleil car celles-ci pourraient être détruites par la chaleur.

On trouve sur le marché des filtres spéciaux pour l'observation du Soleil au télescope. Bien que ces filtres soient de prix relativement élevé, il vaut mieux les utiliser et ne jamais improviser dans ce domaine. Les filtres neutres que l'on retrouve en photographie sont tout à fait *inadéquats,* que ce soit pour l'observation à l'oeil nu, au télescope ou même à travers l'objectif d'une caméra. Ces filtres laissent passer le rayonnement infrarouge qui est dangereux.

Pour une observation momentanée du Soleil, on peut fabriquer un filtre avec une pellicule photographique. Il faut pour cela se procurer un film noir et blanc (pas couleurs), l'exposer *entièrement* à la lumière et le faire développer. Faites un sandwich, avec au moins deux épaisseurs de pellicule entre des morceaux de verre, et faites tenir le tout à l'aide de ruban adhésif. Vous pourrez observer le Soleil à travers ce filtre, mais pas plus de cinq secondes consécutives : ce temps est suffisant pour suivre l'évolution d'une éclipse de Soleil.

C'est *seulement* pendant les quelques minutes où le disque solaire est entièrement caché par la Lune qu'on peut regarder le Soleil directement, sans danger. On aperçoit alors la couronne solaire qui émet moins de lumière que la Pleine Lune. Dès que le Soleil réapparaît, utilisez à nouveau les filtres ou la boîte solaire. Certaines personnes croient que les rayons solaires sont plus dangereux lors d'une éclipse. C'est faux ! Mais à cette occasion, il y a plus de gens à regarder le Soleil et le nombre d'accidents est plus élevé. L'observation du Soleil exige une très grande prudence : on peut devenir complètement aveugle sans s'en apercevoir sur le coup parce que les effets ne sont pas toujours instantanés. Mais si les précautions nécessaires sont prises, il n'y a pas de raison de se priver du plaisir d'observer notre astre du jour.

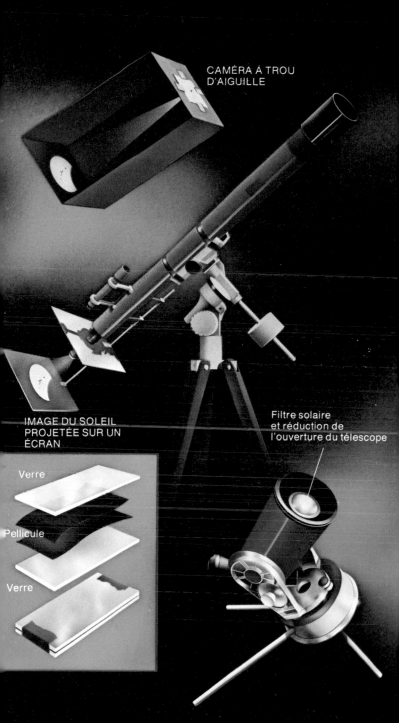

CAMÉRA À TROU
D'AIGUILLE

IMAGE DU SOLEIL
PROJETÉE SUR UN
ÉCRAN

Filtre solaire
et réduction de
l'ouverture du télescope

Verre

Pellicule

Verre

TABLEAU ET CARTES DES ÉCLIPSES DE SOLEIL

Le tableau ci-dessous fournit les dates des éclipses de Soleil pour la période de 1982-1989. Le type d'éclipse est indiqué par une lettre : *T* pour totale, *A* pour annuaire, *P* pour partielle. À quelques occasions, on pourra assister à une éclipse qui est d'abord annulaire, puis totale, et annulaire à nouveau à la fin du phénomène : on a désigné ce type d'éclipse par *A-T*. Sur les cartes, on n'a pas indiqué où commence et où se termine la totalité.

À la page 209, les cartes montrent la ligne médiane de la zone d'ombre de toutes les éclipses totales et annulaires qui auront lieu d'ici 1999. Un triangle marque où commence l'éclipse et un trait, où elle se termine. Les régions où on observera une éclipse partielle ne sont pas indiquées. La durée du phénomène (totale ou annulaire) dépend de votre position précise à l'intérieur du trajet de l'éclipse.

Pour plus d'information au sujet des éclipses, consultez les pp. 266-268. Si vous désirez faire vos propres prédictions, consultez le *Canon des Éclipses* auquel on fait référence à la page 267. Les revues d'astronomie ont presque toujours des articles très détaillés à l'approche d'une éclipse de Soleil : elles fournissent une carte de la zone de visibilité de l'éclipse, les heures du premier contact, de la totalité... pour différentes localités ainsi que divers conseils utiles à l'observation du phénomène. Il y a aussi plusieurs compagnies qui offrent des voyages ou des croisières pour aller observer les éclipses un peu partout dans le monde. Consultez les pages 267-268 et lisez les annonces publicitaires dans les revues d'astronomie.

ÉCLIPSES DE SOLEIL 1982-1989

Date	Type	Région de visibilité
1982 25 Jan.	P	Pacifique Sud
1982 21 Juin	P	Afrique, Pacifique Sud
1982 29 Juin	P	Amérique du Nord
1982 15 Déc.	P	Moyen-Orient
1983 11 Juin	T	Océan Indien, Indonésie, Nouvelle-Guinée
1983 4 Déc.	A	Océan Atlantique, Afrique
1984 30 Mai	A	Pacifique, Mexique, États-Unis, Afrique du Nord
1984 22 Nov.	T	Indonésie, Nouvelle-Guinée, Pacifique Sud
1985 19 Mai	P	Amérique du Nord
1985 12 Nov.	T	Antarctique, Atlantique Sud
1986 9 Avr.	P	Océan Indien
1986 3 Oct.	A-T	Océan Atlantique au sud du Groenland
1986 29 Mars	A-T	Argentine, Atlantique Sud, Afrique du Sud
1987 23 Sept.	A	Asie centrale, Chine, Pacifique
1988 18 Mars	T	Océan Indien, Indonésie, Pacifique Nord
1988 11 Sept.	A	Océan Indien, Pacifique Sud
1989 7 Mars	P	Amérique du Nord
1989 31 Août	P	Océan Indien

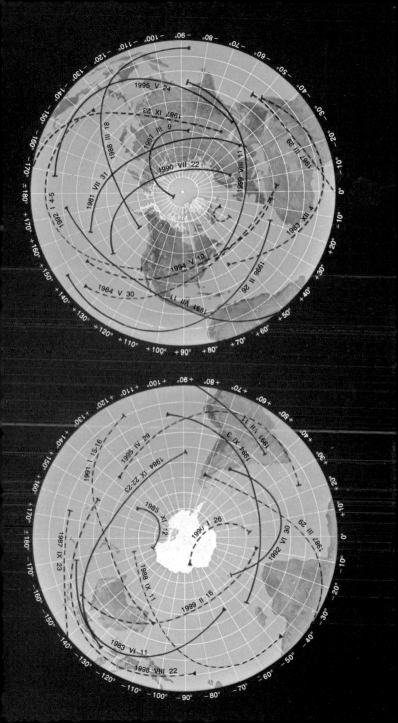

LA LUNE

La Lune, notre plus proche voisin dans l'espace, a un diamètre de 3 476 km (2 160 mi), soit le quart du diamètre de la Terre : c'est, toutes proportions gardées, le plus gros satellite naturel du système solaire. On appelle d'ailleurs le système Terre-Lune, la *planète double*. À une distance moyenne de 384 403 km, (238 000 mi), la Lune sous-tend un angle de 0,5° dans le ciel. La distance de notre satellite varie d'environ 48 000 km (30 000 mi) à cause de l'ellipticité de son orbite ; de plus, le plan de l'orbite est incliné d'environ 5° par rapport au plan de l'orbite terrestre autour du Soleil.

Après plus de 4 milliards d'années d'interaction entre la Terre et la Lune (qui se manifeste en particulier par le phénomène des marées), la rotation de la Lune sur elle-même s'est synchronisée sur sa période de révolution : en conséquence c'est toujours la même « face » de la Lune qui est dirigée vers la Terre. Toutefois, à cause d'un léger balancement appelé *libration*, nous pouvons apercevoir 59% de la surface lunaire, le reste étant impossible à voir à partir de la Terre. Il y a toujours la moitié de la surface de la Lune qui est éclairée par le Soleil, mais la fraction de cette partie éclairée que nous pouvons voir dépend de la position relative du Soleil, de la Terre et de la Lune. C'est pourquoi cette dernière passe par différentes *phases*. Au cours d'un mois, toute la surface de la Lune est balayée par les rayons solaires.

La Lune met 27j 7h 43min 12s pour compléter une orbite autour de la Terre. Cet intervalle de temps s'appelle la période *sidérale* : c'est le temps nécessaire pour que la Lune accomplisse une orbite par rapport à la position des étoiles lointaines. Mais il faut un temps plus long pour que celle-ci passe par un cycle complet de ses phases : comme la Terre tourne autour du Soleil, ce dernier semble se déplacer parmi les étoiles. Il faut donc 2,25 jours de plus pour que la Lune recommence un nouveau cycle de ses phases. L'intervalle de temps requis, 29j 12h 44min 3s, s'appelle la période *synodique*.

La *Nouvelle Lune* (N.L.) correspond au moment où le Soleil, la Lune et la Terre sont pratiquement sur une même ligne. À ce moment, la Lune est invisible, excepté s'il y a une éclipse de Soleil. Le *Premier Quartier* (P.Q.) a lieu quand la moitié de la partie visible de la Lune est éclairée, ce qui arrive environ une semaine après la Nouvelle Lune. De la N.L. à la *Pleine Lune* (P.L.), alors que tout le disque lunaire est éclairé, on dit que la Lune *croît*. Entre le P.Q. et la P.L., on qualifie la Lune de *gibbeuse*. Environ une semaine près la P.L., on atteint le *Dernier Quartier* (D.Q.) : la Lune est alors en train de *décroître* vers la Nouvelle Lune.

Il arrive souvent que la Lune semble beaucoup plus grosse à son lever ou à son coucher. Ceci n'est qu'une illusion. On pense que cela est dû à une tendance involontaire de notre cerveau qui compare alors la grosseur de la Lune à des objets visibles à l'horizon.

Enfin, parce que la Lune se tient toujours près de l'écliptique et que la Pleine Lune est toujours à l'opposé du Soleil, la P.L. est haute dans le ciel en hiver et basse, en été.

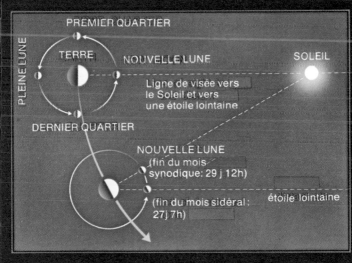

PREMIER QUARTIER

PLEINE LUNE

TERRE

NOUVELLE LUNE

SOLEIL

Ligne de visée vers
le Soleil et vers
une étoile lointaine

DERNIER QUARTIER

NOUVELLE LUNE
(fin du mois
synodique: 29 j 12h)

(fin du mois sidéral :
27 j 7h)

étoile lointaine

RELIEF LUNAIRE

Les astronomes ont de bonnes raisons de croire que la Lune était complètement formée il y a 3 milliards d'années. L'activité volcanique, la chute de météorites et des fractures du sol ont modelé la surface lunaire, surtout à l'origine du système solaire. Le relief qui en est résulté a très peu changé depuis ce temps, car les processus d'érosion sont pratiquement inexistants sur la Lune, celle-ci ne possédant pas d'atmosphère.

Notre satellite naturel est tellement près de nous qu'on peut l'examiner aux jumelles ou au petit télescope: l'observation de sa surface est excitante parce qu'on peut y voir de très nombreux détails. À mesure que l'angle d'arrivée des rayons solaires réfléchis par la Lune change, l'aspect du relief lunaire change également. Depuis des siècles, les personnes ayant un penchant pour l'art ont trouvé une grande source d'inspiration dans l'observation de la Lune.

Si vous faites une observation prolongée de la Lune et que celle-ci est très brillante, insérez un filtre neutre dans l'oculaire du télescope ou diminuez l'ouverture de celui-ci avec un morceau de carton. Autrement, votre acuité visuelle s'amenuisera.

Les *mers* (maria en latin) ne sont pas des étendues d'eau mais de vastes plaines produites probablement par des coulées de lave. Elles sont faciles à repérer à cause de leur couleur plus sombre que le reste du sol lunaire; elles sont parsemées de cratères plus ou moins gros et souvent bordées par des montagnes. Une bonne partie de la face visible de la Lune est recouverte de chapelets de mers. À la page 213, on peut voir un exemple de mer: la Mer de la Sérénité. Il y a d'autres traits du relief lunaire qui portent des noms en relation avec l'eau: on rencontre des *océans* (Oceanus), des *lacs* (Lacus), des *baies* (Sinus), des *marais* (Palus).

Les *cratères*, qui portent des noms d'hommes de science, peuvent atteindre des diamètres allant jusqu'à 240 km. Certains sont d'origine volcanique, d'autres ont été créés par l'écrasement de météorites. Les formations circulaires ayant un diamètre de plus de 80 km sont appelées *cirques*. Plusieurs cratères ont un pic rocheux central, ou piton, mais les cirques n'en ont pas. Les cratères ont habituellement des bords plus escarpés et les montagnes qui les entourent sont plus hautes.

Les *montagnes* ont des dimensions variées. Les pics isolés qui se détachent fortement du sol environnant sont très intéressants à observer, surtout lorsque les ombres sont allongées. Plusieurs portent des noms empruntés à la géographie terrestre. Les *vallées*, surtout les grandes, sont rares: une, très connue, est la Vallée alpine qui s'étend à travers les Alpes lunaires jusqu'à la Mer des Pluies. Les *rainures*, ou crevasses, ressemblent à des lits de rivières sinueuses qui traversent les mers et le fond des cratères (quelquefois des chapelets de cratères ont un aspect similaire). Les *traînées lumineuses* sont des bandes rectilignes de couleur pâle qui rayonnent à partir de jeunes cratères: elles proviennent de matière éjectée lors de l'impact de météorites.

Les *dômes*, difficiles à observer dans de petits télescopes parce qu'ils sont peu élevés, sont de petites élévations de terrain à des endroits où le sol est plat. Il y a parfois un petit cratère au sommet d'un dôme.

Les *failles* sont des fractures du sol lunaire causées par un déplacement de terrain. Les dépressions qui ressemblent à des fossés se nomment *graben*. Le Mur droit, situé près du cratère Birt dans la Mer des Pluies, est la plus connue des formations lunaires causées par un déplacement de terrain.

Une mer lunaire:
la Mer de la Sérénité

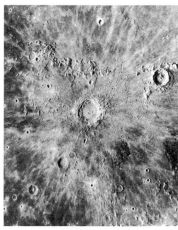

Le cratère Copernic

Une région montagneuse:
les Alpes

Le cratère Tycho et
la région montagneuse
environnante

FORMATIONS LUNAIRES VISIBLES
DANS UN PETIT TÉLESCOPE
PREMIER QUARTIER

À mesure que la Lune croît, le côté ouest (ou Premier Quartier) du disque lunaire s'illumine peu à peu. Chaque nuit, le *Terminateur* (la ligne délimitant la partie sombre de la partie éclairée du disque de la Lune) se déplace sur le sol lunaire: le relief du sol semble changer d'aspect parce que l'angle d'arrivée des rayons solaires varie. C'est le long du terminateur que les traits du relief lunaire ont un contraste maximum.

Les grandes « mers » semblent représenter la figure d'un garçon: il s'agit du « Jack » de la chanson populaire, « *Jack and Jill* ». La Mer de la Sérénité forme sa tête, la Mer de la Tranquillité, son corps, et les Mers de la Fécondité et du Nectar, ses jambes. La Mer des Crises est le « seau » dont on parle dans la chanson. À mesure que la Lune croît, « Jack atteint le haut de la colline » avant Jill: Jill est aperçue sur l'autre moitié du disque lunaire.

MERS ET AUTRES GRANDES FORMATIONS

A. Mer de la Sérénité
B. Mer de la Tranquillité
C. Mer du Nectar
D. Mer de la Fécondité
E. Mer des Crises
F. Mer du Froid
G. Mer de Vapeurs

H. Lac des Songes
J. Lac de la Mort
K. Mer de Vagues
L. Mer de Smyth
M. Mer Écumante
N. Marais du Sommeil

CRATÈRES ET CIRQUES

1. Hipparque
2. Horrocks
3. Albategnius
4. Stöfler
5. Maurolycus
6. Petavius
7. Langrenus
8. Eudoxe
9. Aristote
10. Hercule
11. Atlas

12. Burg
13. Endymion
14. Jules César
15. Aliacencis
16. Werner
17. Manilius
18. Delambre
19. Macrobius
20. Theophilus
21. Posidonius
22. Piccolomini

AUTRES FORMATIONS

a. Vallée alpine
b. Rainure Ariadaeus
c. Les Pyrénées
d. Les Monts Taurus

e. Les Alpes
f. Le Caucase
g. Les Apennins
h. La Vallée de Rheita

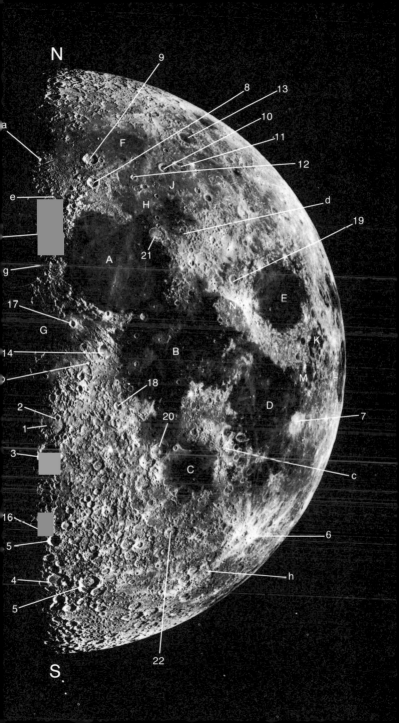

FORMATIONS LUNAIRES VISIBLES
DANS UN PETIT TÉLESCOPE
DERNIER QUARTIER

Sur la moitié *est* du disque de la Lune (Dernier Quartier), se trouvent quelques-unes des plus intéressantes formations du relief lunaire : la Vallée alpine, le Mur droit, le plus brillant cratère (Aristarque), la Chaîne de montagnes droites, les pics Piton et Pico qui s'élèvent presque seuls dans la Mer des Pluies, enfin le grand cirque de Copernic. La région montagneuse de l'hémisphère sud se révèle petit à petit à mesure que change l'angle d'arrivée des rayons solaires.

Le Dernier Quartier nous montre « Jill » de la chanson enfantine, « Jack and Jill » ; toutefois Jill est moins facile à distinguer que Jack. La Mer des Pluies constitue sa tête, l'Océan des Tempêtes, sa robe, et la Mer des Humeurs, ses jambes.

MERS ET AUTRES GRANDES FORMATIONS

A.	Mer des Pluies	G.	Mer des Nuées
B.	Baie des Iris	H.	Baie torride
C.	Mer du Froid	J.	Baie du Centre
D.	Baie de la Rosée	K.	Marais des Nuées
E.	Océan des Tempêtes	L.	Marais de la Putréfaction
F.	Mer des Humeurs	M.	Mer des Vapeurs

CRATÈRES ET CIRQUES

1.	Clavius	14.	Aristillus
2.	Maginus	15.	Epigenes
3.	Tycho	16.	Timocharis
4.	Arzachel	17.	J. Herschel
5.	Alphonsus	18.	Bianchini
6.	Ptolémée	19.	Copernic
7.	Alpetragius	20.	Aristarque
8.	Albategnius	21.	Hérodote
9.	Herschel	22.	Képler
10.	Pallas	23.	Riccoli
11.	Eratosthène	24.	Grimaldi
12.	Archimède	25.	Gassendi
13.	Autolycus		

AUTRES FORMATIONS

a.	Vallée alpine	g.	Les Monts Harbinger
b.	Les Alpes	h.	Les Monts Riphaeus
c.	Le Mont Piton	i.	Le Mur droit
d.	Le Mont Pico	j.	Les Apennins
e.	La Chaîne droite	k.	Les Monts Spitzbergen
f.	Les Monts Jura		

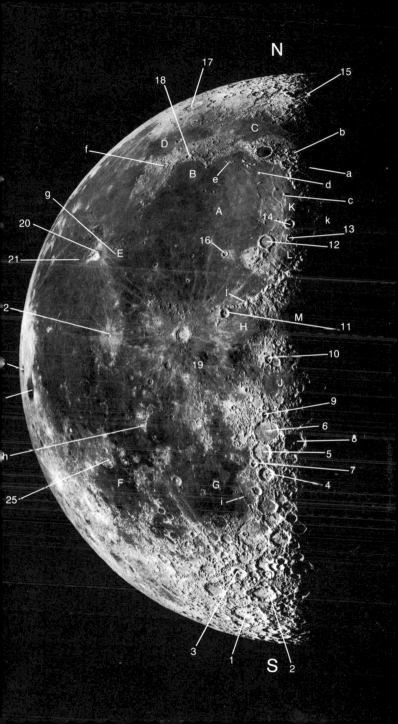

LES PHASES DE LA LUNE

La Lune tourne autour de la Terre, de l'Ouest vers l'Est, mais elle se lève malgré tout à l'Est pour se coucher à l'Ouest, à cause de la rotation de la Terre. De plus, la lumière qui nous arrive de la Lune est simplement la lumière solaire réfléchie par sa surface. Si vous vous souvenez de ces trois faits, vous n'aurez pas de difficulté à prédire les phases de la Lune, l'époque où elle est visible et les heures de la journée où elle peut être aperçue.

Dans sa course autour de la Terre, la Lune se déplace de façon à augmenter son ascension droite. Dans le ciel du Sud, le mouvement apparent de la Lune se fait vers la gauche. Il est facile de détecter ce déplacement parmi les étoiles car la Lune se déplace d'environ une fois son diamètre (0,5°) en une heure.

Mais en même temps, le mouvement apparent de la sphère céleste occasionne un déplacement de 15° par heure, dans le sens opposé (vers l'Ouest). C'est pourquoi la Lune se lève à l'horizon est et se couche à l'horizon ouest, comme la plupart des autres objets célestes.

À l'époque de la Nouvelle Lune, celle-ci se lèvera approximativement en même temps que le Soleil. Elle sera au-dessus de l'horizon durant le jour, bien qu'invisible. Vingt-quatre heures plus tard, elle se sera déplacée à l'Est du Soleil de telle sorte qu'elle se lèvera peu de temps après celui-ci, le suivra dans le ciel et se couchera peu après le coucher de l'astre du jour. À ce moment, un fin croissant de Lune sera visible à l'horizon ouest, au coucher du Soleil.

Environ une semaine après la Nouvelle Lune, le Soleil, la Terre et la Lune feront un angle droit ; ainsi la Lune sera à 90°, à l'Est du Soleil : c'est le Premier Quartier et elle sera au méridien au coucher du Soleil et se couchera vers minuit. Chaque nuit, elle se lèvera (et se couchera) de plus en plus tard. En moyenne, le délai supplémentaire est de 50 minutes par jour, mais il varie énormément de saison en saison.

La lune gibbeuse se trouve dans le ciel du Sud-Est, au coucher du Soleil, et elle se couche après minuit. Deux semaines après la Nouvelle Lune, la Pleine Lune se trouve à l'opposé du Soleil : elle se lève donc au coucher du Soleil et se couche à son lever.

Après la Pleine Lune, la Lune se lève après le coucher du Soleil ; elle n'est pas visible tôt le soir. Elle est maintenant en train de décroître. Au moment du Dernier Quartier, elle se lève à minuit et se trouve au méridien, au lever du Soleil : elle reste visible jusque vers midi. Par la suite, elle se lève de plus en plus tard et son croissant s'amenuise jusqu'à ce qu'elle se retrouve en ligne avec le Soleil pour un nouveau cycle de ses phases, ou *Lunaison*.

L'intervalle de temps entre deux Nouvelles Lunes s'appelle le *mois synodique* et sa durée est de 29,53059 jours. Ceci correspond à 2,25 jours de plus que l'intervalle de temps mis par la Lune pour accomplir un tour complet (360°) autour de la Terre. Ce dernier intervalle de temps s'appelle le *mois sidéral* et a une durée de 27,32166 jours. La raison de cette différence vient du mouvement apparent du Soleil, vers l'Est, par rapport aux étoiles. Au moment où la Lune est revenue dans la région du ciel, où elle se trouvait alignée avec le Soleil le mois précédent, le Soleil, lui, s'est déplacé et la Lune a besoin de 2,25 jours supplémentaires pour le rattraper.

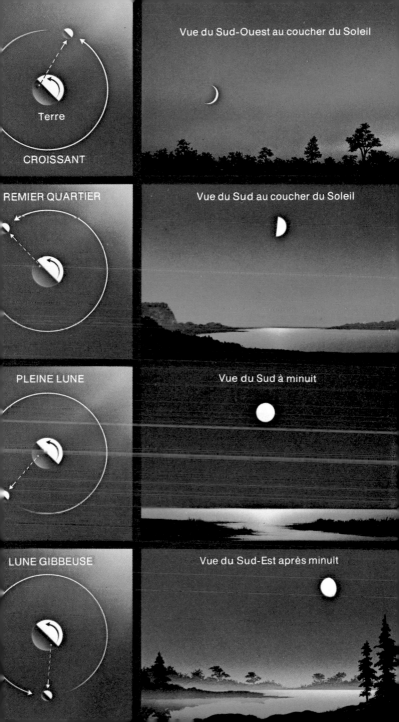

CROISSANT

Terre

Vue du Sud-Ouest au coucher du Soleil

PREMIER QUARTIER

Vue du Sud au coucher du Soleil

PLEINE LUNE

Vue du Sud à minuit

LUNE GIBBEUSE

Vue du Sud-Est après minuit

LES MARÉES

Bien que les principes physiques fondamentaux responsables du phénomène des marées soient relativement simples, l'interaction des masses d'eau avec les fonds marins et l'irrégularité des côtes rendent difficiles les prédictions locales des marées. Sur la page suivante, en haut, les flèches représentent la force d'attraction gravitationnelle que la Lune exerce sur différentes parties de la Terre : l'intensité de la force est proportionnelle à la longueur des flèches. La Lune attire plus fortement la partie du globe située du côté de la Lune que le centre de la Terre, et plus fortement le centre que la partie opposée à la Lune. Ce sont des forces différentes qui causent les marées. En gros, on peut dire que l'eau située du côté de la Lune « tombe » vers celle-ci plus vite que le centre de la Terre et que ce dernier « tombe » vers la Lune plus vite que l'eau située du côté opposé.

La figure du bas, à gauche, illustre la force nette exercée sur une goutte d'eau, après avoir soustrait l'attraction qu'exerce la Lune sur le centre de la Terre. Les flèches en *pointillé* représentent l'attraction de la Terre aux différents endroits considérés. Les flèches en *traits pleins* montrent dans quelle direction une goutte d'eau aura tendance à se déplacer. L'eau a tendance à s'éloigner de la Terre à la fois du côté qui fait face à la Lune et du côté opposé : à ces endroits c'est la *marée haute*. En conséquence, l'eau tend à quitter les régions intermédiaires et, pour elles, c'est la *marée basse*. Comme la Terre tourne sur elle-même et que le renflement de marée demeure en gros aligné le long de la droite Terre-Lune, toutes les régions de la Terre passent chaque jour dans des zones de marées hautes et de marées basses. Toutefois, à cause de l'inclinaison de l'axe de rotation de la Terre, certains endroits du globe peuvent avoir deux marées hautes et deux marées basses d'inégale intensité : voir illustration du bas à droite.

La Lune étant en orbite autour de la Terre, un jour « lunaire » dure environ 25 heures plutôt que 24, c'est pourquoi l'intervalle de temps séparant deux marées hautes est 12,5 heures. La figure du bas, à gauche, illustre pourquoi une localité peut avoir des marées d'inégale intensité.

Le Soleil est 27 millions de fois plus massif que la Lune mais il est situé 400 fois plus loin. Comme les forces de marée décroissent au cube de la distance, l'effet du Soleil est moindre que celui de la Lune. Mais lorsque le Soleil et la Lune sont alignés à la P.L. et à la N.L., leur attraction gravitationnelle combinée est maximale et les marées sont plus importantes : on assiste aux marées de *vive eau*. À l'époque du P.Q. et du D.Q., le Soleil et la Lune forment un angle droit, et les marées sont moins importantes : on assiste aux marées de morte-eau. Quand la Lune est plus près de la Terre, à cause de la forme elliptique de son orbite, les marées sont plus fortes, et vice versa. Si la P.L. ou la N.L. ont lieu lorsque que la Lune est à son périgée (distance minimale : quatre fois par année), les marées sont particulièrement hautes.

Tout ce que nous venons de dire s'applique à une Terre sphérique recouverte entièrement d'eau. Mais seulement 70% de la surface du globe est recouverte d'eau et le fond des océans ainsi que les côtes ont des profils variés. Aussi, en pratique, la topographie locale joue un rôle prédominant quant à l'importance des marées en un endroit donné.

LES MARÉES

Attraction
gravitationnelle

LUNE

TERRE

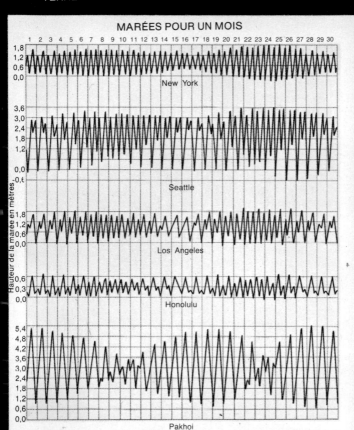

MARÉES POUR UN MOIS

1 2 3 4 5 6 7 8 9 10 11 12 13 14 15 16 17 18 19 20 21 22 23 24 25 26 27 28 29 30

1,8
1,2
0,6
0,0

New York

3,6
3,0
2,4
1,8
1,2
0,0
-0,6

Seattle

Hauteur de la marée en mètres

1,8
1,2
0,6
0,0

Los Angeles

0,6
0,3
0,0

Honolulu

5,4
4,8
4,2
3,6
3,0
2,4
1,8
1,2
0,6
0,0

Pakhoi

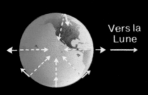

Vers la
Lune

N

Vers la
Lune

Equator

RENFLEMENT
DE MARÉE
(exagéré)

S

LES OCCULTATIONS LUNAIRES

À mesure que la Lune se déplace sur son orbite elle se trouve à passer entre nous et certains objets célestes éloignés. Il arrive donc que certains astres soient éclipsés par le disque lunaire. Lorsque cela se produit, on dit qu'il y a *occultation*. Ainsi la Lune peut projeter l'ombre d'une étoile sur la surface de la Terre. Ce que l'on observe, lors du phénomène, dépend de la position précise de l'observateur dans la zone d'ombre (voir illustration du haut, à la page suivante). La figure du bas montre quatre positions possibles d'un observateur : le *point 1* est situé à la limite nord de l'occultation : les *points 2 et 3* représentent deux positions typiques où l'occultation sera totale ; le *point 4* se trouve à la limite sud de la zone d'occultation.

On peut observer à l'oeil nu des occultations d'étoiles brillantes bien qu'elles soient rares. Juste avant l'occultation, l'étoile semble tout près de la Lune et l'instant suivant elle a disparu. La durée de l'occultation dépend de la position de l'observateur dans la zone d'ombre. La durée maximale est d'environ une heure, soit le temps mis par la Lune pour se déplacer d'une distance égale à son diamètre par rapport aux étoiles. Les étoiles disparaissent instantanément parce que ce sont des points de lumière mais les planètes mettent quelques secondes a le faire car ce sont de petits disques lumineux.

La meilleure façon d'observer une occultation est d'utiliser des jumelles ou un télescope. Au milieu de la page 223, on montre le trajet apparent d'une étoile occultée telle que vue au télescope pour chacun des points d'observations mentionnés plus haut. Il est plus facile d'observer une occultation si celle-ci a lieu du côté non éclairé du disque lunaire. Comme la Lune se déplace vers l'Est, le côté *est* (situé à gauche pour un observateur de l'hémisphère nord) sera sombre entre la N.L. et la P.L. ; le bord *ouest* sera sombre entre la P.L. et la N.L. Dans un télescope, on aura l'impression que c'est l'étoile qui bouge.

Si vous observez un phénomène d'occultation à partir des points 1 ou 4, vous assisterez peut-être à une *occultation rasante,* alors que le disque lunaire ne fera qu'effleurer l'étoile. À l'intérieur d'une bande étroite d'environ 1,5 km de large, on peut voir une étoile disparaître et réapparaître plusieurs fois à cause du profil inégal du bord de la Lune (montagnes séparées par des vallées). La figure du centre, à gauche, donne une idée de ce qui se passe. On ne voit pas les montagnes et les vallées elles-mêmes mais on aperçoit une étoile qui clignote. Souvent des astronomes amateurs se placent à quelques centaines de mètres le long des limites nord et sud de la zone d'ombre pour chronométrer l'événement. À cause de l'imprécision des prédictions, il pourra arriver qu'un observateur situé à la limite de la zone d'ombre n'observe aucune occultation ou une brève occultation totale.

En chronométrant d'une façon très précise les occultations totales, les astronomes peuvent améliorer leurs connaissances du mouvement de la Lune et mesurer les distances entre divers lieux de la Terre. Avant l'avènement de l'ère spatiale, les occultations rasantes constituaient le seul moyen d'étudier la topographie du bord de la Lune. Les revues d'astronomie (voir p. 267) fournissent des prédictions d'occultations lunaires (lieu et heure). Mais les amateurs sérieux peuvent essayer de faire leurs propres prédictions.

OCCULTATIONS LUNAIRES

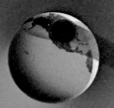

Ombre de la Lune

Vers une étoile lointaine

Très fort grossissement
du bord de la Lune

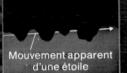

Mouvement apparent
d'une étoile

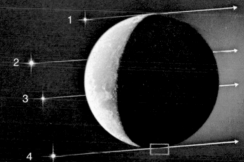

1

2

3

4

1

2

3

4

LES ÉCLIPSES DE LUNE

Une éclipse de Lune a lieu lorsque la Lune passe dans l'ombre de la Terre, situation qui peut se présenter à l'époque de la Pleine Lune. Mais comme le plan de l'orbite lunaire est incliné par rapport à l'écliptique, nous n'observons pas un tel phénomène chaque mois. La dimension de l'ombre projetée par la Terre est inversement proportionnelle à la distance Terre-Soleil qui change durant l'année.

La partie interne de l'ombre de la Terre a la forme d'un cône dont le sommet se trouve du côté opposé au Soleil, à environ 1 392 000 km de la Terre : cette partie constitue à proprement parler le *cône d'ombre* de la Terre. À la distance de la Lune, le diamètre de ce cône est d'environ 9 120 km. La partie externe de l'ombre, appelée *pénombre*, a également une forme conique mais son sommet se trouve du côté du Soleil. Ce cône s'élargit derrière la Terre pour atteindre un diamètre d'environ 16 000 km, à la distance de la Lune.

Une éclipse *due à la pénombre* a lieu lorsque la Lune passe seulement dans cette pénombre ; la diminution de lumière est alors très faible. Si une portion du disque lunaire passe à travers le cône d'ombre, il y a *éclipse partielle*. Il y a *éclipse totale* quand tout le disque lunaire traverse le cône d'ombre de la Terre. Quand le bord de la Lune « touche » le cône d'ombre, c'est le *1 er contact* ; quand le disque entier est à l'intérieur de l'ombre, c'est le *2 e contact* ; quand le bord de la Lune sort de l'ombre, c'est le *3 e contact* et quand la Lune sort complètement de l'ombre, c'est le *4 e contact*. La durée maximale d'une éclipse du 1 er au 4 e contact est d'environ 3h 40 min. L'observation d'une éclipse est possible dès que la lune est au-dessus de l'horizon. Il y a deux à cinq éclipses de Lune par année.

Entre le 1 er et le 2 e contact, le disque lunaire s'obscurcit graduellement pendant un intervalle de temps qui peut atteindre une heure. Durant la totalité, les seuls rayons solaires qui peuvent atteindre la Lune sont ceux réfractés par l'atmosphère terrestre. La quantité de lumière qui filtre ainsi jusqu'à la Lune dépend de la couche de nuages situés le long de la ligne séparant la partie éclairée de la partie non éclairée de la Terre ; parfois la Lune éclipsée a une couleur cuivrée, parfois elle est très sombre. On ne peut pas prévoir quel sera son éclat apparent. Après le 3 e contact, le côté *est* du disque de la Lune s'éclaire et environ une heure plus tard, l'éclipse est terminée.

ÉCLIPSES DE LUNE 1982-1990

Date		HNE mi-éclipse	Type	Durée de totalité	Date		HNE mi-éclipse	Type	Durée de totalité
1982	6 juil.	02 30	T	102 min	**1987**	6 oct.	22 59	P	—
	30 déc.	06 26	T	66 min	**1988**	27 août	06 06	P	—
1983	25 juin	03 25	P	—	**1989**	20 fév.	10 37	T	76 min
1985	4 mai	14 57	T	70 min		16 août	22 04	T	98 min
	28 oct.	12 43	T	42 min	**1990**	9 fév.	14 12	T	46 min
1986	24 avr.	07 44	T	68 min		6 août	09 07	P	—
	17 oct.	14 19	T	74 min					

P = éclipse partielle ; T = éclipse totale

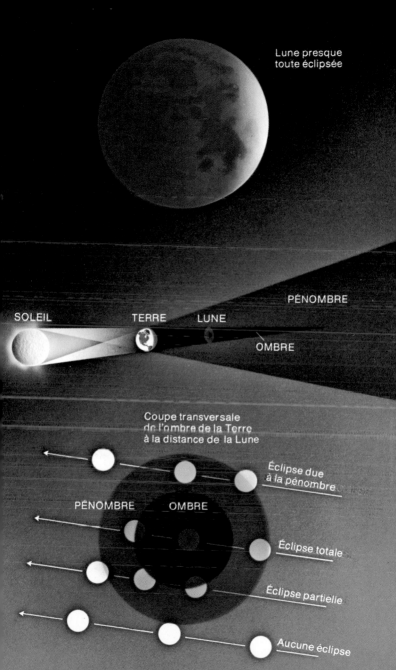

Lune presque toute éclipsée

SOLEIL TERRE LUNE

PÉNOMBRE

OMBRE

Coupe transversale
de l'ombre de la Terre
à la distance de la Lune

PÉNOMBRE OMBRE

Éclipse due
à la pénombre

Éclipse totale

Éclipse partielle

Aucune éclipse

MÉTÉORES, MÉTÉORIDES ET MÉTÉORITES

Un *météore* (parfois appelé étoile filante) est une traînée lumineuse laissée dans le ciel par un fragment de roche ou de métal qui vient de l'espace et qui entre dans l'atmosphère terrestre à une vitesse de l'ordre de 40 km/s: la chaleur causée par la friction de l'air rend l'objet incandescent. Tant que ces fragments sont dans l'espace, on les appelle *météorides*. Si l'un de ces derniers survit à la traversée de l'atmosphère et s'écrase au sol, on le nomme *météorite*. Par nuit sombre, on peut observer de 5 à 10 météores par heure. Lors des pluies de météores, le nombre est beaucoup plus élevé (p. 228).

C'est après minuit que l'observation des météores est le plus favorable. La Terre, en mouvement sur son orbite, est en train d'en « rattraper » et nous nous trouvons dans la direction du déplacement orbital de notre planète. Sur la figure du haut, à la page 227, la ligne bleue est le méridien sur lequel il est minuit. Pour plus de clarté, on a représenté les météores par des traits lumineux dans l'espace: en réalité, la lumière est émise seulement lorsqu'ils rencontrent l'atmosphère terrestre à environ 160 km du sol.

La plupart des météores sont causés par des météorides pas plus gros qu'un grain de poussière. Certains, plus lumineux, peuvent avoir la grosseur d'un pois. À l'occasion, des fragments plus grande dimension entrent dans l'atmosphère et produisent d'énormes traînées lumineuses: ce sont des aérolithes. Les aérolithes qui explosent de façon bruyante sont appelés *bolides*. Mais même de faibles météores peuvent laisser des traînées lumineuses qui durent plusieurs secondes ou quelques minutes. L'illustration du centre représente un aérolithe aperçu par l'artiste, au-dessus du New-Jersey.

On calcule qu'il y a environ 400 tonnes de matière à tomber sur la Terre chaque jour. Il s'agit surtout de micrométéorites trop petites pour produire de la lumière et qui dérivent simplement vers le sol. Il tombe des météorites partout à la surface du globe mais la probabilité que vous en aperceviez un sur le sol et que vous le reconnaissiez est très faible. Si jamais vous trouvez un objet que vous soupçonnez être un météorite, apportez-le au planétarium, à l'observatoire ou à l'université le plus proche.

La majorité des météorites trouvés sont de nature *pierreuse*. Une petite fraction sont un mélange de nickel et de fer: on les appelle météorites ferreux. Un très petit nombre sont un amalgame des deux premiers types. Ceux que l'on trouve en plus grand nombre sont les météorites de type ferreux car ils résistent mieux à l'érosion et ils sont plus facilement détectables; ils sont lourds et troués comme les scories qui proviennent des fourneaux. Il est très rarement arrivé qu'on ait vu un météore et que l'on ait retrouvé la météorite responsable du phénomène.

Il existe, à la surface de la Terre, des cratères créés par l'impact de météorites dans le passé. Le plus connu aux États-Unis est le cratère Meteor (environ 1,2 km de diamètre) près de Flagstaff, en Arizona. Certains cratères plus âgés et possédant des diamètres de dizaines et même de centaines de kilomètres sont difficiles à reconnaître à cause de leur grande dimension et parce qu'ils ont été aplanis par l'érosion.

MÉTÉORES

BOLIDE

Météorite ferreuse

Météorite pierreuse

Météorite ferro-pierreuse
(coupe transversale)

LES PLUIES DE MÉTÉORES

Un météore qui apparaît fortuitement dans un coin du ciel est qualifié de *sporadique*. Ce sont les météorides qui arrivent de toutes les directions qui sont responsables des météores sporadiques. Mais on sait qu'il y a des essaims de météorides qui tournent autour du Soleil, le long d'orbites de comètes. Si une de ces orbites croise l'orbite terrestre, chaque fois que la Terre passera au point de croisement (une ou deux fois l'an), le nombre de météores observés augmentera. On assistera alors à une *pluie de météores*. En ces occasions, les météores semblent venir d'une région précise du ciel et leurs traînées lumineuses convergent en un point appelé *radiant*.

Le dessin au bas de la p. 229 illustre pourquoi une série de météores, arrivant d'une même direction, semble émerger d'un point unique du ciel, vu de la surface de la Terre. En réalité, il n'y a pas vraiment de plan tel qu'indiqué sur la figure et les météores sont beaucoup plus près de la Terre lorsqu'ils s'enflamment. Dans le cas de pluies de météores, on peut apercevoir des traînées lumineuses de longueurs diverses n'importe où dans le ciel mais, si on prolonge ces traînées vers l'arrière, elles convergent toutes au radiant.

On donne aux pluies de météores des noms qui rappellent dans quelle constellation le radiant est situé. Ainsi on a les Perséides (de Persée) ou les Lyrides (de la Lyre). De plus, chaque pluie est observée à une date de l'année qui peut varier quelque peu d'une année à l'autre : la date associée à une pluie de météores correspond au moment où le nombre de météores aperçus est maximum. Quelques jours avant et après la date du maximum, le nombre de météores provenant de la pluie est supérieur aux météores sporadiques. D'une année à l'autre, on note une variation dans le nombre de météores observés par heure, à la date du maximum : ceci dépend de la façon dont les météorides sont distribués sur leur orbite.

Le tableau ci-dessous fournit une liste des principales pluies de météores. La durée de la pluie est centrée sur la date du maximum et correspond au nombre de jours pendant lesquels la quantité de météores observés par unité de temps atteint au moins 25% du nombre observé, à la date du maximum.

LES PRINCIPALES PLUIES DE MÉTÉORES

Date du maximum	Nom (radiant)	Nombre visible par heure (moy.)	Durée (jours)
4 janvier	Quadrantides	40	2,2
21 avril	Lyrides	15	4
4 mai	Eta Aquarides	20	6
28 juillet	Delta Aquarides	20	14
12 août	Perséides	50	4,6
21 octobre	Orionides	25	4
3 novembre	Taurides (sud)	15	?
16 novembre	Léonides	15	?
13 décembre	Géminides	50	5,2
22 décembre	Ursides	15	4

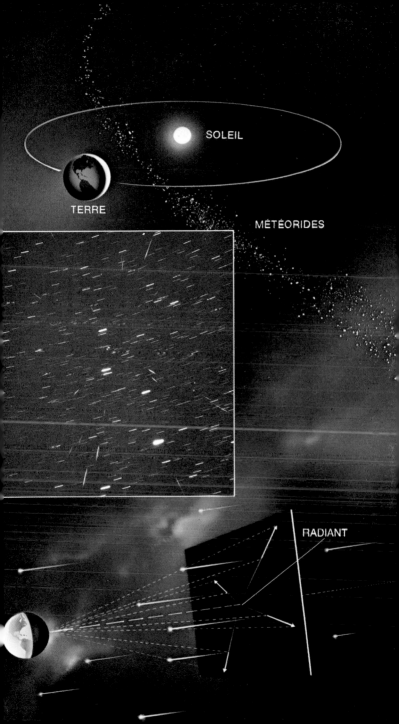

SOLEIL

TERRE

MÉTÉORIDES

RADIANT

MERCURE

La planète la plus petite de notre système solaire et la plus près du Soleil a été observée dès l'antiquité. On lui donna alors le nom du messager des dieux de la mythologie romaine, car elle se déplaçait rapidement dans le ciel. Le symbole de cette planète (☿) est un caducée stylisé (une baguette entourée de deux serpents), souvent porté par Mercure et devenu plus tard le symbole de la médecine.

Diamètre équatorial : 4 880 km (0,382 x Diam. ⊕).

Aplatissement : 0 **Masse** : 0,055 x **Masse** ⊕ **Densité** : 5,44.

Gravité superficielle : 0,40 x Gravité ⊕ **Vitesse de libération** : 4,3 km/s.

Inclinaison de l'équateur par rapport au plan de l'orbite : près de 0°.

Inclinaison de l'orbite par rapport à l'écliptique : 7,0°.

Excentricité de l'orbite : 0,206.

Distance moyenne au Soleil : 57,9 millions de km, 0,387 UA.

Période de révolution : *synodique*, 116j ; *sidérale*, , 88j. (0,241 an).

Période de rotation : 58,65j. (0,161an). **Albédo** : 5,6%.

Atmosphère : très ténue, surtout hydrogène et hélium.

Satellites : aucun.

À l'oeil nu, Mercure peut être aperçu comme un point de lumière brillante pendant une demi-heure, juste après le coucher ou juste avant le lever du Soleil et seulement à certaines époques de l'année. Cette planète se trouve donc toujours près de l'horizon et ne s'éloigne jamais à plus de 18 degrés du Soleil. Comme son orbite est située entre le Soleil et la Terre, elle passe par un cycle de *phases* qui se répète à tous les 116 jours (période de révolution synodique). Pour voir ces phases, il faut utiliser un télescope de 7 à 10 cm au moins. Il s'écoule 44 jours entre le moment où Mercure est à sa plus grande élongation *est* (étoile du soir) et celui où elle est à sa plus grande élongation *ouest* (étoile du matin) ; il faut 72 jours supplémentaires pour qu'elle retourne à sa plus grande élongation *est*. Certaines élongations sont plus favorables pour l'observation, à cause de l'inclinaison du plan orbital de la planète par rapport à l'écliptique.

Une fois par dix ans environ, on peut voir Mercure traverser le disque solaire au moment de la conjonction inférieure de la planète. Cette traversée du disque solaire s'appelle un *transit*. Si le plan orbital de Mercure se confondait avec l'écliptique, on pourrait observer un transit chaque mois. Lors d'un transit, un observateur équipé pour observer le Soleil (voir p. 206) peut apercevoir un petit point noir se déplacer lentement sur le disque solaire. Les prochains transits de Mercure auront lieu le 12 novembre 1986 et le 14 novembre 1999.

Les télescopes terrestres ne peuvent pas révéler les détails de la surface de Mercure mais les photographies prises par les sondes spatiales ont montré que sa surface est recouverte de cratères semblables à ceux que l'on observe sur la Lune. On a cru longtemps que Mercure gardait toujours la même « face » tournée vers le Soleil mais, en 1965, on découvrit que cela était faux. Mercure n'a pas d'atmosphère et son champ magnétique est très faible.

MERCURE

TERRE

Périhélie

Noeud ascendant

Vers le point vernal

ORBITE DE MERCURE

Noeud descendant

Aphélic

ORBITE DE LA TERRE

Près de 0°

ORBITE DE MERCURE

ÉCLIPTIQUE

7°

VÉNUS

À certaines époques, Vénus est la planète la plus brillante du ciel —
plus brillante que tout autre objet céleste, sauf le Soleil et la Lune. Son
nom est celui de la déesse de l'amour et de la beauté ; le symbole qui
la représente est celui d'un miroir portatif stylisé (♀) et ce symbole est
également l'attribut de la femelle.

Diamètre équatorial : 12 102 km (0,948 x Diam ⊕).

Aplatissement : 0 **Masse :** 0,8150 x Masse ⊕ **Densité :** 5,25.

Gravité superficielle : 0,90 x Gravité ⊕ **Vitesse de libération :** 10,3
km/s.

Inclinaison de l'équateur par rapport au plan orbital : 179°.

Inclinaison de l'orbite par rapport à l'écliptique : 3,4°.

Excentricité de l'orbite : 0,007.

Distance moyenne au Soleil : 108,2 millions de km, 0,723 UA.

Période de révolution : *synodique* 584j ; *sidérale* 224,7j. (0,615 an).

Période de rotation : 243,0j ; rétrograde ; **Albédo :** 76%.

Atmosphère : très épaisse, surtout du bioxyde de carbone.

Satellite : aucun.

Vénus est l'étoile du matin et l'étoile du soir la plus brillante : elle
atteint une magnitude de −4 par moment. Comme Mercure, son orbite
est comprise entre le Soleil et la Terre : en conséquence, elle passe par
différentes phases. Son élongation maximale de 48° la rend beaucoup
plus facile à observer que Mercure. Vénus prend 144 jours pour passer
de sa plus grande élongation *est* (étoile du soir) à sa plus grande
élongation *ouest* (étoile du matin) et 440 jours pour retourner à sa plus
grande élongation *est*. Son éclat est au maximum environ 36 jours
avant la conjonction inférieure, lorsque la planète est en phase
croissante.

Dans un petit télescope, Vénus apparaît plus grosse que Mercure
parce que son diamètre est supérieur et parce qu'elle se rapproche
plus de la Terre. Son diamètre apparent varie de 11″ (conjonction
supérieure) à environ 1′ (conjonction inférieure). On peut, à l'occasion,
assister à un *transit* de Vénus ; ces transits ont lieu par paires séparées
de 105 et 121 années. Le prochain transit aura lieu en 2004.

La beauté de cette planète n'est que superficielle. Les épais nuages
de son atmosphère ont un grand pouvoir réfléchissant et nous
empêche d'apercevoir sa surface clairement. Les cartes
topographiques réalisées par radar révèlent une surface rocheuse
parsemée de grandes vallées, de plateaux et de cratères. La pression
atmosphérique au niveau du sol est d'environ 90 fois celle de la Terre
et la température approche le 490° Celsius.

L'atmosphère est composée surtout de bioxyde de carbone et les
nuages sont formés de gouttelettes d'acides sulfurique et
chlorhydrique. En lumière ultraviolette, on peut détecter des
mouvements atmosphériques de grande envergure qui balayent
parfois la surface de la planète à plus de 700 km/heure. Vénus ne
possède pas de champ magnétique appréciable.

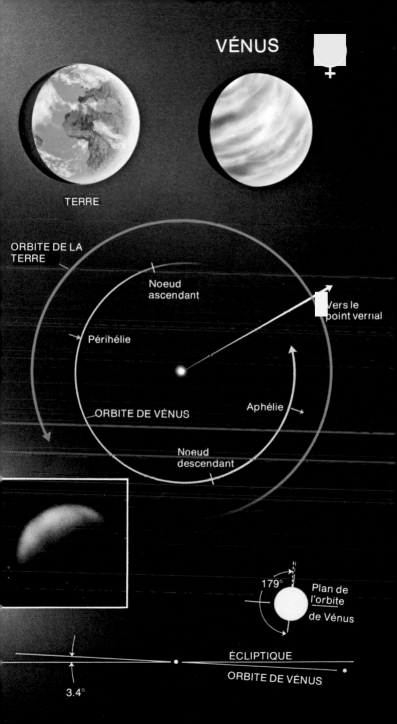

VÉNUS

TERRE

ORBITE DE LA TERRE

Noeud ascendant

Vers le point vernal

Périhélie

ORBITE DE VÉNUS

Aphélie

Noeud descendant

179°

Plan de l'orbite de Vénus

ÉCLIPTIQUE

ORBITE DE VÉNUS

3.4°

MARS

À cause de sa couleur rougeâtre évoquant le sang les anciens lui donnèrent le nom du dieu de la guerre. Les Grecs l'appelaient Ares. Depuis longtemps, on a cherché à découvrir s'il y avait de la vie sur la planète. Le symbole de cette planète (♂) est un bouclier surmonté d'une lance ; c'est en même temps l'attribut du mâle.

Diamètre équatorial : 6 794 km (0,533 x Diam. ⊕).

Aplatissement : 1/125. **Masse :** 0,1074 x Masse ⊕ . **Densité :** 3,95.

Gravité superficielle : 0,38 x Gravité ⊕ . **Vitesse de libération :** 5,0 km/s.

Inclinaison de l'équateur par rapport au plan orbital : 23,45°.

Inclinaison de l'orbite par rapport à l'écliptique : 1,8°.

Excentricité de l'orbite : 0,093.

Distance moyenne au Soleil : 228,0 millions de km, 1,524 UA.

Période de révolution : *synodique* 780j ; *sidérale* 687 j. (1,881 an).

Période de rotation : 24h37mn23s (1,08260d). **Albédo :** 16%.

Atmosphère : ténue, surtout du bioxyde de carbone.

Satellites (2) : *Phobos :* diam. 23 km. Distance moyenne à la planète : 9 400 km. Période de rév. : 7h39 min. *Deimos :* diam. 13 km. Distance moyenne : 23 500 km. Période de rév. 1j 06h 18 mn.

La planète Mars possède une orbite qui englobe celle de la Terre, c'est pourquoi elle peut avoir des élongations allant jusqu'à 180° L'excentricité de son orbite fait qu'elle peut se rapprocher à 56 millions de kilomètres de la Terre tous les 17 ans, bien qu'il y ait une opposition tous les 780 jours. À son éclat maximum, on peut distinguer sa teinte rougeâtre. Sa magnitude, lors d'une opposition, peut varier de -1 à - 2,8, dépendant de la distance Terre-Mars à ces époques.

La densité de son atmosphère est 0,005 fois celle de la Terre et on y retrouve surtout du bioxyde de carbone ainsi qu'un peu d'oxygène et de vapeur d'eau. Les calottes polaires, constituées en partie d'eau gelée et de glace sèche, varient avec les saisons martiennes. D'énormes tempêtes de poussières et de vents très violents balayent la surface de la planète. On aperçoit parfois des nuages très ténus. Les photographies par sondes spatiales révèlent de hautes montagnes, de vieux cratères et de profondes vallées. D'anciens volcans ont formé des pics énormes comme le Mont Olympus, la montagne d'origine volcanique la plus grande du système solaire. Il n'existe pas de canaux ni d'autres formations artificielles sur Mars. Dans un petit télescope, on peut réussir à apercevoir les calottes polaires ainsi que quelques lignes ou taches correspondant à différents types de terrain.

Les deux petits satellites, invisibles au petit télescope, probablement des astéroïdes capturés. Le plus près de la planète, Phobos, a une vitesse orbitale tellement grande qu'une personne installée sur Mars le verrait se lever à l'Ouest et se coucher à l'Est malgré la rotation de la planète vers l'Est. Deimos a une période de révolution pas tellement plus longue que la période de rotation de la planète et, en conséquence, il se lève une fois par 5,5 jours.

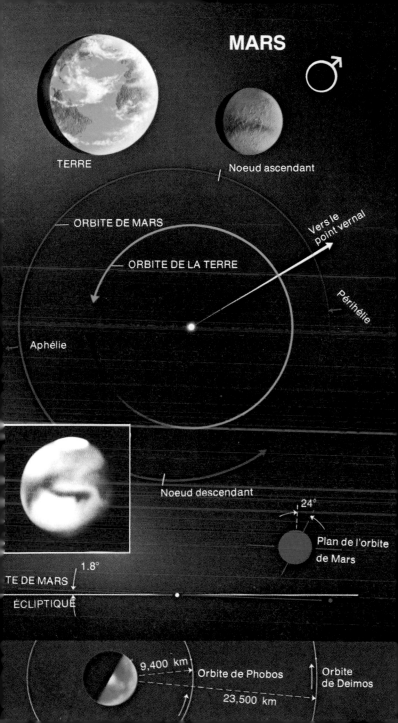

MARS

♂

TERRE

Noeud ascendant

ORBITE DE MARS

Vers le
point vernal

ORBITE DE LA TERRE

Périhélie

Aphélie

Noeud descendant

24°

Plan de l'orbite
de Mars

1.8°

TE DE MARS

ÉCLIPTIQUE

9,400 km → Orbite de Phobos

Orbite
de Deimos

23,500 km →

JUPITER

La plus grosse des planètes porte le nom du roi des dieux romains. Avec sa multitude de satellites, Jupiter règne sur un système solaire en miniature et elle est le prototype des planètes dites «joviennes». Son symbole (♃) est un éclair stylisé produit par la foudre.

Diamètre équatorial: 143 200 km (11,23 x Diam. ⊕).

Aplatissement: 1/17. **Masse:** 317,9 x Masse ⊕ . **Densité:** 1,314.

Gravité superficielle: 2,87 x Gravité ⊕ . **Vitesse de libération:** 63,4 km/s.

Inclinaison de l'équateur par rapport au plan orbital: 3,1°. **Albédo:** 73%.

Inclinaison de l'orbite par rapport à l'écliptique: 1,3°.

Excentricité de l'orbite: 0,048.

Distance moyenne au Soleil: 778,4 millions de km, 5,203 UA.

Période de révolution: *synodique* 399j; *sidérale* 11,86 ans.

Période de rotation: 9h55mn30s (0,4041j) varie avec la latitude.

Atmosphère: étendue; surtout de l'hydrogène et de l'hélium; contient aussi du méthane et de l'ammoniac.

Satellites: 4 gros, 10 petits (ou plus) *Io;* diam. 3 640 km. Dist. moyenne: 422 000 km. Période de rév.: 1j18h28mn. *Ganymède:* diam. 5 270 km. Dist. moyenne: 1 070 000 km. Période de rév.: 7j. 03h 43mn. *Europe:* diam. 3 100 km. Dist. moyenne: 671 000 km. Période de rév.: 3j.13h14mn. *Callisto:* diam. 4 990 km. Dist. moyenne: 1 885 000 km.

À cause de sa grande dimension et de son albédo élevé, Jupiter peut atteindre un éclat de magnitude de −2,6. Elle peut devenir presque aussi brillante que Vénus bien que beaucoup plus lointaine que celle-ci. Étant une planète supérieure, Jupiter peut être aperçue en opposition au Soleil, une situation idéale pour l'observation. Dans un petit télescope, on peut apercevoir des détails de sa «surface», comme des bandes de nuages sombres parallèles à l'équateur de la planète. La grosse tache rouge, une sorte de gigantesque tempête atmosphérique, est un défi d'observation pour les amateurs.

On ne sait pas si Jupiter possède une surface solide définie. S'il y en a une, elle est située loin sous l'épaisse couche de nuages de la planète. Au centre de cette dernière, la pression atteint les millions d'atmosphères et la température des dizaines de milliers de degrés. Aussi le noyau central est certainement très dense.

Au télescope, on peut voir les quatre gros satellites galiléens (découverts par Galilée) changer de position en quelques heures et d'un soir à l'autre. Les petits satellites et l'anneau de faible luminosité découvert par la sonde Voyager ne sont pas visibles dans de petits télescopes. Les plus gros satellites ont des diamètres qui se rapprochent de ceux des planètes terrestres. Io semble posséder une activité volcanique, Ganymède et Europe sont probablement liquides, en partie. Tous sont recouverts de cratères météoriques. Les plus petits satellites, qui sont également les plus éloignés, se déplacent sur des orbites rétrogrades. Ce sont peut-être des astéroïdes capturés par la force de gravité de Jupiter.

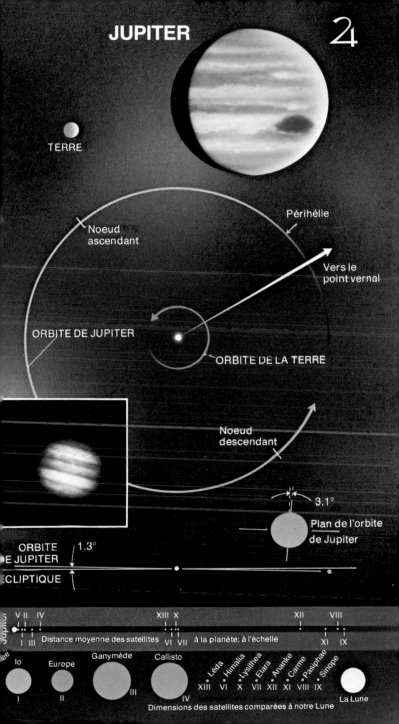

JUPITER ♃

TERRE

Périhélie

Noeud ascendant

Vers le point vernal

ORBITE DE JUPITER

ORBITE DE LA TERRE

Noeud descendant

3,1°

Plan de l'orbite de Jupiter

ORBITE DE JUPITER

1,3°

ECLIPTIQUE

V II   IV   XIII X   XII   VIII
I III   Distance moyenne des satellites   à la planète; à l'échelle
        VI VII   XI   IX

Io   Europe   Ganymède   Callisto   Léda • Himalia • Lysithea • Elara • Ananke • Carme • Pasiphae • Sinope   La Lune
 I   II   III   IV   XIII   VI   X   VII   XII   XI VIII IX
                                          Dimensions des satellites comparées à notre Lune

SATURNE

Saturne, connu sous le nom de Chronos chez les Grecs, était le dieu romain du temps et de l'agriculture. Jusqu'à la découverte d'Uranus, vers la fin du 18e siècle, cette planète délimitait les confins connus de notre système solaire. C'est la planète visible à l'oeil nu qui se déplace le plus lentement à travers les étoiles. On la représente par une faux stylisée (♄).

Diamètre équatorial: 120 000 km (9,41 x Diam. ⊕).

Aplatissement: 1/9. **Masse:** 95,16 x Masse ⊕ . **Densité:** 0,70 (elle flotterait sur l'eau).

Gravité superficielle: 1,32 x Gravité ⊕ . **Vitesse de libération:** 39,4 km/s.

Inclinaison de l'équateur par rapport au plan orbital: 26,7°.

Albédo: 76%.

Inclinaison de l'orbite par rapport à l'écliptique: 2,5°.

Excentricité de l'orbite: 0,56.

Distance moyenne au Soleil: 1,427 millions de km, 9,539 UA.

Période de révolution: *synodique* 378j; *sidérale* 29,46 ans.

Période de rotation: 10h 39mn (0,444j): varie avec la latitude.

Atmosphère: étendue, surtout de l'hydrogène et de l'hélium.

Satellites (21?): cinq plus gros que 1 000 km et douze autres au moins. *Thétys:* diamètre 1 050 km. Distance moyenne à la planète: 295 000 km. Période de révolution: 1j 21h 18mn. *Dioné:* diamètre: 1 120 km. Dist. moyenne à la pl.: 378 000 km. Période de rév. 2j 17h 41mn. *Rhéa:* diamètre: 1 530 km. Dist. moyenne à la pl.: 526 000 km. Période de rév.: 4j 12h 23mn. *Titan:* diamètre: 5 800 km. Dist. moyenne à la pl.: 1 221 000 km. Période de rév.: 15j 22h 41mn. *Japet:* diamètre: 1 440 km. Dist. moyenne à la pl.: 3 561 000 km. Période de rév.: 79j 07h 56mn.

À tous les 12,5 mois, Saturne est en opposition et son éclat atteint la première magnitude. Deux de ses satellites, Titan et Rhéa, ont un éclat supérieur à la 10e magnitude. Titan, le plus gros satellite naturel du système solaire, possède une atmosphère.

Les anneaux de Saturne sont formés d'un essaim de roches et de particules en orbite, au-dessus de l'équateur de la planète. Il existe un très grand nombre d'anneaux distincts mais seulement les principaux sont visibles dans un petit télescope. Certains anneaux sont torsadés; d'autres sont en interaction avec quelques-uns des petits satellites de Saturne. Tous les 15 ans, la Terre passe par le plan des anneaux: ceux-ci sont alors vus par la tranche et ils sont tellement minces qu'ils disparaissent pendant un court intervalle de temps.

L'atmosphère de Saturne est très étendue. De plus, la faible densité de la planète révèle que celle-ci contient très peu de matière solide. Saturne étant plus loin du Soleil que Jupiter, elle a moins de variations de température et son atmosphère est moins active que celle de Jupiter.

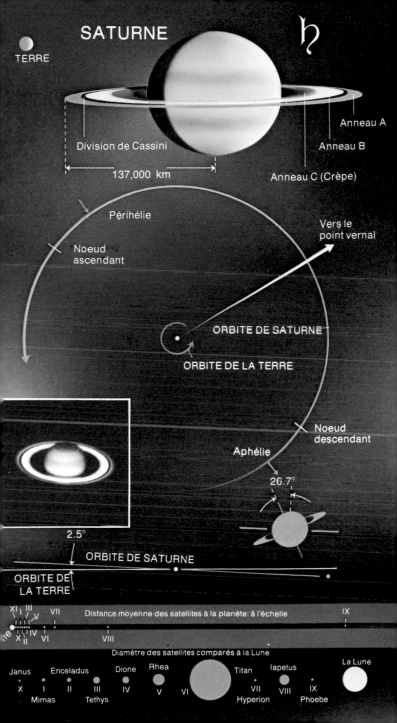

SATURNE ♄

TERRE

Anneau A

Anneau B

Division de Cassini

Anneau C (Crèpe)

137,000 km

Périhélie

Noeud ascendant

Vers le point vernal

ORBITE DE SATURNE

ORBITE DE LA TERRE

Noeud descendant

Aphélie

26.7°

2.5°

ORBITE DE SATURNE

ORBITE DE LA TERRE

XI I III   VII   Distance moyenne des satellites à la planète: à l'échelle   IX
X II IV   VI   VIII

Diamètre des satellites comparés à la Lune

La Lune

Janus   Enceladus   Dione   Rhea   Titan   Iapetus
X   I   III   IV   V   VI   VII   VIII   IX
       Mimas   Tethys   Hyperion   Phoebe

URANUS - NEPTUNE - PLUTON

Les trois dernières planètes du système solaire furent baptisées d'après un trio de dieux romains: Uranus, le dieu du ciel (donc de l'astronomie); Neptune, le dieu de la mer et Pluton, le dieu des enfers. Le symbole d'Uranus est une combinaison du symbole du Soleil et d'une lance (♅); celui de Neptune est le trident(♆); celui de Pluton (♇), une combinaison des deux premières lettres de son nom: ces deux lettres sont également les initiales de l'astronome Percival Lowell qui entreprit des recherches pour découvrir cette planète. Uranus et Neptune sont des planètes géantes et de nature gazeuse; Pluton, dont la densité est pratiquement celle de l'eau, est peut-être constituée en grande partie de glace.

Uranus fut découverte par hasard, en 1781, par Sir William Herschel (1738-1822). Comme elle ne se déplaçait pas selon les prédictions de la mécanique céleste, les astronomes postulèrent l'existence d'une planète plus éloignée qui perturbait l'orbite d'Uranus. Après quelque temps de recherche, on trouva Neptune, en 1846. Une recherche semblable conduisit à la découverte de Pluton, en 1930.

Ces trois planètes ne sont pas des objets intéressants pour l'amateur. Uranus est à la limite de la détection à l'oeil nu (magnitude 6) et a l'aspect d'un petit disque verdâtre. Neptune, dont la magnitude se situe autour de 9, peut être aperçu aux jumelles et a également l'aspect d'un petit disque verdâtre, au télescope. Quant à Pluton (magnitude ± 15), il faut un télescope d'au moins 40 centimètres d'ouverture pour l'observer. Le tableau ci-dessous fournit les données physiques connues concernant ces planètes.

LES PLANÈTES ÉLOIGNÉES

	Uranus	Neptune	Pluton
Diamètre équat orial	50 800 km (3,98 ⊕)	48 500 km(3,81⊕)	3 000 ?
Aplatissement	1/100	1/39	?
Masse	14,6 ⊕	17,2 ⊕	0,0026 ⊕ ?
Densité	1,21	1,66	1,1 ?
Gravité superficielle	0,93 ⊕	1,23 ⊕	0,03 ⊕ ?
Vitesse de libération	21,5 km/s	24,2 km/s	?
Période de rotation	16h (0,67 j.)	18,5h (0,77 j.)	6 j. 09h 18 mn
Inclinaison de l'équateur/au plan orbital	97,9°	28,8°	?
Albédo	93%	62%	50% ?
Distance moyenne au Soleil	19,182 UA 2 869 000 000 km	30,058 UA 4 496 600 000 km	39,785 UA 5 965 200 000 km
Période sidérale:	84.01 ans	164,1 ans	247 ans
Excentricité	0,047	0,009	0,254
Inclinaison de l'orbite/à l'écliptique	0,8°	1,8°	17,1°
Période synodique	370 j.	367 j.	367 j.
Satellites connus	5	3 ?	1

*Le symbole ⊕ représente la Terre; 3,98 ⊕ signifie: 3,98 fois la Terre.

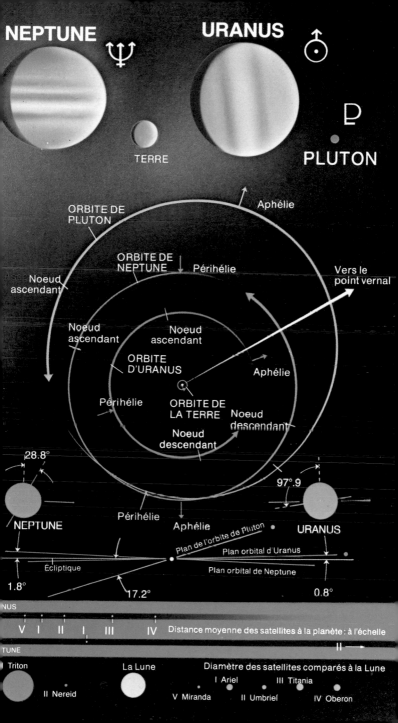

NEPTUNE ♆   URANUS ⚵

TERRE

♇
PLUTON

ORBITE DE
PLUTON

Aphélie

ORBITE DE
NEPTUNE

Périhélie

Noeud
ascendant

Vers le
point vernal

Noeud
ascendant

Noeud
ascendant

ORBITE
D'URANUS

Aphélie

Périhélie

ORBITE DE
LA TERRE

Noeud
descendant

Noeud
descendant

28.8°

97°.9

Périhélie

Aphélie

NEPTUNE

URANUS

Plan de l'orbite de Pluton

Plan orbital d'Uranus

Écliptique

Plan orbital de Neptune

1.8°

17.2°

0.8°

NUS

V I II I III IV   Distance moyenne des satellites à la planète : à l'échelle

TUNE

II →

Triton

La Lune

Diamètre des satellites comparés à la Lune

I Ariel   III Titania

II Nereid

V Miranda   II Umbriel   IV Oberon

LES ASTÉROÏDES

Les astéroïdes sont de petites planètes, anciennement appelés planétoïdes. Les plus gros sont Cérès avec un diamètre de 1 000 km, Pallas avec 500 km, Junon avec 300 km, Vesta avec 550 km et Bamberga possiblement plus gros que Pallas. Les autres astéroïdes ont des dimensions inférieures, les plus petits ayant la taille d'un grain de sable. La majeure partie des petites planètes orbitent autour du Soleil dans une zone située entre Mars et Jupiter, que l'on nomme ceinture d'astéroïdes. Près de 2 000 de ces objets ont des orbites connues et cataloguées : on attribue à chacun un nombre correspondant à leur ordre de découverte. À l'occasion, le découvreur peut proposer de donner un nom à l'objet. C'est pourquoi certains ont des noms de dieux, de plantes, d'animaux, de personnes etc...

Quelques astéroïdes ont des orbites qui les amènent à l'intérieur des orbites des planètes intérieures. Si l'orbite croise celle de la Terre, on appelle l'objet un astéroïde de type Apollo à cause du nom du premier objet de ce genre découvert. On parle également des astéroïdes troyens : il s'agit de deux groupes d'astéroïdes situés aux deux points de Lagrange dans l'orbite de Jupiter, i.e. les points situés à 60° en avant et en arrière de la planète.

À la page suivante, la figure du haut illustre quelques orbites représentatives d'astéroïdes telles que projetées sur un plan. La figure du bas montre comment certaines de ces orbites sont inclinées par rapport à l'écliptique. L'inclinaison élevée et la forte excentricité de certaines orbites amènent les astronomes à penser que ce ne sont pas tous les astéroïdes qui proviennent de collisions entre objets plus considérables ou de matière non utilisée lors de la formation du système solaire : il pourrait s'agir des restes de comètes.

Très peu d'astéroïdes peuvent avoir un éclat suffisant pour être aperçus à l'oeil nu. Les plus gros peuvent être observés aux jumelles ou au télescope si l'observateur possède une carte du ciel et sait où regarder précisément. Si on observe un astéroïde dans le champ d'un télescope, on peut tracer son mouvement propre, au bout de quelques heures. Sur des photographies à longue pose, ces objets laissent de petites traces linéaires alors que les étoiles apparaissent comme des points circulaires.

On sait aujourd'hui que plusieurs astéroïdes ne sont pas sphériques. En général, les plus petits sont les plus irréguliers. Aucun n'est assez massif pour retenir une atmosphère. Ce sont des objets solides comme les météorites et plusieurs sont des morceaux provenant de la collision d'autres astéroïdes plus gros. Une partie des petites planètes sont de types pierreux (surtout composées de silicates), d'autres sont de type métallique (fer et nickel), d'autres sont de nature composite. Il n'est pas impossible que, dans quelques dizaines d'années, on réussisse à remorquer quelques astéroïdes au voisinage de la Terre pour en extraire des minerais.

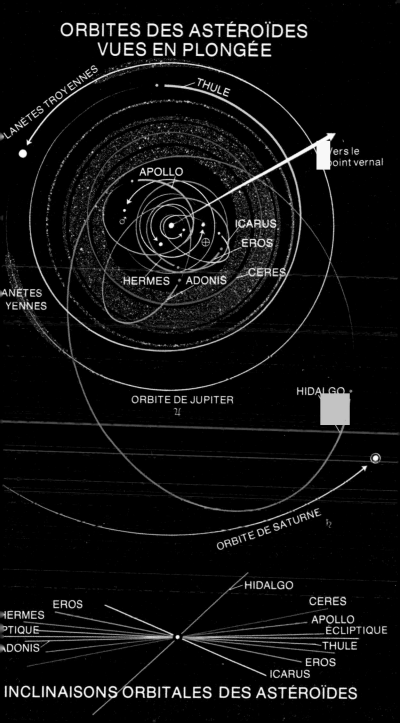

ORBITES DES ASTÉROÏDES VUES EN PLONGÉE

THULE

LANÈTES TROYENNES

Vers le point vernal

APOLLO

ICARUS

EROS

HERMES ADONIS

CERES

ANÈTES YENNES

ORBITE DE JUPITER ♃

HIDALGO

ORBITE DE SATURNE ♄

INCLINAISONS ORBITALES DES ASTÉROÏDES

HIDALGO

EROS

HERMES

PTIQUE

ADONIS

CERES

APOLLO

ÉCLIPTIQUE

THULE

EROS

ICARUS

LES COMÈTES

Une comète apparaît sous l'aspect d'une étoile nébuleuse, quelquefois accompagnée d'une queue. Plusieurs comètes voyagent des confins du système solaire jusqu'au voisinage du Soleil. Elles se sont formées à partir de matières non utilisées lors de la formation du système solaire.

La *tête* d'une comète (quelques kilomètres de diamètre) est probablement composée de glaces (eau, ammoniac, méthane, bioxyde de carbone et autres substances) mélangées avec des roches et de la poussière. Lorsqu'une comète arrive à l'orbite de Mars, une partie de la glace se sublime et libère des gaz et des poussières qui réfléchissent la lumière solaire, formant ainsi une nébulosité autour de la tête : c'est le *coma*. De plus, la pression des rayons solaires repoussent une partie des gaz et des poussières loin de la tête pour former une *queue* qui s'étend derrière la comète, quand celle-ci s'approche du Soleil, et qui précède la comète quand celle-ci s'éloigne du Soleil : voir la figure du bas. Certaines comètes ne développent presque pas de queue mais il est commun d'observer des queues de 48 à 80 millions de kilomètres.

La longueur apparent de la queue dépend de notre angle de visée (p. 245, en bas). À chaque passage près du Soleil, une comète perd une partie de matière et meurt après quelques centaines de passages au périhélie.

Les comètes qui contiennent beaucoup de gaz et de poussière et qui passent assez près du Soleil sont celles qui développent les plus grandes queues. Les comètes à courtes périodes demeurent dans la partie interne du système solaire : la comète de Encke avec sa période de 3,3 ans est de ce type. D'autres ont des périodes atteignant les millions d'années et leurs orbites les amènent très au-delà de l'orbite de Pluton. Les orbites cométaires peuvent avoir n'importe quel degré d'inclinaison (voir figure du centre) et certaines sont rétrogrades. Enfin il se peut qu'une comète périodique ait un aspect différent à chacun de ses passages près du Soleil.

Chaque année, les astronomes découvrent ou redécouvrent une douzaine de comètes dont la plupart sont peu brillantes. On attribue à chacune un nombre et une lettre : par exemple, 1981a signifie la première comète découverte en 1981. Par la suite, on la désigne à l'aide d'un chiffre romain indiquant son ordre de passage au périhélie : par exemple, 1910 II. De plus, la comète peut porter le nom de ses découvreurs (jusqu'à trois noms).

Une fois par dix ans en moyenne, on découvre une nouvelle comète brillante. Actuellement, la seule comète brillante périodique connue est la *comète de Halley*, qui a été vue pour la dernière fois en 1910. Elle devrait être de retour près du Soleil, en décembre 85-janvier 86.

IDENTIFICATION DES COMÈTES DE LA PAGE 245

1. Encke 1977 XI **2.** Tuttle 1967 V **3.** Helfenzrieden 1766 II **4.** Pons-Winnecke 1976 XIV **5.** Barnard-1 1884 II **6.** Holmes 1892 III **7.** D'Arrest 1976 XI **8.** Brooks-2 1889 V **9.** De Vico 1846 VIII **10.** Lexell 1770 I **11.** Finlay 1974 X **12.** Denning-Fujikawa 1881 V **13.** Fay 1977 IV **14.** Barnard '3 1892 V **15.** Spitaler 1980 VII **16.** Pigott 1782 **17.** Tempel 1871 II **18.** Blanpain 1819 IV **19.** Biela 1852 III **20.** Brooks-1 1886 IV **21.** Wolf 1976 II **22.** Tempel-1 1977 I **23.** Brorsen 1979 I **24.** Tempel-2 1977 d **25.** Halley 1910 II

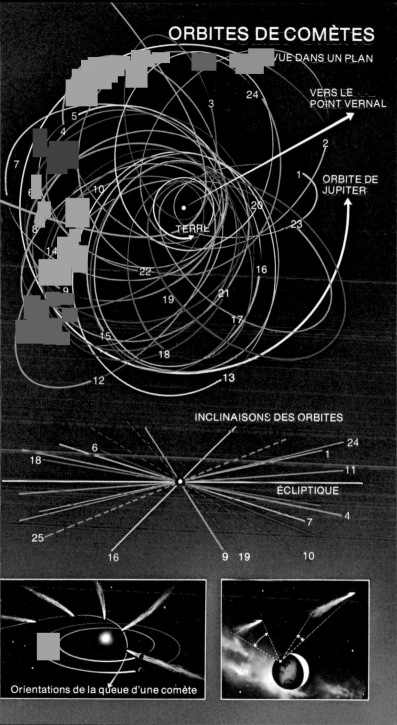

ORBITES DE COMÈTES

VUE DANS UN PLAN

VERS LE POINT VERNAL

ORBITE DE JUPITER

TERRE

INCLINAISONS DES ORBITES

ÉCLIPTIQUE

Orientations de la queue d'une comète

LES ORBITES

La trajectoire suivie par un corps céleste se déplaçant autour d'un autre s'appelle une *orbite*. Dans le cas des planètes et des étoiles qui obéissent à la loi de la gravitation universelle, la forme des orbites est une section cônique, i.e. une des courbes pouvant être obtenue par l'intersection d'un plan et d'un cône. Les orbites sont dites ouvertes (ou non liées) lorsque les corps en présence ne sont pas liés de façon permanente par la gravité : à ce moment, les objets se déplacent avec des vitesses relatives supérieures à la vitesse d'échappement du système. Les orbites sont dites fermées et périodiques lorsque les deux corps tournent indéfiniment l'un autour de l'autre.

L'astronome allemand Johannes Képler (1571-1630) énonça le premier les lois régissant les orbites périodiques : ces lois sont connues sous le nom de *lois de Képler* :

1) L'orbite d'une planète en mouvement autour du Soleil est située dans un plan et a la forme d'une ellipse. Le Soleil occupe un des foyers de l'orbite et le second foyer est inoccupé.

On peut dessiner une ellipse à l'aide d'une boucle de fil et de deux punaises séparées par une certaine distance ; les deux punaises correspondent aux foyers de l'ellipse. Avec un crayon, on tend la boucle de fil et on dessine une courbe fermée : voir figure ci-contre. La dimension de l'ellipse est caractérisée par son *demi grand axe,* soit la moitié de sa longueur maximale. La forme plus ou moins allongée de l'ellipse est mesurée par son excentricité, dénotée par la lettre *e* et comprise entre 0 et 1. Quand l'excentricité vaut 0, la figure est un cercle : les deux foyers sont confondus.

2) Il existe une relation simple entre la dimension d'une orbite et la période de révolution d'une planète. En mesurant le demi grand axe A d'une orbite en unité astronomique et la période de révolution T en années, on peut écrire $T^2 = A^3$.

3) Une ligne joignant le Soleil à une planète balaye des aires égales en des temps égaux. Ceci implique qu'une planète se déplace plus rapidement quand elle se rapproche du Soleil et plus lentement lorsqu'elle s'en éloigne. Le point de l'orbite le plus près du Soleil s'appelle périhélie et le plus éloigné, aphélie.

Ces lois sont parfaitement exactes lorsqu'il y a seulement deux corps en présence. Elles sont toutefois de très bonnes approximations pour notre système solaire car le Soleil est beaucoup plus massif que les planètes et parce que ces dernières exercent peu d'influence les unes sur les autres, à cause des grandes distances qui les séparent.

Pour prédire la position d'une planète dans le ciel, il faut cependant connaître un certain nombre d'autres paramètres : a) L'*inclinaison,* désignée par *i,* qui est l'angle entre l'écliptique et le plan de l'orbite. b) La *longitude du noeud ascendant* (Ω) qui donne la longitude du point où le plan de l'orbite coupe l'écliptique. c) La *longitude du périhélie* (ω) est l'angle mesuré dans le plan orbital entre le noeud ascendant et la direction du périhélie. d) L'angle entre le périhélie et la position précise de la planète, à un moment donné, s'appelle l'*anomalie vraie* ou *f.* Les autres angles sont illustrés sur la figure ci-contre. Pour des détails supplémentaires, consultez les références des pages 266-267.

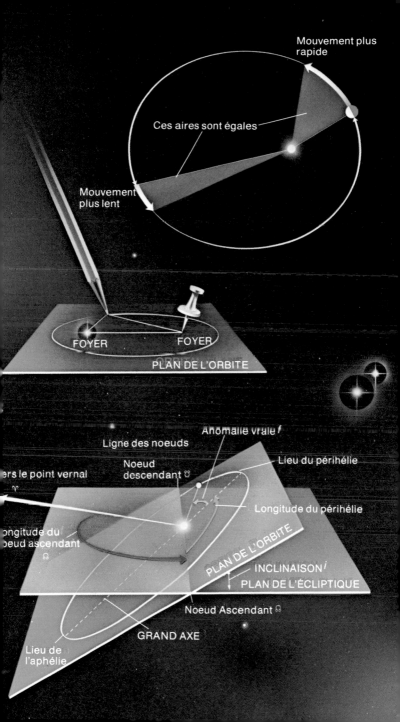

Mouvement plus rapide

Ces aires sont égales

Mouvement plus lent

FOYER   FOYER

PLAN DE L'ORBITE

Anomalie vraie *f*

Ligne des noeuds

Noeud descendant ☋

Lieu du périhélie

ers le point vernal ♈

Longitude du périhélie

ongitude du noeud ascendant ☊

PLAN DE L'ORBITE

INCLINAISON *i*

PLAN DE L'ÉCLIPTIQUE

Noeud Ascendant ☊

GRAND AXE

Lieu de l'aphélie

CONFIGURATIONS PLANÉTAIRES

Comme nous observons le système solaire de la Terre, on décrit généralement la position des planètes par rapport à la nôtre. Les planètes dont les orbites sont plus petites que celle de la Terre sont appelées *inférieures* et les autres *supérieures*.

Vu de la Terre, il existe deux possibilités pour qu'une planète se retrouve dans la même direction que le Soleil. Si elle se trouve à l'opposé du Soleil, on parle de *conjonction supérieure;* pour les planètes inférieures, il existe aussi un point situé entre le Soleil et la Terre : quand une planète s'y trouve, on parle de *conjonction inférieure.* La distance angulaire apparente entre le Soleil et une planète s'appelle son *élongation.* L'élongation vaut 0° lors des conjonctions. L'élongation maximale correspond à la distance angulaire maximale entre une planète et le Soleil. Pour une planète inférieure, l'élongation est toujours inférieure à 90°. Au contraire, les planètes supérieures peuvent avoir des élongations allant jusqu'à 180° : à ce moment, la Terre se trouve entre la planète et le Soleil et nous assistons à une *opposition.* Lorsque l'élongation d'une planète supérieure est 90°, on dit qu'elle est en *quadrature.*

Sur les illustrations du haut et du bas, on a représenté la Terre et une planète typique (une inférieure et une supérieure) à un intervalle de temps régulier. La ligne joignant la Terre à la planète a été prolongée pour intercepter la sphère céleste. Comme la Terre et les autres planètes se déplacent de façon continue à des vitesses différentes, la trajectoire apparente des planètes sur le fond du ciel est compliquée. Bien que le mouvement orbital des planètes soit direct, i.e. de l'Ouest vers l'Est, il arrive qu'une planète rattrape et dépasse une autre planète : cette dernière semble alors se déplacer de l'Est vers l'Ouest, i.e. d'une façon *rétrograde.*

Sur la figure du haut, on aperçoit une planète inférieure qui se déplace plus vite que la Terre. Lorsqu'elle se trouve à l'opposé du Soleil, son mouvement apparent se fait vers l'Est. Quand elle se trouve entre Soleil et Terre, son mouvement apparent se fera vers l'Ouest pendant un certain temps. De plus les planètes inférieures ont des phases semblables à celles de la Lune et leur diamètre apparent change sensiblement parce que leur distance à la Terre varie beaucoup au cours de leur période synodique. L'éclat maximum des planètes inférieures a lieu lorsque leur phase est au croissant, parce qu'elles sont alors plus près de la Terre.

Les planètes supérieures ont un mouvement apparent lent parce qu'elles sont plus loin du Soleil que la Terre. Ce mouvement se fait vers l'Est mais, au moment de l'opposition, la Terre rattrape la planète et on observe un mouvement rétrograde. Pendant quelques mois, sa trajectoire apparente dans le ciel ressemble à un S, un Z ou à une boucle. La phase des planètes supérieures est « pleine », seulement lors d'une opposition, mais leur apparence change peu à cause de leurs grandes distances.

La position relative d'une planète par rapport à la Terre et au Soleil détermine à quel moment de la journée celle-ci sera visible. Les planètes en opposition se lèvent au coucher du Soleil et restent visibles toute la nuit. Les planètes proches d'une conjonction se lèvent et se couchent à peu près en même temps que le Soleil.

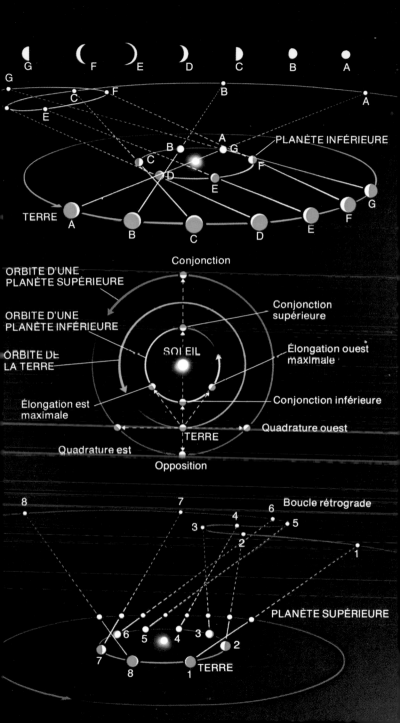

G F E D C B A

G F B A
C
E

A G PLANÈTE INFÉRIEURE
B
C F
D
E

TERRE G
A F
B E
C D

Conjonction

ORBITE D'UNE
PLANÈTE SUPÉRIEURE

ORBITE D'UNE
PLANÈTE INFÉRIEURE Conjonction
supérieure

ORBITE DE
LA TERRE SOLEIL Élongation ouest
maximale

Élongation est
maximale Conjonction inférieure

Quadrature ouest
TERRE

Quadrature est

Opposition

8 7 Boucle rétrograde
4 6
3 5
2
1

PLANÈTE SUPÉRIEURE

6 5 4 3 2
7
8 1 TERRE

L'UNIVERS INVISIBLE

La majeure partie de ce livre a été consacrée aux corps célestes qui peuvent être observés à l'oeil nu et on a expliqué la nature de ces objets et comment ils ont été formés. Mais de chaque côté du spectre visible, les ondes électromagnétiques nous révèlent un nouvel univers, insoupçonné des astronomes au début du siècle. Nos yeux ne peuvent pas l'apercevoir parce qu'ils sont insensibles aux longueurs d'onde plus courtes ou plus longues que la lumière visible. Chaque longueur d'onde électromagnétique (radio, ultraviolet, rayonx X, rayons gamma) fournit aux astronomes de nouvelles informations et leur permet de découvrir de nouveaux types d'objets.

Notre système solaire est rempli de particules atomiques invisibles, de champs électrique et magnétique qui ont une influence sur les planètes, y compris la nôtre. Plusieurs de celles-ci, en particulier Jupiter, possèdent des champs invisibles très étendus mais détectables. Les sondes spatiales ont permis la découverte de douzaines de satellites inconnus jusqu'à récemment. Et il n'est pas impossible que l'on découvre, un jour ou l'autre, une planète située au-delà de Pluton.

Notre galaxie recèle une foule d'objets qui auraient été considérés comme appartenant à la science fiction, il y a quelques dizaines d'années. Les étoiles à neutron, qui sont des étoiles « en train de mourir », ont des diamètres comparables à celui d'une ville, une masse semblable au Soleil et un champ gravitationnel extrêmement intense. Les trous noirs (qui ne sont pas admis par tous les hommes de science) pourraient expliquer les observations intrigantes faites dans le centre des galaxies. On a découvert également d'immenses nuages interstellaires contenant de l'eau, de l'ammoniac, du cyanogène, du formaldéhyde et de l'alcool : ces derniers ont peut-être joué un rôle dans l'apparition de la vie.

À l'oeil nu, on peut apercevoir une seule grande galaxie, M 31, dans la constellation d'Andromède. Au delà de celle-ci, on en rencontre des milliards et des milliards d'autres ainsi que des amas de galaxies et possiblement des amas d'amas. D'autre part, certaines régions de l'espace semblent vides de galaxies et on ne comprend pas pourquoi. Chaque progrès technologique dans l'instrumentation de l'astronomie, chaque effort fait pour tirer le maximum d'informations de la petite quantité de lumière que nous recevons et qui a parcouru des milliards d'années-lumière nous permettent de découvrir des galaxies de plus en plus éloignées. Et nous n'avons pas encore atteint la limite de l'univers (si limite il y a !). Nous avons une certaine idée de la façon et du moment où notre univers a commencé lors du « Big Bang », il y a environ 15 milliards d'années. On ne sait pas encore s'il aura une fin.

Dans les années à venir, nul doute que des découvertes inscoupçannées vont rendre nos connaissances actuelles quelque peu dépassées et il faudra réviser certaines parties du Guide du Ciel. En attendant, nous devons essayer de connaître plus à fond notre splendide univers. Ce livre avait pour but de décrire et d'expliquer la partie visible de cet univers et les lecteurs qui voudront tenir à jour leurs connaissances astronomiques pourront consulter les livres et les revues mentionnés dans la bibliographie.

À droite : un radiotélescope.

POSITIONS DU SOLEIL ET DES PLANÈTES
POUR 1982-1989

Le tableau ci-dessous fournit les longitudes du Soleil et des planètes visibles à l'oeil nu. Pour avoir une définition de la longitude céleste, voir les pages 14 et 15. Pour savoir où se trouvent les planètes parmi les constellations, reportez les longitudes du tableau sur la carte ci-contre. Souvenez-vous qu'une planète peut être située quelques degrés au nord ou au sud de l'écliptique mais les positions fournies sont suffisamment précises pour localiser facilement une planète dans le ciel. Le Soleil est évidemment toujours sur l'écliptique. À certaines époques, les planètes sont invisibles parce que trop près du Soleil.

	Soleil ☉	Mercure ☿	Vénus ♀	Mars ♂	Jupiter ♃	Saturne ♄
1982 (Mai—Déc.)						
20 Mai	59	75	17	180	212	197
30 Mai	69	72	29	182	211	197
09 Juin	78	66	40	185	211	197
19 Juin	88	67	52	189	210	197
29 Juin	97	75	64	193	211	197
09 Juil.	107	89	76	197	211	197
19 Juil.	116	109	88	202	211	198
29 Juil.	126	131	100	208	212	198
08 Août	135	150	112	214	212	199
18 Août	145	166	124	219	214	199
28 Août	155	181	137	225	215	200
07 Sep.	164	191	149	232	217	201
17 Sep.	174	198	162	239	218	202
27 Sep.	184	194	174	245	220	203
07 Oct.	194	184	187	252	222	204
17 Oct.	204	185	199	259	224	205
27 Oct.	214	199	212	267	227	207
06 Nov.	224	215	224	274	229	208
16 Nov.	234	232	237	282	231	209
26 Nov.	244	248	249	289	233	210
06 Déc.	254	263	262	297	235	211
16 Déc.	264	279	274	305	238	212
26 Déc.	274	294	287	313	240	213
1983						
05 Jan.	285	303	299	321	242	213
15 Jan.	295	297	312	329	243	214
25 Jan.	305	287	325	336	245	214
04 Fév.	315	290	337	344	247	215
14 Fév.	325	300	350	352	248	215
24 Fév.	335	313	2	359	249	215
06 Mars	345	328	15	7	250	215
16 Mars	355	346	27	15	251	215
26 Mars	5	5	39	23	251	214
05 Avril	15	26	51	30	251	213
15 Avril	25	44	63	37	251	213
25 Avril	35	54	75	45	250	212
05 Mai	44	55	86	52	249	211
15 Mai	54	49	97	59	248	210
25 Mai	64	46	108	66	247	210
04 Juin	73	49	119	73	245	209
14 Juin	83	60	129	80	244	209
24 Juin	92	75	138	87	243	209
04 Juil.	102	95	146	94	242	209
14 Juil.	111	117	153	101	242	209
24 Juil.	121	136	158	107	241	210
03 Août	130	153	160	113	241	210
13 Août	140	167	157	120	242	211
23 Août	150	177	152	127	242	211
02 Sep.	159	181	146	133	243	212
12 Sep.	169	176	142	139	244	212
22 Sep.	179	167	144	145	245	213
02 Oct.	189	170	148	151	246	214
12 Oct.	198	185	154	158	248	215
22 Oct.	208	203	163	164	250	216
01 Nov.	218	219	172	170	252	218
11 Nov.	228	235	182	176	254	219
21 Nov.	239	251	193	182	256	220
01 Déc.	249	266	204	188	258	221
11 Déc.	259	280	215	193	261	222
21 Déc.	269	287	227	199	263	223
31 Déc.	279	280	239	204	266	224

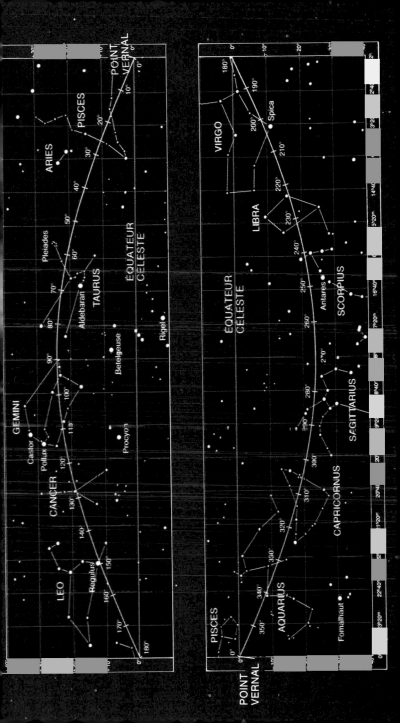

	Soleil ☉	Mercure ☿	Vénus ♀	Mars ♂	Jupiter ♃	Saturne ♄

1984

	☉	☿	♀	♂	♃	♄
10 Jan.	289	270	251	209	268	225
20 Jan.	300	275	263	214	270	225
30 Jan.	310	286	275	219	272	226
09 Fév.	320	300	288	224	274	226
19 Fév.	330	316	300	228	276	227
29 Fév.	340	333	312	232	278	227
10 Mars	350	351	324	235	279	227
20 Mars	0	12	337	238	281	227
30 Mars	10	29	349	239	282	226
09 Avril	20	37	2	239	282	226
19 Avril	29	34	14	238	283	225
29 Avril	39	28	26	236	283	224
09 Mai	49	26	39	233	283	223
19 Mai	58	32	51	229	283	222
29 Mai	68	45	63	226	282	222
08 Juin	78	61	76	224	281	221
18 Juin	87	81	88	222	280	221
28 Juin	97	103	100	222	279	221
08 Juil.	106	123	113	223	277	220
18 Juil.	116	140	125	226	276	221
28 Juil.	125	152	137	231	274	221
07 Août	135	161	150	235	274	221
17 Août	144	163	162	240	273	222
27 Août	154	156	174	246	273	223
06 Sep.	164	149	187	252	273	223
16 Sep.	174	155	199	258	273	224
26 Sep.	183	171	211	265	274	225
06 Oct.	193	190	223	271	275	225
16 Oct.	203	207	236	278	276	226
26 Oct.	213	223	248	285	277	227
05 Nov.	223	239	260	292	279	228
15 Nov.	233	253	272	300	281	230
25 Nov.	243	265	284	307	283	231
05 Déc.	253	271	296	315	285	232
15 Déc.	264	262	307	323	287	233
25 Déc.	274	254	319	330	289	234

1985

	☉	☿	♀	♂	♃	♄
04 Jan.	284	261	330	338	292	235
14 Jan.	294	273	341	345	294	236
24 Jan.	304	287	352	353	297	237
03 Fév.	315	303	1	0	299	237
13 Fév.	325	320	10	8	302	238
23 Fév.	335	338	17	15	304	239
05 Mars	345	357	21	23	306	239
15 Mars	355	13	23	31	308	239
25 Mars	5	19	20	38	310	239
04 Avril	15	13	14	45	312	239
14 Avril	24	7	8	52	313	238
24 Avril	34	8	5	59	314	237
04 Mai	44	17	7	66	316	236
14 Mai	53	30	11	73	317	235
24 Mai	63	47	18	80	317	234
03 Juin	73	67	26	86	317	234
13 Juin	82	90	36	92	317	233
23 Juin	92	109	46	99	317	232
03 Juil.	101	125	56	106	316	232
13 Juil.	111	137	67	112	315	232
23 Juil.	120	145	78	119	314	232
02 Août	130	144	89	126	312	232
12 Août	139	137	101	132	311	233
22 Août	149	132	113	139	310	233
01 Sep.	159	141	124	145	309	234
11 Sep.	168	158	136	151	308	234
21 Sep.	178	177	148	157	307	235
01 Oct.	188	195	161	164	307	236
11 Oct.	198	211	173	170	307	237
21 Oct.	208	226	186	176	307	237
31 Oct.	218	240	198	182	308	238
10 Nov.	228	251	211	188	309	239
20 Nov.	238	256	223	195	311	240
30 Nov.	248	245	236	201	312	242
10 Déc.	258	239	249	207	314	243
20 Déc.	269	247	261	213	316	244
30 Déc.	279	260	274	220	318	245

1986

	Soleil ⊙	Mercure ☿	Vénus ♀	Mars ♂	Jupiter ♃	Saturne ♄
09 Jan.	289	275	286	226	320	246
19 Jan.	299	291	299	232	322	247
29 Jan.	309	307	311	238	324	247
08 Fév.	319	325	324	243	327	248
18 Fév.	329	343	336	249	329	249
28 Fév.	339	358	349	255	332	250
10 Mars	349	1	1	260	335	250
20 Mars	359	353	14	266	337	250
30 Mars	9	348	26	271	339	250
09 Avril	19	352	39	276	341	250
19 Avril	29	2	51	281	343	250
29 Avril	39	16	64	286	345	250
09 Mai	48	33	76	290	347	249
19 Mai	58	53	88	293	349	248
29 Mai	68	76	100	294	350	247
08 Juin	77	95	112	295	352	246
18 Juin	87	110	124	295	353	245
28 Juin	96	122	135	295	353	244
08 Juil.	106	126	147	291	353	244
18 Juil.	115	123	158	285	353	244
28 Juil.	125	117	169	283	353	243
07 Août	134	116	180	282	352	243
17 Août	144	126	190	282	351	244
27 Août	154	144	200	283	350	244
06 Sep.	163	164	209	285	348	244
16 Sep.	173	182	217	288	348	245
26 Sep.	183	199	225	293	346	246
06 Oct.	193	214	229	298	345	246
16 Oct.	203	227	231	304	344	247
26 Oct.	213	236	229	310	343	248
05 Nov.	223	239	224	316	343	249
15 Nov.	233	228	219	323	343	250
25 Nov.	243	224	215	329	343	251
05 Déc.	253	233	217	336	344	253
15 Déc.	263	247	222	343	345	253
25 Déc.	273	262	229	350	347	255

1987

	Soleil ⊙	Mercure ☿	Vénus ♀	Mars ♂	Jupiter ♃	Saturne ♄
04 Jan.	284	279	237	357	348	256
14 Jan.	294	295	247	4	350	257
24 Jan.	304	312	257	11	352	258
03 Fév.	314	329	268	18	354	258
13 Fév.	324	342	279	25	356	259
23 Fév.	334	343	291	32	358	260
05 Mars	344	333	302	39	0	261
15 Mars	354	330	314	46	3	261
25 Mars	4	336	326	52	5	262
04 Avril	14	347	338	59	8	262
14 Avril	24	2	350	66	11	262
24 Avril	34	19	2	73	13	262
04 Mai	43	39	14	79	15	261
14 Mai	53	62	25	86	17	261
24 Mai	63	81	38	92	19	260
03 Juin	72	95	50	98	21	259
13 Juin	82	105	62	105	23	258
23 Juin	91	106	74	112	25	257
03 Juil.	101	102	87	118	26	256
13 Juil.	110	97	99	124	28	255
23 Juil.	120	100	111	130	28	255
02 Août	129	112	124	137	29	255
12 Août	139	130	136	143	30	255
22 Août	149	151	148	150	30	255
01 Sep.	158	170	161	156	30	255
11 Sep.	168	186	173	163	29	255
21 Sep.	178	201	186	169	28	256
01 Oct.	188	214	198	175	27	256
11 Oct.	197	222	211	182	26	257
21 Oct.	207	222	223	188	24	258
31 Oct.	217	211	235	195	22	259
10 Nov.	227	209	248	201	21	260
20 Nov.	238	220	261	208	21	261
30 Nov.	248	235	273	214	20	262
10 Déc.	258	251	286	220	20	263
20 Déc.	268	267	298	227	20	264
30 Déc.	278	282	310	234	20	266

	Soleil	Mercure	Vénus	Mars	Jupiter	Saturne		Soleil	Mercure	Vénus	Mars	Jupiter	Saturne
	☉	☿	♀	♂	♃	♄		☉	☿	♀	♂	♃	♄
			1988							**1989**			
09 Jan.	288	299	322	241	20	267	03 Jan.	283	301	260	21	56	276
19 Jan.	299	315	335	247	21	267	13 Jan.	293	312	273	27	56	277
29 Jan.	309	327	347	254	22	268	23 Jan.	303	306	286	32	56	278
08 Fév.	319	326	359	261	24	269	02 Fév.	314	297	298	38	56	279
18 Fév.	329	315	11	267	26	270	12 Fév.	324	298	311	44	57	280
28 Fév.	339	314	22	274	28	271	22 Fév.	334	307	323	50	58	281
09 Mars	349	322	34	281	30	271	04 Mars	344	320	336	56	59	282
19 Mars	359	334	45	287	32	272	14 Mars	354	335	343	62	60	282
29 Mars	9	349	55	294	35	272	24 Mars	4	353	1	68	62	283
08 Avril	19	6	65	301	37	273	03 Avril	14	12	13	74	64	283
18 Avril	29	26	74	307	39	273	13 Avril	23	33	25	80	66	284
28 Avril	38	48	82	314	42	273	23 Avril	33	52	36	86	68	284
08 Mai	48	67	87	321	44	273	03 Mai	43	64	50	92	70	284
18 Mai	58	80	90	327	47	272	13 Mai	52	67	63	99	72	284
28 Mai	67	86	90	334	49	272	23 Mai	62	63	75	105	75	284
07 Juin	77	85	84	340	52	271	02 Juin	72	58	87	111	77	283
17 Juin	86	79	78	347	54	270	12 Juin	81	59	100	118	79	283
27 Juin	96	77	73	353	56	269	22 Juin	91	68	112	124	82	282
07 Juil.	105	84	72	358	58	268	02 Juil.	100	83	124	130	84	281
17 Juil.	115	97	76	3	60	268	12 Juil.	110	102	137	136	86	280
27 Juil.	124	116	81	7	61	267	22 Juil.	119	124	149	142	89	279
06 Août	134	138	89	10	63	266	01 Août	129	144	161	149	91	278
16 Août	144	157	97	12	64	266	11 Août	138	160	172	155	92	278
26 Août	153	174	107	13	65	266	21 Août	148	175	184	161	94	278
05 Sep.	163	188	117	13	66	266	31 Août	158	185	196	167	96	278
15 Sep.	173	199	128	11	66	266	10 Sep.	168	191	208	174	97	277
25 Sep.	183	207	139	7	66	267	20 Sep.	177	187	219	180	99	277
05 Oct.	192	205	150	2	66	267	30 Sep.	187	177	231	187	100	277
15 Oct.	202	194	162	0	66	268	10 Oct.	197	179	242	194	100	278
25 Oct.	212	194	174	359	65	268	20 Oct.	207	192	253	200	101	278
04 Nov.	222	206	186	359	63	269	30 Oct.	217	209	264	207	101	279
14 Nov.	232	222	198	0	62	270	09 Nov.	227	226	274	213	101	280
24 Nov.	242	238	211	2	60	271	19 Nov.	237	242	284	220	100	281
04 Déc.	253	254	223	6	59	272	29 Nov.	247	258	292	227	99	282
14 Déc.	263	270	235	11	57	273	09 Déc.	257	273	300	234	98	283
24 Déc.	273	286	248	16	57	275	19 Déc.	268	287	305	241	97	284
							29 Déc.	278	296	308	248	95	285

PHASES DE LA LUNE, 1982-1989

Les données de cette table sont en Temps Universel (Heure moyenne de Greenwich). Pour convertir à l'heure des fuseaux horaires nord-américains, soustrayez de l'heure indiquée:

4h pour obtenir l'Heure avancée de l'Est
5h pour obtenir l'Heure normale de l'Est ou
l'Heure avancée du Centre
6h pour obtenir l'Heure normale du Centre ou
l'Heure avancée des Rocheuses
7h pour obtenir l'Heure normale des Rocheuses ou
l'Heure avancée du Pacifique
8h pour obtenir l'Heure normale du Pacifique

Si le nombre d'heures à soustraire est plus grand que le nombre d'heures indiqué dans la table, additionnez 24h à l'heure de la table avant la soustraction. Dans ce cas, la date de l'événement survient le jour précédant la date mentionnée dans la table. Par exemple, si la pleine Lune se trouve à 04h 30min TU, le 15 Juin, elle se produit en réalité le 14 Juin à 23h 30min HNE (Heure normale de l'Est). Souvenez-vous seulement de votre fuseau horaire lors du calcul des phases. Pour la conversion à d'autres fuseaux horaires, consultez les pages 18 et 19.

PHASES DE LA LUNE

Nouvelle Lune	Premier Quartier	Pleine Lune	Dernier Quartier

1982

	j h mn		j h mn		j h mn		j h mn
Avril	23 20 29	Avril	30 12 07	Mai	08 00 44	Mai	16 05 12
Mai	23 04 40	Mai	29 20 06	Juin	06 15 59	Juin	14 18 06
Juin	21 11 52	Juin	28 05 58	Juil.	06 07 31	Juil.	14 03 47
Juil.	20 18 57	Juil.	27 18 21	Août	04 22 34	Août	12 11 08
Août	19 02 45	Août	26 09 49	Sep.	03 12 28	Sep.	10 17 19
Sep.	17 12 09	Sep.	25 04 06	Oct.	03 01 09	Oct.	09 23 27
Oct.	17 00 04	Oct.	25 00 08	Nov.	01 12 57	Nov.	08 06 38
Nov.	15 15 10	Nov.	23 20 05	Déc.	01 00 22	Déc.	07 15 53
Déc.	15 09 18	Déc.	23 14 17	Déc.	30 11 33		

1983

	j h mn		j h mn		j h mn		j h mn
						Jan.	06 04 00
Jan.	14 05 08	Jan.	22 05 34	Jan.	28 22 26	Fév.	04 19 17
Fév.	13 00 31	Fév.	20 17 32	Fév.	27 08 58	Mars	06 13 16
Mars	14 17 44	Mars	22 02 26	Mars	28 19 27	Avril	05 08 40
Avril	13 07 58	Avril	20 08 57	Avril	27 06 31	Mai	05 03 43
Mai	12 19 25	Mai	19 14 17	Mai	26 18 47	Juin	03 21 07
Juin	11 04 37	Juin	17 19 46	Juin	25 08 32	Juil.	03 12 12
Juil.	10 12 18	Juil.	17 02 51	Juil.	24 23 27	Août	02 00 52
Août	08 19 18	Août	15 12 47	Août	23 14 59	Août	31 11 22
Sep.	07 02 35	Sep.	14 02 25	Sep.	22 06 36	Sep.	29 20 05
Oct.	06 11 16	Oct.	13 19 42	Oct.	21 21 53	Oct.	29 03 37
Nov.	04 22 21	Nov.	12 15 48	Nov.	20 12 29	Nov.	27 10 50
Déc.	04 12 26	Déc.	12 13 09	Déc.	20 02 01	Déc.	26 18 52

PHASES DE LA LUNE

1984

	Nouvelle Lune			Premier Quartier			Pleine Lune			Dernier Quartier		
	j	h	mn	j	h	mn	j	h	mn	j	h	mn
Jan.	03	05	15	11	09	48	18	14	05	25	04	47
Fév.	01	23	46	10	03	59	17	00	41	23	17	12
Mars	02	18	31	10	18	27	17	10	09	24	07	59
Avril	01	12	10	09	04	52	15	19	10	23	00	26
Mai	01	03	45	08	11	50	15	04	28	22	17	44
Mai	30	16	48	Juin 06	16	41	Juin 13	14	41	Juin 21	11	10
Juin	29	03	19	Juil. 05	21	04	Juil. 13	02	20	Juil. 21	04	01
Juil.	28	11	51	Août 04	02	33	Août 11	15	44	Août 19	19	41
Août	26	19	25	Sep. 02	10	29	Sep. 10	07	01	Sep. 18	09	31
Sep.	25	03	11	Oct. 01	21	52	Oct. 09	23	58	Oct. 17	21	13
Oct.	24	12	08	Oct. 31	13	08	Nov. 08	17	42	Nov. 16	06	59
Nov.	22	22	57	Nov. 30	08	00	Déc. 08	10	53	Déc. 15	15	25
Déc.	22	11	47	Déc. 30	05	27						

1985

	Nouvelle Lune			Premier Quartier			Pleine Lune			Dernier Quartier		
	j	h	mn	j	h	mn	j	h	mn	j	h	mn
Jan.	21	02	29	29	03	30	07	02	17	13	23	26
Fév.	19	18	44	27	23	41	05	15	18	18	07	56
Mars	21	11	58	29	16	11	07	02	13	13	17	34
Avril	20	05	21	28	04	26	05	11	32	12	04	41
Mai	19	21	40	27	12	55	04	19	53	11	17	34
Juin	18	11	58	25	18	53	03	03	50	10	08	20
Juil.	17	23	57	24	23	39	02	12	08	10	00	49
Août	16	10	06	23	04	37	Juil. 31	21	41	Août 08	18	28
Sep.	14	19	21	21	11	03	Août 30	09	27	Sep. 07	12	16
Oct.	14	04	33	20	20	12	Sep. 29	00	08	Oct. 07	05	04
Nov.	12	14	20	19	09	03	Oct. 28	17	37	Nov. 05	20	08
Déc.	12	00	54	10	01	58	Nov. 27	12	43	Déc. 05	09	01
							Déc. 27	07	30			

1986

	Nouvelle Lune			Premier Quartier			Pleine Lune			Dernier Quartier		
	j	h	mn	j	h	mn	j	h	mn	j	h	mn
Jan.	10	12	22	17	22	13	26	00	30	03	19	48
Fév.	09	00	56	16	19	55	24	15	02	02	04	42
Mars	10	14	51	18	16	38	26	03	02	03	12	17
Avril	09	06	08	17	10	34	24	12	47	01	19	30
Mai	08	22	09	May 17	01	00	23	20	45	01	03	22
Juin	07	14	00	15	12	00	22	03	41	Mai 30	12	55
Juil.	07	04	55	14	20	10	21	10	40	Juin 29	00	53
Août	05	18	36	13	02	21	19	18	54	Juil. 28	15	34
Sep.	04	07	11	11	07	41	18	05	34	Août 27	08	38
Oct.	03	18	54	10	13	29	17	19	22	Sep. 26	03	17
Nov.	02	06	02	08	21	11	16	12	12	Oct. 25	22	26
Déc.	01	16	43	08	08	02	16	07	05	Nov. 24	16	50
Déc.	31	03	10							Déc. 24	09	17

258

PHASES DE LA LUNE (Suite)

Nouvelle Lune	Premier Quartier	Pleine Lune	Dernier Quartier

1987

	j	h	mn		j	h	mn		j	h	mn		j	h	mn
				Jan.	06	22	35	Jan.	15	02	30	Jan.	22	22	46
Jan.	29	13	45	Fév.	05	16	20	Fév.	13	20	58	Fév.	21	08	56
Fév.	28	00	50	Mars	07	11	57	Mars	15	13	12	Mars	22	16	21
Mars	29	12	46	Avril	06	07	48	Avril	14	02	32	Avril	20	22	16
Avril	28	01	35	Mai	06	02	25	Mai	13	12	50	Mai	20	04	03
Mai	27	15	13	Juin	04	18	53	Juin	11	20	49	Juin	18	11	02
Juin	26	05	37	Juil.	04	08	34	Juil.	11	03	32	Juil.	17	20	17
Juil.	25	20	37	Août	02	19	24	Août	09	10	17	Août	16	08	25
Août	24	11	59	Sep.	01	03	48	Sep.	07	18	13	Sep.	14	23	44
Sep.	23	03	08	Sep.	30	10	39	Oct.	07	04	12	Oct.	14	18	05
Oct.	22	17	28	Oct.	29	17	10	Nov.	05	16	46	Nov.	13	14	38
Nov.	21	06	33	Nov.	28	00	37	Déc.	05	08	01	Déc.	13	11	41
Déc.	20	18	25	Déc.	27	10	00								

1988

	j	h	mn		j	h	mn		j	h	mn		j	h	mn
								Jan.	04	01	40	Jan.	12	07	03
Jan.	19	05	26	Jan.	25	21	54	Fév.	02	20	52	Fév.	10	23	00
Fév.	17	15	55	Fév.	24	12	15	Mars	03	16	01	Mars	11	10	56
Mars	18	02	03	Mars	25	04	41	Avril	02	09	21	Avril	09	19	21
Avril	16	12	00	Avril	23	22	31	Mai	01	23	41	Mai	09	01	23
Mai	15	22	10	Mai	23	16	49	Mai	31	10	53	Juin	07	06	22
Juin	14	09	14	Juin	22	10	23	Juin	29	19	46	Juil.	06	11	37
Juil.	13	21	53	Juil.	22	02	15	Juil.	29	03	25	Août	04	18	22
Août	12	12	31	Août	20	15	51	Août	27	10	56	Sep.	03	03	51
Sep.	11	04	50	Sep.	19	03	18	Sep.	25	19	07	Oct.	02	16	58
Oct.	10	21	49	Oct.	18	13	01	Oct.	25	04	35	Nov.	01	10	11
Nov.	09	14	20	Nov.	16	21	35	Nov.	23	15	53	Déc.	01	06	49
Déc.	09	05	36	Déc.	16	05	40	Déc.	23	05	28	Déc.	31	04	57

1989

	j	h	mn		j	h	mn		j	h	mn		j	h	mn
Jan.	07	19	22	Jan.	14	13	59	Jan.	21	21	33	Jan.	30	02	03
Fév.	06	07	37	Fév.	12	23	14	Fév.	20	15	32	Fév.	28	20	07
Mars	07	18	19	Mars	14	10	10	Mars	22	09	58	Mars	30	10	22
Avril	06	03	33	Avril	12	23	13	Avril	21	03	13	Avril	28	20	45
Mai	05	11	47	Mai	12	14	20	Mai	20	18	16	Mai	28	04	00
Juin	03	19	53	Juin	11	06	59	Juin	19	06	57	Juin	26	09	09
Juil.	03	04	59	Juil.	11	00	19	Juil.	18	17	42	Juil.	25	13	32
Août	01	16	05	Août	09	17	29	Août	17	03	06	Août	23	18	41
Août	31	05	44	Sep.	08	09	49	Sep.	15	11	50	Sep.	22	02	10
Sep.	29	21	47	Oct.	08	00	52	Oct.	14	20	32	Oct.	21	13	18
Oct.	29	15	28	Nov.	06	14	11	Nov.	13	05	52	Nov.	20	04	44
Nov.	28	09	41	Déc.	06	01	25	Déc.	12	16	31	Déc.	19	23	54
Déc.	28	03	20												

HEURES DE LEVER ET DE COUCHER DU SOLEIL

Les données des tables suivantes sont en Temps Universel (Heure moyenne de Greenwich). Pour convertir à l'heure de votre fuseau horaire, consultez la page 257.

LEVER DU SOLEIL

Temps moyen local du lever du Soleil — Méridien de Greenwich

Date	Lat.	+10°		+20°		+30°		+35°		+40°		+45°		+50°		+60°	
		h	mn	h	mn	h	mn	h	mn	h	mn	h	mn	h	mn	h	mn
Jan.	**5**	06	18	06	36	06	57	07	09	07	22	07	38	07	58	09	00
	10	06	20	06	37	06	57	07	09	07	22	07	37	07	56	08	56
	15	06	21	06	38	06	57	07	08	07	20	07	35	07	53	08	49
	20	06	22	06	38	06	56	07	06	07	18	07	32	07	49	08	41
	25	06	23	06	37	06	54	07	04	07	15	07	28	07	44	08	31
	30	06	23	06	36	06	52	07	01	07	11	07	23	07	38	08	20
Fév.	**4**	06	22	06	35	06	49	06	57	07	07	07	17	07	30	08	09
	9	06	21	06	33	06	46	06	53	07	01	07	11	07	23	07	56
	14	06	20	06	30	06	42	06	48	06	55	07	04	07	14	07	43
	19	06	19	06	27	06	37	06	43	06	49	06	56	07	05	07	30
	24	06	17	06	24	06	32	06	37	06	42	06	48	06	55	07	16
	29	06	15	06	21	06	27	06	31	06	35	06	40	06	45	07	01
Mars	**5**	06	12	06	17	06	22	06	24	06	27	06	31	06	35	06	46
	10	06	10	06	13	06	16	06	18	06	19	06	22	06	24	06	32
	15	06	07	06	08	06	10	06	11	06	12	06	12	06	14	06	17
	20	06	04	06	04	06	04	06	04	06	03	06	03	06	03	06	01
	25	06	01	06	00	05	58	05	57	05	55	05	54	05	52	05	46
	30	05	58	05	55	05	52	05	50	05	47	05	44	05	41	05	31
Avril	**4**	05	56	05	51	05	46	05	43	05	39	05	35	05	30	05	16
	9	05	53	05	47	05	40	05	36	05	31	05	26	05	20	05	01
	14	05	50	05	43	05	34	05	29	05	24	05	17	05	09	04	46
	19	05	48	05	39	05	29	05	23	05	16	05	08	04	59	04	32
	24	05	45	05	35	05	24	05	17	05	09	05	00	04	49	04	17
	29	05	43	05	32	05	19	05	11	05	03	04	52	04	40	04	03
Mai	**4**	05	42	05	29	05	15	05	06	04	56	04	45	04	31	03	50
	9	05	40	05	26	05	11	05	01	04	51	04	38	04	23	03	37
	14	05	39	05	24	05	07	04	57	04	46	04	32	04	15	03	24
	19	05	38	05	22	05	04	04	54	04	41	04	27	04	09	03	13
	24	05	38	05	21	05	02	04	51	04	38	04	22	04	03	03	03
	29	05	38	05	20	05	00	04	48	04	35	04	18	03	58	02	54
Juin	**3**	05	38	05	20	04	59	04	47	04	32	04	15	03	54	02	46
	8	05	38	05	20	04	58	04	46	04	31	04	14	03	52	02	41
	13	05	39	05	20	04	58	04	45	04	30	04	13	03	50	02	37
	18	05	40	05	21	04	59	04	46	04	31	04	13	03	50	02	35
	23	05	41	05	22	05	00	04	47	04	32	04	14	03	51	02	36
	28	05	42	05	23	05	01	04	48	04	33	04	16	03	53	02	39
Juil.	**3**	05	43	05	25	05	03	04	50	04	36	04	18	03	56	02	44
	8	05	45	05	26	05	05	04	53	04	39	04	22	04	00	02	51

COUCHER DU SOLEIL
Temps moyen local du coucher du Soleil — Méridien de Greenwich

Date	Lat.	+10°		+20°		+30°		+35°		+40°		+45°		+50°		+60°	
		h	mn	h	mn	h	mn	h	mn	h	mn	h	mn	h	mn	h	mn
Jan.	5	17	52	17	34	17	14	17	02	16	48	16	32	16	12	15	10
	10	17	55	17	37	17	18	17	06	16	53	16	38	16	18	15	19
	15	17	57	17	41	17	22	17	11	16	58	16	44	16	25	15	30
	20	18	00	17	44	17	26	17	16	17	04	16	50	16	33	15	42
	25	18	02	17	47	17	30	17	21	17	10	16	57	16	41	15	54
	30	18	04	17	50	17	35	17	26	17	16	17	04	16	49	16	07
Fév.	4	18	06	17	53	17	39	17	31	17	22	17	11	16	58	16	20
	9	18	07	17	56	17	43	17	36	17	28	17	18	17	07	16	33
	14	18	08	17	58	17	47	17	41	17	34	17	25	17	15	16	46
	19	18	09	18	01	17	51	17	46	17	39	17	32	17	24	16	59
	24	18	10	18	03	17	55	17	50	17	45	17	39	17	32	17	12
	29	18	10	18	05	17	58	17	55	17	51	17	46	17	41	17	25
Mars	5	18	11	18	07	18	02	17	59	17	56	17	53	17	49	17	38
	10	18	11	18	08	18	05	18	04	18	02	18	00	17	57	17	50
	15	18	11	18	10	18	08	18	08	18	07	18	06	18	05	18	03
	20	18	11	18	11	18	11	18	12	18	12	18	13	18	13	18	15
	25	18	11	18	12	18	15	18	16	18	17	18	19	18	21	18	27
	30	18	11	18	14	18	18	18	20	18	22	18	25	18	29	18	39
Avril	4	18	10	18	15	18	21	18	24	18	27	18	32	18	37	18	51
	9	18	10	18	17	18	24	18	28	18	32	18	38	18	45	19	04
	14	18	10	18	18	18	27	18	32	18	37	18	44	18	52	19	16
	19	18	11	18	20	18	30	18	36	18	43	18	51	19	00	19	28
	24	18	11	18	21	18	33	18	40	18	48	18	57	19	08	19	41
	29	18	11	18	23	18	36	18	44	18	53	19	03	19	16	19	53
Mai	4	18	12	18	25	18	39	18	48	18	58	19	09	19	23	20	06
	9	18	13	18	27	18	43	18	52	19	03	19	15	19	31	20	18
	14	18	14	18	29	18	46	18	56	19	07	19	21	19	38	20	30
	19	18	15	18	31	18	49	19	00	19	12	19	27	19	45	20	41
	24	18	16	18	33	18	52	19	03	19	17	19	32	19	51	20	52
	29	18	17	18	35	18	55	19	07	19	21	19	37	19	57	21	02
Juin	3	18	18	18	37	18	57	19	10	19	24	19	41	20	02	21	11
	8	18	20	18	38	19	00	19	13	19	27	19	45	20	07	21	18
	13	18	21	18	40	19	02	19	15	19	30	19	48	20	10	21	24
	18	18	22	18	41	19	03	19	16	19	32	19	50	20	12	21	27
	23	18	23	18	42	19	04	19	18	19	33	19	51	20	13	21	28
	28	18	24	18	43	19	05	19	18	19	33	19	51	20	13	21	27
Juil.	3	18	25	18	44	19	05	19	18	19	32	19	50	20	12	21	23
	8	18	25	18	43	19	04	19	17	19	31	19	48	20	09	21	18

Temps moyen local du lever du Soleil — Méridien de Greenwich

Date	Lat.	+10°	+20°	+30°	+35°	+40°	+45°	+50°	+60°
		h mn	h mn	h mn	h mn	h mn	h mn	h mn	h mn
Juil.13	13	05 46	05 28	05 05	08 56	04 42	04 26	04 05	03 00
	18	05 47	05 30	05 11	04 59	04 46	04 30	04 11	03 10
	23	05 48	05 32	05 14	05 03	04 50	04 35	04 17	03 20
	28	05 49	05 34	05 17	05 06	04 55	04 41	04 24	03 31
Août	2	05 50	05 36	05 20	05 10	04 59	04 46	04 31	03 43
	7	05 50	05 37	05 23	05 14	05 04	04 52	04 38	03 55
	12	05 51	05 39	05 26	05 18	05 09	04 58	04 45	04 07
	17	05 51	05 41	05 28	05 21	05 13	05 04	04 53	04 19
	22	05 51	05 42	05 31	05 25	05 18	05 10	05 00	04 31
	27	05 51	05 43	05 34	05 29	05 23	05 16	05 07	04 43
Sep.	1	05 51	05 44	05 37	05 33	05 28	05 22	05 15	04 55
	6	05 50	05 45	05 40	05 36	05 32	05 28	05 22	05 07
	11	05 50	05 47	05 42	05 40	05 37	05 34	05 30	05 19
	16	05 50	05 48	05 45	05 44	05 42	05 40	05 37	05 30
	21	05 49	05 49	05 48	05 47	05 47	05 46	05 45	05 42
	26	05 49	05 50	05 51	05 51	05 51	05 52	05 52	05 54
Oct.	1	05 49	05 51	05 53	05 55	05 56	05 58	06 00	06 06
	6	05 48	05 52	05 56	05 59	06 01	06 04	06 08	06 18
	11	05 48	05 54	05 59	06 03	06 06	06 11	06 16	06 30
	16	05 49	05 55	06 03	06 07	06 12	06 17	06 24	06 42
	21	05 49	05 57	06 06	06 11	06 17	06 24	06 32	06 54
	26	05 49	05 59	06 09	06 16	06 22	06 30	06 40	07 07
	31	05 50	06 01	06 13	06 20	06 28	06 37	06 48	07 20
Nov.	5	05 51	06 03	06 17	06 25	06 34	06 44	06 56	07 33
	10	05 53	06 06	06 21	06 30	06 39	06 51	07 05	07 46
	15	05 55	06 09	06 25	06 35	06 45	06 58	07 13	07 58
	20	05 57	06 12	06 29	06 39	06 51	07 04	07 21	08 11
	25	05 59	06 15	06 33	06 44	06 56	07 11	07 28	08 22
	30	06 01	06 18	06 38	06 49	07 02	07 17	07 36	08 33
Déc.	5	06 04	06 21	06 41	06 53	07 07	07 22	07 42	08 43
	10	06 06	06 24	06 45	06 57	07 11	07 27	07 48	08 51
	15	06 09	06 27	06 48	07 01	07 15	07 31	07 52	08 57
	20	06 11	06 30	06 51	07 04	07 18	07 35	07 56	09 02
	25	06 14	06 32	06 54	07 06	07 20	07 37	07 58	09 04
	30	06 16	06 34	06 55	07 08	07 22	07 38	07 59	09 03

Date	Lat.	+10°	+20°	+30°	+35°	+40°	+45°	+50°	+60°
		h mn	h mn	h mn	h mn	h mn	h mn	h mn	h mn
Juil.	**13**	18 25	18 43	19 03	19 15	19 29	19 45	20 05	21 10
	18	18 25	18 42	19 01	19 13	19 26	19 41	20 01	21 01
	23	18 25	18 41	18 59	19 10	19 22	19 37	19 55	20 51
	28	18 24	18 39	18 56	19 06	19 18	19 31	19 48	20 40
Août	**2**	18 23	18 36	18 52	19 02	19 13	19 25	19 41	20 28
	7	18 21	18 34	18 48	18 57	19 07	19 18	19 33	20 15
	12	18 19	18 31	18 44	18 52	19 01	19 11	19 24	20 01
	17	18 17	18 27	18 39	18 46	18 54	19 03	19 14	19 47
	22	18 14	18 23	18 34	18 40	18 47	18 55	19 05	19 33
	27	18 12	18 19	18 28	18 33	18 39	18 46	18 54	19 18
Sep.	**1**	18 09	18 15	18 22	18 27	18 31	18 37	18 44	19 03
	6	18 06	18 11	18 16	18 20	18 23	18 28	18 33	18 48
	11	18 03	18 06	18 10	18 13	18 15	18 18	18 22	18 33
	16	18 00	18 02	18 04	18 05	18 07	18 09	18 11	18 18
	21	17 57	17 57	17 58	17 58	17 59	17 59	18 00	18 03
	26	17 53	17 53	17 52	17 51	17 50	17 50	17 49	17 47
Oct.	**1**	17 50	17 48	17 45	17 44	17 42	17 40	17 38	17 32
	6	17 48	17 44	17 39	17 37	17 34	17 31	17 28	17 17
	11	17 45	17 40	17 34	17 30	17 26	17 22	17 17	17 03
	16	17 42	17 36	17 28	17 24	17 19	17 13	17 07	16 48
	21	17 40	17 32	17 23	17 18	17 12	17 05	16 57	16 34
	26	17 38	17 29	17 18	17 12	17 05	16 57	16 47	16 20
	31	17 37	17 26	17 14	17 07	16 59	16 50	16 38	16 06
Nov.	**5**	17 36	17 24	17 10	17 02	16 53	16 43	16 30	15 54
	10	17 35	17 22	17 07	16 58	16 48	16 37	16 23	15 42
	15	17 35	17 20	17 04	16 54	16 44	16 31	16 16	15 30
	20	17 35	17 19	17 02	16 52	16 40	16 27	16 10	15 20
	25	17 35	17 19	17 01	16 50	16 37	16 23	16 05	15 11
	30	17 36	17 19	17 00	16 49	16 36	16 20	16 02	15 04
Déc.	**5**	17 38	17 20	17 00	16 48	16 35	16 19	15 59	14 58
	10	17 40	17 21	17 01	16 49	16 35	16 18	15 58	14 55
	15	17 42	17 23	17 02	16 50	16 36	16 19	15 58	14 53
	20	17 44	17 25	17 04	16 52	16 38	16 21	16 00	14 54
	25	17 47	17 28	17 07	16 55	16 40	16 24	16 03	14 57
	30	17 49	17 31	17 10	16 58	16 44	16 27	16 07	15 02

QUELQUES PLANÉTARIUMS ET OBSERVATOIRES CANADIENS

par Marie Fidler
Liste publiée dans Observer's Handbook de la
Société royale d'Astronomie du Canada 1983

Alberta Natural Resources Science Centre, Mobile Planetarium, C.P. 3182, Sherwood Park, Alberta, T8A 2A6
Ce planétarium mobile se déplace partout en Alberta, accompagné de représentations les lundi, mardi et jeudi soir. Pour réservations, appelez à: (403) 427-9490, 9491 ou 9492

Calgary Centennial Planetarium, 701-11 Street S.W., C.P. 2100, Calgary, Alberta, T2P 2M5
Pour l'horaire: (403) 264-4060 ou 264-2030

Doran Planetarium, Laurentian University, Ramsey Lake Road, Sudbury, Ontario, P3E 2C6
Pour l'horaire et réservations pour groupes, (705) 675-1151

Planétarium Dow (voir liste du Québec)

The Halifax Planetarium, The Education Section of Nova Scotia Museum, Summer Street, Halifax, N.-E., B3H 3A6
Des représentations gratuites sont offertes au public, certains soirs, à partir de 20h. (902) 429-4610

The Lockhart Planetarium, 394 University College, 500 Dysart Road, Université du Manitoba, Winnipeg, Manitoba, R3T 2N2
Réservations pour groupes: (204) 474-9785

H.R. MacMillan Planetarium, 1100 Chestnut St., Vancouver, C.-B., V6J 3J9
Représentations publiques: 14h30 et 20h00, sauf le lundi.
Représentations additionnelles à 1h00 et à 4h00 les fins de semaine, les congés et pendant l'été.
Pour l'horaire: (604) 736-3656

Manitoba Planetarium, 190 Rubert Avenue at Main Street, Winnipeg, Manitoba, R3B 0N2
Pour l'horaire, message enregistré à: (204) 943-3142

McLaughlin Planetarium, 100 Queen's Park, Toronto, Ontario, M5S 2C6. (416) 978-8550
Mardi-Vendredi, 3h00 et 19h45
Fins de semaine et congés: 12h30, 13h45, 15h00 et 19h45.

Ontario Science Centre, 770 Don Mills Road, Don Mills, Ontario, M3C 1T3. (416) 429-4100.
Ouvert tous les jours sauf à Noël, de 10h00 à 18h00.

University of Prince Edward Island Planetarium, Charlottetown, I.-P.-É. C1A 4P3. (902) 892-4121.

Queen Elizabeth Planetarium, Coronation Park, 139 St. & 114 Ave., Edmonton, Alberta, T5J 0K1. 455-0119
Des représentations pour adultes et pour enfants sont données presque tous les jours. En été, l'horaire du soir commence à 21h00 tous les jours.

Algonquin Radio Observatory, Lake Traverse, Ontario, K0A 2L0.
Visites sur rendez-vous. (613) 735-0141

Burke-Gaffney Observatory, Saint Mary's University, Halifax, Nouvelle-Écosse, B3H 3C3
Oct.-Avril: Samedi soir, 19h
Mai-Sept.: Samedi soir, 21h
Lundi soir ou visite de jour sur demande, tél.: 429-9780, ext. 184

Canada-France-Hawaii Telescope, Mauna Kea, Hawaii, É.-U., 96743.
Membres de la S.R.A.C. peuvent visiter de jour les installations du
C.F.H.T. Pour rendez-vous, téléphonez à: (808) 885-7944

David Dunlap Observatory, Richmond Hill, Ontario, L4C 4Y6
Mardi matin, pendant toute l'année, à 10h
Samedi soir, Avril-Oct., sur rendez-vous. (416) 884-2112

Dominion Astrophysical Observatory, Victoria, C.-B. V8X 3X3
Mai-Août: Jour, 9h15-16h15
Sept.-Avril: Lundi à Vendredi, 9h15-16h15
Ouvert au public, Samedi soir, Avril-Oct.incl.

Dominion Radio Astrophysical Observ., Penticton, C.-B. V2A 6K3
Visites guidées: Dimanche, Juil. et août, 14h-17h
Centre des visiteurs: ouvert tous les jours de l'année
Les visiteurs sont priés de marcher les 0,5 km depuis la route, sauf lors de
visites guidées. Pour informations, tél.: (604) 497-5321.

Hume Cronyn Observatory, The University of Western Ontario, Lon-
don, Ontario, N6A 5B9. (519) 679-3184
Un horaire de visites individuelles ou collectives est maintenu à l'année.

National Museum of Science and Technology, 1867 boul. St-Laurent,
Ottawa, Ontario, K1A 0M8. (613) 998-9520
Soir: visites guidées, sur rendez-vous.
Sept.-Juin: Visites collectives, Lundi, Mardi, Mercredi, Jeudi.
Visites publiques, vendredi
Juil.-Août: Visites publiques, Mardi, Mercredi, Jeudi

Observatoire astronomique du mont Mégantic (voir liste du Québec).

University of B.C. Observatory, Vancouver, C.-B., V6T 1W5

Observation pour le public, tous les samedis, par temps clair, de la tombée
du jour jusqu'à 23h30, à l'année longue.
Visites guidées, sur rendez-vous. (604) 228-2802

PLANÉTARIUM ET OBSERVATOIRES AU QUÉBEC

par H. Palardy

Liste publiée dans l'Annuaire astronomique de l'Amateur 1984,
Éd. P. Bastien, Société d'Astronomie de Montréal.

Planétarium Dow de la ville de Montréal, 1000 St-Jacques O., Montréal,
QC H3C 1G7 (514) 872-4530.

Les représentations en français sont données les mardi, jeudi à 12h15;
mercredi et vendredi à 14h15; samedi à 14h15, 16h30; dimanche à 13h00,
15h30, 16h30; et tous les soirs sauf le lundi à 21h30. Le lundi soir (sauf fête
légale), il y a représentation spéciale gratuite à 21h15. Des représentations
sont aussi données en anglais. Le planétarium est habituellement fermé en
septembre de la fête du travail au dernier mardi de septembre inclusive-
ment. Comme les heures sont sujettes à changement, il est préférable de
confirmer par téléphone.

Observatoire Astronomique du Mont Mégantic, Notre-Dame des Bois,
cté Mégantic-Compton, QC J0B 2E0 (819) 888-2822.
Ritchey-Chrétien 160 cm f/8 et f/15, en opération depuis mai 1978; 71°
09' 09.7" O., 45° 27' 20.6" N, alt. 114 m.

Pour visites de groupe, s'adresser au Directeur de l'Observatoire Département de physique, Université de Montréal, B.P. 6128, Succursale A, Montréal, QC H3C 3J7 (514) 343-6718.

Observatoire de l'Université Laval, St-Elzéar. *Cassegrain* 40 cm f/12.

Observatoire du Collège de Lévis, St-Nérée, Alphonse Tardif, ptre, 9 Mgr Gosselin apt. 238, Lévis, QC G6V 5K1.

Schmidt-Cassegrain 35 cm (Celestron), 20 cm (Celestron), et d'autres.

Centre d'Interprétation Scientifique du Témiscouata, Clermont Vallières CARAQ.

Schmidt-Cassegrain 35 cm (Celestron). (Voir Québec Astronomique (Q.A.) sept. 83).

Centre d'Interprétation Scientifique, Observatoire St-Louis-du-Ha! Ha!

Schmidt-Cassegrain 35 cm (Celestron).

Observatoire du CÉGEP de Trois-Rivières, 300 rang Ste-Marie, Champlain QC (819) 295-3043. Dir. Serge Gauvin, 120 9ème rue, Ste-Marthe-du-Cap, QC G8T 4K3 (819) 375-6904.

Réflecteur 30 cm. Des visites de groupe sont possibles durant les mois d'été.

Observatoires de SAREL Inc., St-Luc-de-Dorchester.

Newton 31 cm f/4.5, *Newton* 20 cm f/6.

Société d'Astronomie de Dolbeau. *Réflecteur* 31 cm, f/8.

Observatoire du Centre Écologique de Port-au-Saumon, Charlevoix.

Newton 25 cm, f/5.4, (voir Q.A. fév. 1982).

Observatoire du CÉGEP de Matane 616 St-Rédempteur, Matane QC C1N 3P7.

2 *Schmidt-Cassegrain* 20 cm (Celestron), *lunette* 5.7 cm f/11.

Observatoire du CÉGEP Vanier, 821 Ste-Croix, St-Laurent QC.

Schmidt-Cassegrain 20 cm (Celestron).

Observatoire du Montréal Centre, Montréal.

Schmidt-Cassegrain 20 cm (Celestron).

Observatoire du CÉGEP Ste-Anne-de-la-Pocatière,

Lunette 15 cm (Goto).

Observatoire de la SAM, 2800 rang 21, St-Valérien-de-Milton, cté Shefford, QC, en construction.

Observatoire Pierre Vanier, 417 50ème avenue, R.R. 2, St-Gabriel de Brandon, QC J0K 2N0.

Newton 41 cm f/6, 73° 23′ 12″ O., 46° 21′ 13″N.

Observatoire Deneb, Georges Hamel, 3605 chemin Hemmings, Drummondville, QC J2B 7T5.

Réflecteur 40 cm f/6.85; 72° 22′ 20″ O., 45° 51′ 06″N.

Observatoire du Sagittaire, Réal Manseau, 85 118ème avenue, Drummondville, QC J2B 4E1.

72° 27′ 56″ O., 45° 50′ 57″ N., alt. 105 m.

Observatoire Damien Lemay, 477 15ème rue ouest, Rimouski, QC G5L 5G1.

Schmidt-Cassegrain 20 cm (Celestron), 68.5° O., 48.5° N., alt. 300 m.

Observatoire du Lac Gagnon, André St-Hilaire. *Schmidt-Casgrain* 35 cm(?) (Celestron).

Observatoire Adrien Émond, 335 Ellice, Valleyfield. *Schmidt-Cassegrain* 20 cm (Celestron).

Observatoire René Doucet, Cap-de-la-Madeleine. *Gregory-Moksutov* 21 cm f/15.

Observatoire Eudore Gallant, 813 route 373, Albanel, Lac St-Jean, QC G0W 1A0. 25 cm f/6.

Observatoire Daniel Hénair, Ste-Victoire. *Réfleteur* 40 cm, f/6 (Meade).

Observatoire Louis Valcke, C.P. 224, North Hatley, QC J0B 2C0. 20 cm f/7.5.

Observatoire Guy Thibault, 989 rue Doucet, Sept-Îles, QC G4R 4A7. *Schmidt-Cassegrain* 20 cm (Celestron).

Observatoire Sélénographique Luno, Lucien Coallier, R.R. 2, Brome Ouest, QC J0E 2P0. *Cassegrain* 15 cm f/16.

Observatoire Rigel, Daniel Deak. *Lunette* 11 cm f/8 (Tasco).

Observatoire de Valdor, Jean-Guy Moreau. *Newton* 31 cm.

Observatoire Michel Lavoie, Île d'Orléans. 25 cm.

Observatoire Jean Desaulniers, St-Bonaventure. *Newton* 20 cm (Meade).

Observatoire F. Cavezali, Val-David. 15 cm f/8.

Observatoire Germain Couture, 58 rue Thibault, Pierreville, QC. *Lunette* 10 cm f/15 (Unitron).

Observatoire Daniel Blaquière, St-Jean-de-Matapédia. *Lunette* 5 cm f/15.

PLANÉTARIUMS ET OBSERVATOIRES IMPORTANTS AUX ÉTATS-UNIS

Talbert and Leota Abrams Planetarium,
Science Road, Michigan State University, East Lansing, Michigan 48824 (517) 355-4673

Adler Planetarium
1300 South Lake Shore Drive, Chicago, Illinois 60605 (312) 322-0304

American Museum-Hayden Planetarium
81st Street at Central Park West, New York, New York 10024 (212) 873-8828

Buhl Planetarium
Allegheny Square, Pittsburgh, Pennsylvania 15212 (412) 321-4300

Davis Planetarium, Maryland Science Center
601 Light Street, Baltimore, Maryland 21230 (301) 685-2370

R.C. Davis Planetarium
P.O. Box 288, Jackson, Mississippi 39205 (601) 969-6888

Albert Einstein Spacearium, National Air and Space Museum
6th and Independence Avenue, Washington, D.C. 20560 (202) 381-4193

Fels Planetarium
20th and Parkway, Philadelphia, Pennsylvania 19103 (215) 448-1292

Fernbank Science Center Planetarium
156 Heaton Park Drive, Atlanta, Georgia 30307 (404) 378-4311

Grace H. Flandrau Planetarium, University of Arizona
Tucson, Arizona 85721 (602) 626-4515

Reuben H. Fleet Space Theater
1875 El Prado, San Diego, California 92103 (714) 238-1233

Gates Planetarium
Colorado Boulevard and Montview, Denver, Colorado 80205 (303) 388-4201

Griffith Observatory
2800 East Observatory Road, Los Angeles, California 90027 (213) 664-1181

George T. Hansen Planetarium
15 South State Street, Salt Lake City, Utah 84111 (801) 364-3611

Charles Hayden Planetarium, Museum of Science
Boston, Massachusetts 02114 (617) 723-2500

Louisiana Arts and Science, Center Planetarium
502 North Boulevard, Baton Rouge, Louisiana 70801 (504) 344-9465

McDonnell Planetarium
5100 Clayton Avenue, St. Louis, Missouri 63110 (314) 535-5811

Morehead Planctarium, University of North Carolina
Chapel Hill, North Carolina 27514 (919) 933-1237

Morrison Planetarium, Academy of Sciences
San Francisco, California 94118 (415) 221-5100

Space Transit Planetarium
3280 South Miami Avenue, Miami, Florida 33129 (305) 854-4242

Strasenburgh Planetarium
663 East Avenue, Rochester, New York 14603 (716) 244-6060

Vanderbilt Planetarium
178 Little Neck Road, Centerport, New York 11721 (516) 757-7500

Allegheny Observatory, Department of Physics and Astronomy
University of Pittsburgh, Pittsburgh, Pennsylvania 15214 (412) 624-4290

Hale Observatories (Mt. Wilson and Mt. Palomar)
California Institute of Technology, Pasadena, California 91101

Harvard-Smithsonian Center for Astrophysics, "Open Nights"
Center for Astrophysics, 60 Garden Street, Cambridge, Massachusetts 02138
(617) 495-7000

Kitt Peak National Observatory,
P.O. Box 26732, Tucson, Arizona 85726 (602) 325-9204

Lick Observatory, Department of Astronomy, University of California at
Santa Cruz
Santa Cruz, California 95064 (408) 429-2513

McDonald Observatory, Department of Astronony, University of Texas
Austin, Texas 78712 (512) 471-4462

National Radio and Ionospheric Observatory (Puerto Rico)
P.O. Box 995, Arecibo, Puerto Rico 00612 (809) 878-2612

National Radio Astronomy Observatory
Charlottesville, Virginia 22901 (804) 296-0211

Sproul Observatory, Swarthmore College
Swarthmore, Pennsylvania 19081 (215) 544-7900 Ext. 207

United States Naval Observatory
Washington, D.C. 20390 (202) 254-4533

Warner and Swasey Observatory
1975 North Taylor Road, East Cleveland, Ohio 44112 (216) 451-5624

Yerkes Observatory, University of Chicago
Chicago, Illinois 60637 (312) 753-8180

BIBLIOGRAPHIE

En français

Société royale d'astronomie du Canada, Centre de Québec, *Almanach graphique*. Distribué gratuitement sur demande. Adresse: Département de physique, Pavillon Vachon, Université Laval, Ste-Foy,Québec, G1L 8P4.

Société d'Astronomie de Montréal, *Annuaire astronomique de l'amateur*. Adresse: C.P. 206, Station St-Michel, Montréal, H2A 3L9; ou 7110, 8e avenue, St-Michel, Montréal, H2A 3C4. (514) 728-4422.

Vallière, Jean, *Devenez astronome amateur,* Collection Faire, Éd. Québec Science, 1980.

Gagnon, Roger, *Initiation à l'astrophotographie,* coll. Guides scientifiques en astronomie, Conseil de la jeunesse scientifique, Montréal, 1977.

Lemay, Damien, *La photographie astronomique*, Centre de Québec de la SRAC, Québec, 1976.

Société d'Astronomie de Montréal, *Le Québec astronomique,* Bulletin officiel de la SAM distribué mensuellement aux membres.

Association des groupes d'astronomes amateurs, *Le Québec astronomique,* Bulletin officiel publié mensuellement et distribué gratuitement aux membres des groupes faisant partie de l'AGAA.

Provencher, Maurice, *Cherche-étoiles Alpha* et *Cherche-étoiles Alpha Junior*, Éd. Marcel Broquet Inc., 1983. Donne toutes les étoiles visibles à l'oeil nu.

Ménard, Gilles et Davis, Anthony, *Cherche-étoiles, Alpha²*, accompagné d'un livret explicatif intitulé *Le Cherche-étoiles Alpha² et/ou Calculateur astronomique*, Éd. Marcel Broquet, 1981.

Le Système solaire. 89 x 125 cm. Carte en couleurs donnant la position des planètes, leur orbite, leurs satellites ainsi que quelques comètes. Éd. Marcel Broquet, 1979.

Le ciel étoilé, 89 x 125 cm. Carte en couleurs représentant les étoiles de magnitude 1 à 6,5 des hémisphères nord et sud. Éd. Marcel Broquet, 1979.

En anglais

Abell, George O., *Drama of the Universe*, Holt, Rinehart and Winston, New York, NY, 1978

———, *Exploration of the Universe*, 3rd ed., Holt, Rinehart and Winston, New York, NY, 1975

Kaufmann III, William J., *Exploration of the Solar System*, Macmillan, Inc., New York, NY, 1978

Allen, Richard Hinckley, *Star Names, Their Lore and Meaning*, Dover Publications, New York, NY, 1963

Bok, Bart J. and Priscilla F., *The Milky Way*, 4th ed., Harvard University Press, Cambridge, MA, 1974

Brown, Peter Lancaster, *Comets, Meteorites, and Men*, Taplinger Publishing Co., New York, NY, 1974

Clayton, Donald D., *The Dark Night Sky*, Quadrangle Books, New York, NY, 1975

Ferris, Timothy, *The Red Limit*, William Morrow & Co., New York, NY, 1977

Gallant, Roy A., *The Constellations*, Four Winds Press, New York, NY, 1979

————, *National Geographic Picture Atlas of Our Universe*, National Geographic Society, Washington, DC, 1980

Kaufmann III, William J., *Relativity and Cosmology*, 2nd ed., Harper & Row, New York, NY, 1977

Kirby-Smith, H. T., *U.S. Observatories: A Directory and Travel Guide*, Van Nostrand Reinhold, New York, NY, 1976

Krupp, E. C., ed., *In Search of Ancient Astronomies*, McGraw-Hill Book Co., New York, NY, 1979

Ley, Willy, *Watchers of the Skies*, Viking Press, New York, NY, 1963

Lum, Peter, *The Stars in Our Heaven*, Pantheon Books, New York, NY, 1948

Richardson, Robert S., *The Star Lovers*, Macmillan, Inc., New York, NY, 1967

Shipman, Harry L., *Black Holes, Quasars, and the Universe*, 2nd ed., Houghton Mifflin Co., Boston, MA, 1980

Sullivan, Walter, *Black Holes*, Anchor Press. New York, NY, 1979

Waugh, Albert E., *Sundials*, Dover Publications, New York, NY, 1973

Whitney, Charles A., *The Discovery of Our Galaxy*, Alfred A. Knopf, New York, NY, 1971

Cherrington, Jr., Ernest H., *Exploring the Moon Through Binoculars*, McGraw-Hill Book Co., New York, NY, 1969

Cleminshaw, Clarence H., *The Beginner's Guide to the Sky*, Thomas Y. Crowell Co., New York, NY, 1977

Government Printing Office, *Smithsonian Astrophysical Observatory Star Catalog* (4 volumes), Washington, DC, 1966

Mayall, R. Newton and Margaret W., *Olcott's Field Book of the Skies*, 4th ed., G. P. Putnam's Sons, New York, NY, 1954

————, and Jerome Wyckoff, *Sky Observer's Guide*, Golden Press, New York, NY, 1977

MIT Press, *Smithsonian Astrophysical Observatory Star Atlas*, Cambridge, MA, 1969

Muirden, James, *The Amateur Astronomer's Handbook*, rev. ed., Thomas Y. Crowell Co., New York, NY, 1974

Norton, Arthur P., *Norton's Star Atlas*, Sky Publishing Corp., Cambridge, MA, 1978

Royal Astronomical Society of Canada, *Observer's Handbook for the Year 1982* (annual), Toronto, Canada

Sidgwick, J. B., *Amateur Astronomer's Handbook*, Dover Publications, New York, NY, 1980

U.S. Naval Observatory, *The Astronomical Almanac for the Year 1982* (annual), Government Printing Office, Washington, DC

Eastman Kodak Company, *Astrophotography Basics*, Publication AC-48 (available at most photography stores), Rochester, NY, 1980

Jones, Aubrey, *Mathematical Astronomy with a Pocket Calculator*, John Wiley & Sons, New York, NY, 1978

McCuskey, Sidney W., *Introduction to Celestial Mechanics*, Addison-Wesley Publishing Co., Reading, MA, 1963

Meeus, Jean, Carl C. Grosjean, and Willy Vanderleen, *Canon of Solar Eclipses,* Pergamon Press, Inc., Elmsford, NY, 1966

Smart, W. M., *Textbook on Spherical Astronomy,* 6th ed., Cambridge University Press, New York, NY, 1977

Astronomy, AstroMedia Corp., P.O. Box 92788, Milwaukee, WI 53202

Griffith Observer, Griffith Observatory and Planetarium, 2800 East Observatory Rd., Los Angeles, CA 90027

Mercury, Astronomical Society of the Pacific, 1290 24th Ave., San Francisco, CA 94122

Sky and Telescope, Sky Publishing Corp., 49 Bay State Rd., Cambridge, MA 02138

REMERCIEMENTS

Nous remercions sincèrement les institutions et personnes suivantes pour les photographies utilisées dans ce livre. Mark R. Chartrand III: 35b, 251. Lick Observatory: 35t, 59, 61, 63, 211, 213, 215, 217, 233, 235, 237, 239. Denis Milon: 229, 231. Jerome Wyckoff: 37. Yerkes Observatory: 35m, 57, 227. La table de la page 37 (© Eastman Kodak Company, 1980), a été tirée du pamphlet de Kodak No. AC-48, *Astrophotography basics.* La citation de la page 5 provient du volume 12 de *Great Books of the Western World* (Copyright 1982 par Encyclopaedia Britannica, Inc.), traduction du livre de Lucretius de *Rerum Natura* faite par H.A.J. Monroe, avec la permission de Encyclopaedia Britannica.

INDEX

La majorité des pages de référence, ci-dessous, renvoient au texte. Les exemples pertinents se trouvent habituellement sur la page opposée.

La première page mentionnée pour n'importe quel terme technique inscrit ci-dessous, contient habituellement sa définition ou une explication de ce terme.

Sauf quelques exceptions célèbres, les étoiles individuelles sont cataloguées uniquement par leur nom propre. Leurs désignations en lettre grecque se trouvent sur la liste des étoiles ou sur les cartes des constellations.